magia Blanca

magia Blanca

Juan Echenique

LIBSA

C/ San Rafael, 4
28108 Alcobendas (Madrid)
Tel.: (34) 91 657 25 80
Fax: (34) 91 657 25 83
e-mail: libsa@libsa.es
www.libsa.es

Textos: Juan Echenique
Edición: P. Belmonte

ISBN: 978-84-662-1927-3

Dep. L.: S-1369-08

Impreso en España/*Printed in Spain*

Contenido

Prólogo

La magia es un puente que te permite ir del mundo visible hacia el invisible, y aprender las lecciones de ambos mundos.
PAULO COELHO

Aunque en algunos lugares se considera que los hechizos son actos por los cuales se conjura un daño para el prójimo, los hechiceros no sólo se han dedicado a usar su arte para el mal; también eran los que curaban a los enfermos, quienes danzaban para pedir una buena cosecha o los encargados de oficiar en los rituales de iniciación. Por ello, hablar de hechizos es lo mismo que hablar de magia o de chamanismo. En todo caso, lo negativo que pueda haber en estas prácticas no está en el poder o conocimientos que adquiera quien las sigue, sino en el uso que pueda hacer de su saber o en la conciencia e intenciones que tenga a la hora de efectuar cada ritual.

Como bien dice el antropólogo Levi-Strauss en *El hechicero y su magia*, la situación mágica es un fenómeno de consenso.

Para que el acto de esta naturaleza tenga lugar, es fundamental que el hechicero crea en la eficacia de su arte, que la persona a la que pretende curar tenga fe en él y que su quehacer también sea creído por el colectivo social en el cual se desempeña el acto.

Este libro incluye rituales de diversa procedencia, tanto en tiempo como en espacio. Algunas fórmulas se han mantenido intactas y así han llegado hasta nuestros días y otras han sufrido transformaciones y agregados; pero lo que todas tienen en común es la utilización del mundo simbólico como lenguaje para comunicarse con el inconsciente que es, en última instancia, quien realizará el milagro que se espera.

La práctica de estos rituales no sólo permitirá al oficiante cristalizar sus deseos, sino, más aún, le permitirá establecer importantes cambios internos así como evolucionar espiritualmente.

La comprensión de la simbología utilizada en los ritos también servirá para que, quien lo desee, pueda crear sus propios rituales e idear amuletos protectores y talismanes con la misma confianza, seguridad y efectividad con que lo han hecho los antiguos magos.

Dicha comprensión es fundamental, ya que unos objetos se pueden sustituir por otros como en el caso de las piedras. Cuando se habla de la piedra negra, generalmente se hace referencia a la obsidiana; de piedra blanca, al cuarzo; y de piedra roja, al cuarzo rosa o a la amatista. Esto no significa que no se puedan utilizar otras similares, porque en el lugar donde residimos escasean y se encuentran con mucha dificultad.

A pesar de lo que una gran mayoría de personas cree, no se trata de un arte que sólo puedan practicar unos pocos privilegiados que han nacido con dones o con gracia, sino que es una forma natural de relacionarse con el mundo externo e interno, algo que, sin darnos cuenta, utilizamos constantemente en nuestra vida cotidiana.

Acerca de la magia

Contrariamente a lo que mucha gente piensa, el destino no es algo que esté escrito, fijo e inamovible, sino algo que puede ser transformado por nosotros mismos día a día, minuto a minuto, a través de las decisiones que tomemos. El llegar a ser más o menos felices, el tener una vida agradable y rica o el vernos envueltos en situaciones desesperadas, depende básicamente de lo que hagamos porque el hombre, por naturaleza, tiene una increíble capacidad de adaptación y aun cuando las situaciones objetivas que le toque vivir sean adversas, siempre puede encontrar la manera de encajar en ellas de forma que le permitan una evolución y progreso constantes. Por todo ello es posible afirmar que la suerte, como tal, es más una forma de vida, una actitud, que un don del cielo con el que unos nacen y otros no.

Imaginemos que en la calle hay una billetera que se le ha caído a alguien del bolsillo: muchos pasarán por su lado sin verla e, incluso, podrán patearla o pisarla distraídamente sin percatarse de ello; sin embargo, llegará un momento en el que alguien, con la misma capacidad visual que los anteriores, descubra su presencia. ¿Es eso suerte?... No; el objeto ha estado ahí y a la vista de todos, ya que caminando en línea recta cualquier objeto situado en el suelo y a pocos pasos entrará dentro del campo de visión. Si ninguno de los que han pasado primero la ha recogido es porque, aunque sus ojos hayan detectado su presencia y enviando esa señal al cerebro, ellos no han tenido una actitud lo suficientemente abierta a las sorpresas como para que su mente hiciera caso de esa advertencia. Sólo la persona que finalmente pudo verla estaba preparada para percibir cualquier novedad significativa en el entorno de modo tal que la señal enviada desde sus ojos al cerebro, pronto alcanzó el foco de la conciencia y le hizo saber que allí había algo que le interesaba.

Nuestra mente se ocupa de clasificar y de mostrarnos tan sólo una parte de lo que hay a nuestro alrededor; esto se pone de manifiesto cuando tenemos que escayolarnos un brazo: salimos a la calle y tenemos la sensación de que todo el mundo, de repente, se ha roto algún hueso porque vemos más gente escayolada que de costumbre.

El fenómeno se produce porque nuestra mente está pendiente de la escayola y percibe, clasifica y hace consciente todo lo que tenga que ver con ello. Esta peculiaridad de nuestra mente es bien conocida por las mujeres que se quedan embarazadas: a menudo se las oye comentar «la increíble cantidad de embarazos que hay este año», cuando, en realidad, no es que vaya a haber más nacimientos, sino que sus mentes perciben con claridad a otras mujeres en su mismo estado.

Si pudiéramos registrar y enterarnos absolutamente de todo lo que ocurre en nuestro entorno, nos volveríamos locos en cuestión de minutos porque no podríamos procesar la inmensa cantidad de información que nos llega. Sin embargo, sí es posible mejorar aquellos mecanismos que nos advierten de todo lo que nos pueda interesar o beneficiar, es decir, de las oportunidades que se nos presentan a cada instante y que por no tener la percepción entrenada, somos incapaces de aprovechar.

Una de las vías más antiguas y completas para desarrollar aptitudes físicas y mentales que tenemos dormidas es la magia. Gracias a esta práctica elaborada por hombres de todas las culturas, podemos llegar a adquirir lo que, vulgarmente, se denomina suerte.

Todo acto mágico requiere, por parte de quien lo ejecuta, una serie de condiciones corporales que permitirán el desarrollo de otras mucho más importantes que son las mentales. Si el ambiente en el cual se ha de preparar un trabajo no es el adecuado, por ejemplo, será imposible alcanzar el grado de concentración e introspección necesarios para que surta el efecto deseado. Este estado mental tampoco se alcanzará después de haber comido copiosamente, tras ingerir bebidas alcohólicas o si estamos tensos tras haber sostenido una agria disputa. Como se verá más adelante, para obtener éxito en cualquiera de los trabajos que se proponen en este libro, es imprescindible reunir ciertas condiciones físicas a las que se llega realizando una serie de ejercicios y observando algunos preceptos básicos.

EL ACTO MÁGICO

Todos los rituales de magia están orientados a conseguir o asegurar, por medio de nuestro deseo y voluntad, algo que nos resulta difícil obtener por vías convencionales. Sin embargo, estas dos fuerzas, deseo y voluntad, no bastan para que un ritual surta efecto ya que si fueran los únicos ingredientes necesarios para influir en lo que nos rodea, la ejecución de los rituales no tendría sentido.

Al contrario de lo que cree la mayoría de la gente, los objetivos de cada ceremonia mágica no buscan operar directamente sobre nuestro entorno o sobre las personas que nos rodean; su propósito es actuar sobre nosotros mismos a fin de que podamos desarrollar las capacidades mentales necesarias para conseguir lo que deseamos. Y somos también nosotros, transformados gracias a los actos mágicos que hayamos celebrado, quienes actuamos decidida y favorablemente en relación a personas o situaciones cotidianas. Siguiendo el ejemplo anterior de la billetera, podríamos decir que por medio de la magia nunca lograremos que alguien pierda dinero para que podamos encontrarlo; lo que haremos será modificar nuestra mente para que, en caso de que alguien la extravíe, sea capaz de anunciarnos su presencia.

Todos nacemos con un potencial que ni siquiera imaginamos; los neurólogos y fisiólogos coinciden en estimar que usamos menos de un 10 por ciento de nuestra capacidad cerebral y eso se pone claramente de manifiesto en las increíbles proezas de las que son capaces los yoghis de India después de años de entrenamiento.

Por medio de la magia vamos a trabajar sobre nuestra propia psiquis, por ello los rituales no deben tomarse a la ligera, sino con el máximo respeto. De la misma manera que a la hora de hacer gimnasia es necesario tener cuidado para no lesionar ningún músculo o tendón, si decidimos entrenar nuestra mente habremos de mantener una actitud igualmente seria y prudente para no deteriorar aquellas capacidades que aún no hemos desarrollado.

No hay que pensar que puedan ocurrirnos desgracias irreparables si hacemos mal las operaciones o conjuros, ya que nuestro cuerpo y mente quedarán como hasta entonces; pero sí es posible que algunas de las capacidades dormidas pudieran sufrir deterioros que luego nos cueste mucho trabajo reparar.

Esta situación podría compararse al efecto que causaría en un niño un mal profesor de violín: sus enseñanzas no impedirán que el pequeño siguiese una vida normal, como cualquier otro niño, pero, seguramente, será casi imposible que se convierta en un virtuoso, ya que los vicios que pudo haber adquirido son increíblemente difíciles de erradicar.

LOS DOS PRINCIPIOS BÁSICOS

Los diversos antropólogos que se han dedicado al estudio de la magia y de las religiones, han intentado establecer las similitudes que existen en la práctica de los rituales entre grupos humanos geográficamente distantes entre sí y que jamás han estado en contacto.

En la obra sobre magia universal hasta el pasado siglo, el libro *La rama dorada*, que Sir James Frazer publicara a finales del siglo XIX, el autor explica que hay dos leyes que se repiten en los rituales de casi todas las culturas: la «Ley de la Similitud» y la «Ley del Contagio».

Según la primera ley, «Ley de la Similitud», lo que se produce en el ritual por medio de la utilización de símbolos, hace que se reproduzca en la realidad, es decir, el efecto es similar a la causa.

Un ejemplo del funcionamiento de esta ley es el curioso rito de magia imitativa de los nativos del archipiélago de Babar que describe Frazer. Cuando una mujer desea tener un niño y no consigue quedarse embarazada, invita a un hombre de la tribu que tenga descendencia numerosa para rezar juntos a Upulero, la deidad encarnada en el Sol. Confecciona con algodón rojo un muñeco al que coge entre sus brazos en actitud de estar amamantando. El vecino que ha venido a orar con ella, realiza una ceremonia que involucra también al padre de la futura criatura, que finaliza con el sacrificio de un ave. Terminada ésta, pregunta a la mujer si el niño ha llegado, a lo cual ella responde afirmativamente, agregando que le está dando de comer. Cuando el vecino se marcha, hace correr en el poblado la noticia de que ha nacido un nuevo niño y, ante eso, todos van a felicitar a la nueva madre haciéndole regalos.

Es evidente que si este ritual no diera resultados, hace mucho tiempo habría sido desechado, ya que en él participan todos los habitantes de la aldea.

La segunda ley que describe Frazer es la «Ley de Contagio», según la cual todo lo que se haga en un objeto que haya estado junto a una persona, repercutirá sobre ésta.

Uno de los ejemplos más claros de esta ley es el vudú. Consiste en amasar un muñeco con arcilla o cera, poniendo en ella pelos, trozos de uña o algún objeto que haya pertenecido a la persona a la que se quiere dañar. Todo el daño que se le haga al muñeco (clavarle alfileres, golpearle, ahorcarle) producirá en la víctima los correspondientes efectos dolorosos.

MAGIA BLANCA Y MAGIA NEGRA

En muchos tratados sobre magia, hechicería, brujería, se ha dicho que una manera de distinguir los ritos «blancos» o buenos de los «negros» o malos es considerar si la ceremonia exige algo a cambio por parte del oficiante (por ejemplo, en magia negra es habitual hacer pactos con las fuerzas del mal u ofrecer el alma a cambio del favor solicitado). Esto es cierto pero sólo en parte; el hecho de exigir algo a cambio se utiliza tanto en la magia blanca como en la negra y en la primera, tiene como objetivo enseñarnos generosidad y humildad, por un lado, a la vez que limitar el acceso a la magia a todos aquellos que no se la tomen en serio.

La entrega de una ofrenda también es una manera de equilibrar la naturaleza, el mundo que nos rodea. Si se consigue algo que se anhela a través de un acto mágico, es justo que, en la felicidad que eso proporciona, se intente hacer algo por ayudar a otra persona que lo necesite. No es necesario hacer ofrendas en dinero; la mayoría de las veces, nos cuesta mucho más ceder nuestro tiempo, nuestra capacidad de atención o nuestro trabajo a la hora de auxiliar al prójimo. En este sentido, este libro no propone ofrendas o actos de amor al prójimo, sino que se recomiendan como una práctica que permitirá un avance más rápido por el camino de la magia.

Vivimos inmersos en una sociedad y nuestra felicidad depende, en cierta medida, de la felicidad de los demás; somos un todo con lo que nos rodea y en la medida en que el entorno sea armónico nos sentiremos en paz con nosotros mismos y mucho más felices.

Entre las múltiples ofrendas que los chamanes, hechiceros y magos de todos los tiempos han ofrecido a los dioses a fin de aplacarles o pedirles favores, los sacrificios de sangre eran los que, aseguraban, más complacían a las deidades.

Hasta hace relativamente pocos años, estos sacrificios cruentos no sólo incluían aves o mamíferos, sino, también, seres humanos. Si bien a nosotros la costumbre de dar muerte a un niño o a una doncella virgen para contentar a un dios puede parecernos una crueldad sin límites, los pueblos que seguían estas costumbres tenían también una visión muy distinta a la nuestra acerca de la muerte; para ellos ésta no era un final, sino una forma de volver hacia el pasado, a la reunión con sus ancestros. Por esta razón no era raro que quienes iban a ser sacrificados acudieran gozosos al altar y no muertos de miedo como cabría suponer.

A medida que el hombre fue evolucionando, también lo hicieron sus rituales. Las normas morales y éticas, el respeto hacia la vida y la libertad de sus semejantes se fue acentuando en cada generación imprimiendo su huella en la magia.

Uno de los cambios importantes en este sentido es que en los ritos que incluían la muerte de un animal o de una persona se empezó a negociar con la divinidad. Se ofrecía, por ejemplo, una vaca a uno de los dioses para mejorar las cosechas; pero antes de celebrar la ceremonia, se le convencía para que, en lugar de ese animal, aceptara un cordero; luego, una gallina; de ahí, pasaban a ofrecer un huevo y, finalmente, le regalaban un puñado de pelos de la cola de un buey. Sin embargo, en la ceremonia no se decía «yo te entrego estos pelos» sino «yo te entrego este buey» (o el primer animal que hubieran ofrecido), ya que para el chamán o el brujo, esos pelos eran una exacta representación del animal que hubieran sacrificado.

Aunque parezca pueril a nuestros ojos, aunque lo califiquemos de autoengaño, hay que tener en cuenta que lo que vale es la intención que surge del fondo de nuestra alma; uno quisiera dar a los dioses lo mejor, pero les da lo que humanamente puede, teniendo siempre en cuenta las propias limitaciones.

Pero no toda la magia evolucionó en este sentido; los magos oscuros, los que ofrecen sacrificios de sangre, los que no han evolucionado éticamente y centran sus objetivos en lograr sus deseos por medio de la privación de libertad haciendo trabajos que acarrean la ruina ajena, aún existen: son los magos negros. Desde luego ellos también despiertan en sí mismos capacidades dormidas, pero las entrenan para causar daño. Todos tenemos la posibilidad de aprender a manejar con increíble precisión un instrumento cortante, pero mientras unos la utilizan para manejar un bisturí, otros la emplean para manejar una espada.

EL MUNDO DE LO SIMBÓLICO

El hombre se comunica con los demás y consigo mismo por medio de símbolos. Si se quiere transmitir a otro la idea de una «mesa verde», no será necesario llevarle hasta donde esté el mueble para que lo vea: bastará utilizar las palabras «mesa» y «verde» para que nos comprenda. Las palabras son los símbolos que más utilizamos.

En nuestra vida cotidiana, además del lenguaje hablado, utilizamos también símbolos gráficos como dibujos, letras o imágenes; o acústicos, como el sonido de un teléfono que nos indica si el número al que llamamos está o no comunicando, la alarma de un banco o la música que inicia un programa de radio anunciándonos que éste comienza. Un semáforo, la figura de una mujer o de un hombre en la puerta de los servicios de señoras y caballeros, los números, las señales de circulación, los iconos que aparecen sobre un aparato eléctrico, las flechas de subida o bajada del ascensor o la esfera de un reloj, son elementos simples que transmiten ideas mucho más complejas, que resumen lo que ocurre, que simbolizan situaciones o cosas. Y nuestro cerebro se maneja con ellos a la perfección, siempre que conozcamos el código al que pertenece ese signo.

Si nos encontramos de visita en una fábrica en el instante en que los obreros paran para comer, tal vez nos sorprenda la sirena que anuncia el fin del turno, pero quienes allí trabajan sabrán, por medio de ella, que ha llegado la hora de marcharse a casa. Del mismo modo, en la cabina de un avión hay infinidad de luces que se apagan y se encienden que a un profano no le dicen nada, pero que al piloto le indican el estado de la aeronave, su situación, la temperatura de los distintos componentes y muchas cosas más.

Podría decirse que cada profesión o actividad tiene sus símbolos peculiares, ya sean dibujos, sonidos o palabras orales o escritas, y la magia, lejos de ser una excepción, es una de las tareas que más se relaciona con los símbolos.

Todos los elementos que se utilizan en un ritual, por complejo que éste sea o por curioso que nos parezca, son símbolos que nuestro cerebro es capaz de interpretar. De algunos de ellos conoceremos su significado racionalmente, de otros, en cambio, ese conocimiento será inconsciente.

Cuanto más sepamos acerca de estos símbolos, más capacitados estaremos para orientar la voluntad y el deseo, ya que éstos constituyen el mejor lenguaje para hablar con nuestro propio interior y serán los que pongan nuestra mente en sintonía con la naturaleza y con las fuerzas que queremos utilizar.

La fe

Cada ser humano dispone de energías físicas y energías psíquicas. Las primeras le sirven para armonizar el mundo material y hacerlo más acorde a las necesidades de nuestro cuerpo; las segundas, para armonizar el mundo mental, psíquico y espiritual permitiendo así el desarrollo de aquellas capacidades que no se han entrenado. Ambos tipos de energías trabajan siempre juntas y de poco nos servirá tener muchas energías físicas si no disponemos de fe, que es el motor que proporciona la mayor cantidad de energías psíquicas.

Esto se puede ver claramente con el ejemplo de un deportista que tuviera que saltar una valla: si cuando toma carrera para hacerlo llegara a pensar que tal vez no logre sobrepasarla, es decir, si le falla la fe, lo más seguro es que no lo logre porque en el momento en que dude, inconscientemente guardará parte de sus energías para reponerse del posible fracaso. En cambio si está seguro de poder hacerlo, todas sus fuerzas estarán abocadas a superar esa altura.

A la hora de hacer un ceremonial de magia, cualquiera que sea su índole, la fe es imprescindible porque será la que provea las energías necesarias para generar un nuevo ordenamiento en el interior y en el exterior. Emprender un trabajo de este tipo para ver qué sucede o si es verdad que funciona, no es en absoluto recomendable. Y no porque se corran graves peligros con intentarlo; la capacidad mágica está en el interior de cada uno de nosotros y es, en ese sentido, un ingrediente natural al cual podemos acercarnos confiados; pero sí es una pérdida de tiempo y un desgaste de fuerzas espirituales a las que hay que tratar con tanto respeto como a nuestro propio cuerpo o a nuestros pensamientos. Por otra parte, como al hacerlo de este modo irreverente no se consiguen resultados, ello acarrea una pérdida mayor de fe y, con ella, de las energías psíquicas necesarias para posteriores trabajos.

LAS CEREMONIAS

Cada ritual se compone de una serie de pasos que debe ejecutar el oficiante al tiempo que recita oraciones o invocaciones específicas. En cuanto se leen parecen sencillos y fáciles de realizar; sin embargo, en las fórmulas que se encuentran en los libros vienen todos los ingredientes necesarios pero poco se dice del más importante: la actitud de recogimiento y concentración imprescindibles en quien los ha de llevar a cabo.

Una receta de cocina, por sencilla que sea, no dará el mismo resultado si es realizada por una cocinera experimentada que si la hace alguien que jamás se ha dedicado a ello; aunque ambas personas utilicen los mismos ingredientes y sigan las instrucciones paso a paso, el resultado será distinto.

Hay detalles muy sutiles (como la cantidad exacta de calor que se debe emplear o la forma de revolver los alimentos) que serían imposibles de explicar en una receta y eso es algo que la cocinera sabe por experiencia, por oficio, por la cantidad de veces que ha practicado.

De la misma manera, en los ritos de magia hay detalles que son imposibles de explicar minuciosamente porque son estados interiores, actitudes que no pueden ser expresadas en palabras. Sin embargo, quien se dedique a ello, podrá entenderlos a través de la práctica y perfeccionarlos hasta lograr cada vez mejores resultados.

Conviene comenzar con fórmulas sencillas, destinadas a forzar o ayudar a que se obtengan resultados más o menos previsibles porque, al conseguirlo, también se logrará fortalecer la fe que es el ingrediente más importante de todo ritual.

Los trabajos de magia no obran nada por sí mismos si no hay una previa disposición de ayuda por nuestra parte. Al respecto, es importante recordar que su principal objetivo es armonizar nuestro interior con lo que nos rodea, ponernos en sintonía con el exterior de modo que podamos influir en él de la manera que nos resulte más conveniente.

La intimidad en el rito

Los magos y hechiceros de casi todas las culturas, a la hora de hacer sus trabajos se ocultaban de la vista del poblado. Normalmente se dirigían a lugares escondidos, ya fuese un claro del bosque o una cueva, para lograr allí la concentración necesaria a fin de que sus invocaciones tuvieran el efecto deseado.

El acto mágico es interior, de comunión con uno mismo, y la presencia de otras personas no haría sino perturbar y mermar las fuerzas psíquicas imprescindibles para llevarlo a cabo. En magia no se puede decir «hagamos este ritual o aquel otro»; cada ceremonia es un camino que uno debe emprender solo y con la absoluta seguridad de que si no alberga intenciones oscuras, nada malo va a sucederle. Lo más grave que le puede ocurrir es que se encuentre consigo mismo, con sus más íntimos deseos o temores y esto le sorprenda; pero aun así, será beneficioso porque le llevará a conocerse más y mejor.

Tal vez alguien se pregunte, ante esto, cómo es que hay brujos que hacen trabajos para otros y, en ese caso, cómo se produce ese cambio interior en la persona que encarga el ritual. La respuesta es que, a través de la ceremonia, es el mago quien cambia y, con su actitud, con sus palabras y gestos (a veces imperceptibles) produce a la vez una transformación en el consultante. Los magos realmente buenos son mucho más escasos de lo que cualquiera pueda imaginarse. Siempre es preferible hacer los trabajos de magia por uno mismo que pedírselos a un experto, a menos que se tengan las suficientes garantías acerca de su eficacia, de su sabiduría. Sólo los que hayan alcanzado un alto grado de pericia podrán realizar rituales en presencia del interesado o para terceros ya que, en este caso, serán sus propias energías las que ayudarán a su consultante a conseguir la actitud idónea que deba adoptar.

LAS DOS FORMAS DE USAR ESTE LIBRO

La práctica de la magia es un camino que lleva al hombre a cambiar, a evolucionar, a desarrollar capacidades mentales y espirituales. Mediante la ejecución de los ejercicios y rituales que aquí se proponen, se podrá conseguir una mayor armonía interior a la vez que se aprenderá a utilizar aquellos mecanismos mentales que, en la vida cotidiana, nunca se entrenan.

Este libro se puede utilizar de dos maneras: por un lado, buscando el ritual adecuado para el problema que sea necesario resolver y siguiendo los pasos en él indicados a la hora de realizar la ceremonia. Pero la forma más provechosa de abordarlo es aprendiendo el lenguaje simbólico, ya que éste permitirá adquirir un mayor dominio sobre nuestra mente, será una herramienta útil para la comprensión de los sueños y de todo lo relacionado con la vida inconsciente, a la vez que propiciará la creación de ritos propios que serán tan efectivos como los que han sido ideados hace miles de años por magos experimentados.

Preparación de cuerpo, mente y alma

Antes de iniciar cualquier ritual mágico, es necesario prepararse física, mental y espiritualmente. Durante una ceremonia de esta naturaleza, aunque el oficiante no tenga una clara percepción de lo que ocurre en su mente y en su cuerpo, se ponen en juego muchas energías; por ello es necesario hacer ciertos ritos previos a fin de protegerse y tener un estricto control sobre las energías que han de utilizarse.

Por medio de los trabajos de limpieza y purificación se alcanza la pureza imprescindible para realizar cualquier acto mágico de manera que surta el efecto deseado, pero, como se ha aclarado en el capítulo anterior, de nada vale ejecutar todos los pasos del rito si éstos no se llevan a cabo con el recogimiento debido.

Lo que debe tenerse en cuenta en primer lugar es que no toda ocasión resulta idónea para hacer una tarea de esta naturaleza. Hay momentos y circunstancias en los cuales es totalmente desaconsejable realizar rituales ya que, de hacerlos, no sólo será imposible lograr el objetivo propuesto, sino que, además, podría resultar ligeramente perjudicial.

Las diversas circunstancias bajo las que se recomienda no iniciar un rito son las siguientes:

- *Después de comer.* Cuando el organismo realiza la digestión, hay una mayor afluencia de sangre a los órganos del aparato digestivo y una menor irrigación del cerebro. Por esta razón, después de un copioso almuerzo o cena, se cae en un estado de somnolencia haciéndose más difícil la concentración, el estudio o cualquier tarea intelectual. Lo apropiado es no iniciar ningún ritual hasta que no hayan pasado, al menos, dos horas desde la última comida, de esta manera se tendrá la mente dispuesta a adquirir el máximo grado de concentración.
- *Después de una disputa.* Durante cualquier discusión, el sistema emocional se altera y el organismo segrega hormonas y neurotransmisores que lo predisponen a la agresión, al ataque y a la defensa. Una vez finalizada la dispu-

ta, el cuerpo tarda un tiempo en eliminar estas sustancias del torrente sanguíneo, de manera que sería conveniente dejar pasar al menos cuatro horas antes de realizar un ritual.

Para volver estas hormonas y neurotransmisores a los niveles normales en sangre, hay que buscar situaciones que resulten tranquilizantes. Si se conocen técnicas de relajación, éstas ayudarán a conseguirlo. También un paseo al aire libre, dejando la mente en blanco, alguna actividad deportiva o algo tan sencillo como cualquier actividad lúdica que exija concentración como, por ejemplo, un solitario con cartas, un puzzle o un juego de ordenador.

- *Cuando se siente sueño o cansancio*. Los actos mágicos requieren concentración y esto implica un esfuerzo tanto para la mente como para el cuerpo. Por ello, a la hora de iniciar un rito, es necesario contar con las energías necesarias para que éste se realice correctamente y con la mayor fuerza posible.
- *Si no se dispone de tiempo suficiente*. Los rituales deben hacerse paso a paso, concentrándose en cada uno de ellos y volviendo atrás en caso de que no se alcance la actitud apropiada. Por esta razón, no conviene iniciarlos cuando se tienen tareas pendientes o si no se dispone del tiempo necesario para completarlos.
- *En un entorno bullicioso o si se corre el riesgo de ser interrumpido*. Una de las razones por las que muchos magos utilizan la noche para hacer sus trabajos es que a esas horas hay menos ruido, la mayoría de la gente está durmiendo y se reducen mucho las posibilidades de ser interrumpido por el timbre de la puerta o el teléfono.

  Cada cual deberá elegir el momento que considere conveniente a menos que en el ritual que se quiera efectuar indique que se debe hacer en un día y hora especiales.
- *Si no se tiene claro el propósito*. A menudo actuamos empujados por emociones que nos confunden: miedo, furia, ansiedad. Tras una pelea, por ejemplo, podríamos desear intensamente que la persona que nos ha ofendido sufra algún daño; sin embargo, al cabo de dos horas, nos sentiríamos profundamente conmovidos si ese deseo llegara a cumplirse.

  Por esta razón, los rituales mágicos no deben ser ejecutados para conseguir caprichos momentáneos y sólo conviene acudir a prácticas mágicas cuando han fracasado las vías que habitualmente utilizamos para que nuestros deseos se cumplan.

Es necesario sopesar previamente los beneficios y las pérdidas a los que tendremos que enfrentarnos una vez que se produzcan los resultados esperados y prepararnos para la nueva situación.

Si se produce una separación sentimental tras un largo y angustioso período de desavenencias, es posible que quien lo haya sufrido quiera realizar un trabajo mágico para que la relación se restaure. Con eso, piensa, aliviaría el estado de dolor y frustración que experimenta. Sin embargo, antes de efectuar ningún ritual debería hacer un recorrido mental de lo que ha sido su relación a fin de averiguar, lo más fríamente posible, si es conveniente que ese vínculo continúe.

El propósito de los rituales de magia no es conseguir un alivio temporal, sino instaurar un nuevo marco, un orden diferente en el cual ha de transcurrir la vida del oficiante.

- *Bajo un estado de excitación emocional extrema.* Quien se vea preso de una fuerte emoción, sobre todo si es negativa como la ira, la ansiedad o el miedo, deberá serenarse antes de iniciar cualquier ritual de magia. La razón de ello es que las energías necesarias para lograr la adecuada concentración están dispersas y ocupadas en sostener esas emociones que perturban la mente. Además, el miedo y la ansiedad son enemigos de la fe, la hacen tambalear, de manera que la fuerza que se dedique a lograr que el deseo se cumpla siempre será menor bajo estos estados de alta tensión emocional.

PREPARACIÓN FÍSICA

Para que el cuerpo acompañe y soporte el proceso que la mente ejecuta en un acto de magia, es necesario cumplir algunas condiciones:

- *Realizar las operaciones,* a ser posible, *con los pies descalzos.* Las extremidades, así como los cabellos, actúan a modo de antenas que captan las distintas energías o, por el contrario, las descargan.
- *Tener el cuerpo limpio*, sobre todo las manos y los pies.
- *Usar ropa blanca.* Este color, no sólo simboliza la pureza, sino que, además, es la suma de los siete colores del arco iris. Al ser neutro, no tiene sobre la mente influencias específicas. No obstante, si no fuera posible, siempre es

mejor elegir colores claros y, en todo caso, buscando entre aquellos que armonicen con el tipo de deseo que se va a pedir.

- *Llevar el pelo suelto.* Al igual que las extremidades, como se ha dicho, el pelo funciona a modo de antena para captar y descargar energías; de ahí que deba estar libre y limpio.
- *Evitar el uso de gomas elásticas que puedan obstruir*, aunque fuera en mínimo grado, la circulación de la sangre. Lo mejor es usar ropas holgadas, sueltas (no por capricho los magos de tantas y tan diversas culturas visten amplias túnicas).
- *Conseguir un buen estado de relajación.* Cuanto menos se tenga que ocupar la mente de controlar el cuerpo, más energía disponible tendrá para hacer que el propósito se cumpla.

RITUALES DE PURIFICACIÓN

La higiene corporal es un paso previo importantísimo para los rituales de magia ya que para que éstos surtan el efecto deseado, el cuerpo debe estar tan puro como la mente y el corazón.

Para ello, se aconseja tomar un baño o una ducha que incluya el lavado del pelo. Una vez tomado el baño (en el capítulo cuarto se dan ejemplos de baños rituales), el cuerpo deberá ser purificado. Podrá para ello seguirse algún ritual conocido o cualquiera de los que se proponen a continuación.

BAÑO PURIFICADOR DE FLORES

En este rito se van a utilizar objetos que representen a los cuatro elementos: Fuego, Tierra, Agua y Aire. Su finalidad es lograr que el cuerpo alcance el grado de pureza necesario y, además, proveerlo de energía.

OBJETOS NECESARIOS

Dos rosas de cualquier color con su correspondiente tallo y algunas hojas
Un manojo de flores de cualquier tipo – Un recipiente metálico que pueda ponerse al fuego – Un puñado de sal – Una vela blanca

En caso de no conseguirse la rosa, podrán utilizarse pétalos secos junto con un tallo de rosal y tres o cuatro hojas.

Preparación y uso del agua de purificación

Llenar el recipiente con agua y echar dentro el puñado de sal, todas las flores, los tallos y las hojas. Ponerlo al fuego. Cuando rompa a hervir, bajar el fuego al mínimo y dejar cocer durante unos 15 minutos. Una vez que el agua se haya enfriado, colar la infusión.

El agua que se ha preparado para el baño, ha de secarse con el aire; así pues, no debe emplearse ninguna toalla ni paño.

A medida que se mojen brazos, cara y pies, deberá recitarse la oración tantas veces como sea necesario hasta que la operación termine.

Ritual

- Poner el agua de rosas en una jofaina o en un recipiente que se considere adecuado.
- Encender la vela blanca mientras se recita la oración 1.
- Con la mano izquierda, tomar un poco de agua y pasarla por el antebrazo derecho, desde el codo hacia los dedos, hasta humedecer totalmente antebrazo, mano y dedos.
- Coger agua con la mano derecha y hacer lo mismo en el brazo izquierdo.
- Con la mano izquierda coger agua y pasarla por la cara, desde el nacimiento del pelo hasta la barbilla.
- Con ambas manos, coger agua y lavar los pies, empezando por el izquierdo. Deberá hacerse partiendo del tobillo y deslizando la mano hacia la punta de los dedos.
- Quien lo desee, puede también echarse el agua sobre la cabeza, una vez que haya terminado de ducharse, siguiendo los pasos del ritual.
- Dejar secar.

Oración 1

Así como la luz de esta vela
deshace con su poder la oscuridad,
las fuerzas del Fuego disuelvan
todo rastro de impureza que haya en mí.

Oración 2

Que el poder del Agua
limpie mi cuerpo.
Que el poder del Aire
lo preserve.
Que el poder de la Tierra
lo armonice.
Que la fuerza de la naturaleza
me llene de energía.

Con este baño se conseguirá la higiene corporal necesaria para obtener los efectos buscados con el ritual que se lleve a cabo.

OFRENDA ESTACIONAL

La suciedad, como tal, no es otra cosa que partículas orgánicas e inorgánicas que se adhieren a nuestro cuerpo. Este ritual tiene como objeto neutralizarlas, hacer que su carga energética se equilibre con la de la tierra.

OBJETOS NECESARIOS

Una hoja de laurel – Una vela blanca – Un poco de sal – Un folio blanco
Un cabello del oficiante

Se puede realizar en cualquier momento del día o de la noche, pero una sola vez en cada estación, es decir, cuatro veces al año.

Ritual

- Poner en el centro del folio la hoja de laurel y el cabello (para que éste no se pierda, se puede enrollar en la hoja).
- Espolvorear por encima unos granos de sal, a ser posible gorda.
- Encender la vela blanca con una cerilla.
- Dejar caer siete gotas de cera de la vela sobre la hoja de laurel, la sal y el cabello a fin de unir estos elementos, al tiempo que se recita la oración.

- Plegar el folio con los ingredientes dentro como si fuera un paquete, apagar la vela y enterrar el paquete en el campo (puede ser en el jardín de la casa). Si no fuera posible llevar el paquete al campo, enterrarlo en un tiesto. El recipiente se dejará escondido donde nadie lo toque hasta que se tenga la oportunidad de enterrar su contenido al aire libre.

Los objetos que se utilizan representan a los tres reinos de la naturaleza: el laurel y el papel, al reino vegetal; la vela al reino animal y la sal, al reino mineral. El cabello, por último, representa al oficiante. Éste no debe ser cortado con tijera, sino arrancado con la mano.

Oración

Que el poder de la sal
purifique mi cuerpo.
Que el poder del fuego
Purifique los siete chakras.
Que el poder del laurel
Purifique mis sentimientos.
Doy a la tierra lo que es suyo
Que la tierra me dé la fuerza que merezco.

Este ritual de purificación tendrá una validez de siete días, de modo que a lo largo de una semana, se podrán hacer diferentes rituales de magia sin necesidad de hacer un rito previo especial; será suficiente con lavarse antes las manos, la cara y los pies. Los chakras son siete puntos energéticos que hay en nuestro cuerpo y que, desde hace miles de años, son conocidos y utilizados para diversos propósitos por diferentes pueblos, en especial por los hindúes.

Hoy, más que nunca, la medicina acepta que la salud del cuerpo está íntimamente relacionada con la del alma y los místicos saben que ésta se relaciona, a su vez, con el grado de armonía y estabilidad de los siete centros de energía, de ahí que sea tan importante tenerlos en cuenta.

Una vez que se haya efectuado este ritual, conviene prestar atención a los siete chakras y concentrarse unos minutos en cada uno de ellos. Las personas que tengan más desarrollada su sensibilidad, sentirán que de ellos irradia calor y que éste se extiende a lo largo del cuerpo. Esta percepción no es imprescindible para que los deseos que se pidan se cumplan, pero si se quiere llegar a adquirir una mínima pericia en la magia, es fundamental controlar el flujo interno de energía, así como saber equilibrar los chakras.

Cada uno de estos puntos se relaciona con una esfera de nuestra vida, de nuestro quehacer cotidiano. Se cuentan de abajo hacia arriba:

Primer chakra: manejo de la sexualidad.
Segundo chakra: manejo de las emociones.
Tercer chakra: manejo del temperamento y las pasiones.
Cuarto chakra: manejo de los temores.
Quinto chakra: manejo de la comunicación.
Sexto chakra: manejo del intelecto.
Séptimo chakra: manejo de la espiritualidad.

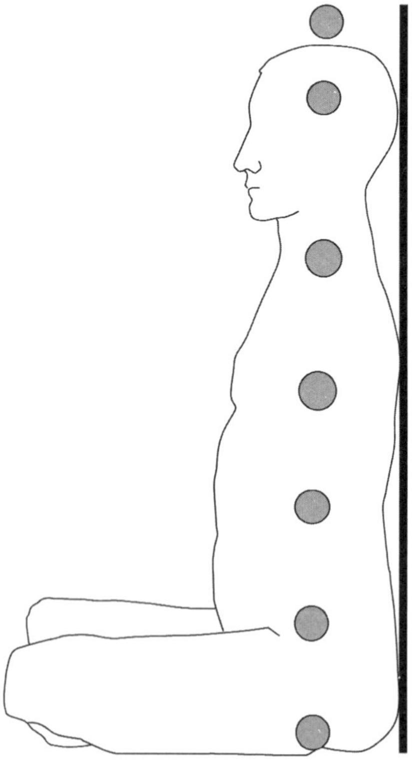

Localización
de los siete chakras.

A medida que se alcanza una mayor evolución espiritual, se equilibran los chakras más altos; por eso es importante comenzar prestando una mayor atención al primer chakra ya que será el que más fácilmente se perciba para luego seguir ascendiendo por los siguientes.

PURIFICACIÓN DE CUERPO, MENTE Y ENTORNO A TRAVÉS DE LOS CUATRO ELEMENTOS

Este rito tiene la ventaja de que, además de purificar al oficiante, también limpia la habitación en la cual se han de celebrar otras ceremonias. En él se pide auxilio a los cuatro elementos que componen la naturaleza, Tierra, Agua, Aire y Fuego, a la vez que se invoca a una deidad elegida según el tipo de deseo:

Luna: maternidad y sentimientos.
Mercurio: negocios, comunicación, estudios, hermanos.
Venus: amor.
Marte: empresas que requieran mucho coraje.
Júpiter: éxito social, carrera política.
Saturno: estudios profundos, serenidad, sabiduría.
Urano: soluciones repentinas.

Con la Luna se incluyen todo tipo de sentimientos: el afecto hacia la familia, amigos, pareja, etc.; en cambio con Venus se vinculan sólo las relaciones amorosas, que impliquen seducción y atracción sexual.

Es importante aclarar que cuando intervienen las fuerzas uranianas lo hacen drásticamente, de modo que podrían producirse efectos que van más allá de lo deseado.

OBJETOS NECESARIOS

Un recipiente con sal gorda – Un cono o varilla de incienso – Una vela blanca
Un recipiente con agua – Una caja de cerillas

Ritual

- Disponer los cinco objetos necesarios sobre una mesa.
- Encender el incienso y, tomándolo en las manos, decir el primer conjuro.

- Encender la vela y posando sus manos de forma que reciban el calor de la llama, decir el segundo conjuro.
- Posar las manos sobre la sal mientras se pronuncia el tercer conjuro. A continuación, tocar la sal, en primer lugar con la palma y posteriormente con el dorso de ambas manos.
- Posar las manos sobre el cuenco con agua al tiempo que se recita el cuarto conjuro. Una vez terminado, sumergir las manos en él.
- Echar en el agua un pellizco de sal, unas gotas de cera de la vela y una pizca de las cenizas del incienso.
- Revolver los ingredientes con el dedo índice en sentido de las agujas del reloj, recitando la oración.
- Salpicar la habitación con el agua preparada de esta manera, comenzando por los cuatro rincones. Posteriormente, se puede extender la purificación al resto de la casa.

El agua así consagrada podrá ser utilizada para preparar el ambiente cada vez que sea necesario.

Sin embargo, si se quisiera hacer un ritual en otro momento, antes habrá que llevar a cabo una ceremonia para purificar cuerpo y mente.

Conjuro 1

Que el poder del Aire limpie este lugar
en nombre de (dios adecuado)
y me ayude a conseguir mi deseo.

Conjuro 2

Que el poder del Fuego purifique mi cuerpo,
mi alma y este lugar
intercediendo ante (dios adecuado)
para que mi deseo sea concedido.

Conjuro 3

Que el poder de la Tierra consolide mis fuerzas
y con el auxilio de (dios adecuado)
se orienten para lograr lo que ansío.

Conjuro 4

Que el poder del Agua purifique mi corazón
y sólo me permita anhelar lo bueno.
Que (dios adecuado) me ilumine
para no apartarme de la senda del bien.

Oración

Así como Tierra, Agua, Aire y Fuego
crearon juntos el universo,
mi cuerpo, sentimientos, mente y espíritu
se unan para conseguir mi propósito
con el auxilio y la bendición de (dios adecuado).

Los cuatro elementos representan los mundos en los que se mueve el hombre. La Tierra representa el mundo material en el que está inmerso el cuerpo físico; el Agua, el mundo de los sentimientos; el Aire domina el mundo mental, el de las ideas y pensamientos; y el Fuego se corresponde con el mundo espiritual y la esfera de la voluntad. Estos elementos son los que han dado paso a una de las más importantes clasificaciones esotéricas: la que se emplea en Astrología para definir los doce signos del zodíaco.

Todo acto mágico se realiza en el entorno humano, por ello en éstos intervienen los cuatro elementos.

El hombre desarrolla en sí mismo las atribuciones vinculadas a estos cuatro elementos, pero sólo los seres más evolucionados son capaces de percibir el mundo de Fuego o espiritual.

LA RELAJACIÓN

El cerebro es el órgano que controla el funcionamiento de todo el organismo mediante impulsos nerviosos; también es la sede de nuestros pensamientos e, incluso, de nuestros sentimientos, aunque siempre se hayan asociado éstos al corazón. Es el habitáculo en el que reside nuestra mente y el punto donde están concentrados nuestros deseos y nuestra voluntad.

La tensión, controlada o no, de los músculos de una zona del cuerpo, indica que el cerebro está enviando a esa área señales nerviosas que obligan a esas fibras a contraerse.

Si esta tensión muscular resulta dolorosa, es porque de la zona parten otras señales que, llegando al cerebro en forma de impulsos eléctricos, nos informan de que esos músculos están fatigados, presionan algún otro elemento o, en definitiva, hay algo que no está bien.

Nuestra mente interpreta estos impulsos como señales de dolor. Para llevar a cabo este trabajo ininterrumpido, el sistema nervioso consume parte de sus recursos energéticos, de su capacidad de acción; gasta una considerable cantidad de energía que bien pudiera disponer para otras tareas que, como la concentración, resultan indispensables para hacer cualquier ceremonia relacionada con la magia.

Cuantos más músculos estén en tensión, más energías consumirá el cerebro en mantener ese estado y menos capacidad tendrá para permitirnos conseguir la concentración adecuada. Por ello la relajación es un paso previo fundamental a cualquier acto de magia.

Una de las dificultades que presenta la relajación es que, por lo general, no siempre se percibe claramente qué partes del cuerpo están tensas; los músculos se contraen de manera involuntaria y uno puede darse cuenta de que está excesivamente contraído por el dolor que producen; pero no toda contracción sostenida produce incomodidad.

EJERCICIO DE RELAJACIÓN

El trabajo que se propone a continuación tiene por objeto lograr un completo relax en todo el cuerpo. Después de repetirlo varias veces, se adquirirá un exhaustivo conocimiento del cuerpo y de sus músculos que permitirá detectar las tensiones en el momento que ellas se produzcan, dando la posibilidad de resolverlas. Eso, sin duda, será muy beneficioso para la salud, sobre todo para resolver dolores de espalda y molestias producidas por el estrés.

El tiempo necesario para hacer este ejercicio es de 15 a 20 minutos, pero a medida que se vaya adquiriendo práctica, se reducirá considerablemente.

Antes de comenzar será necesario quitarse los zapatos, cinturón y cualquier otra prenda que ciña el cuerpo, ya que eso impediría percibir la tensión muscular de los pies o de la zona que esté comprimida. Se podrá encender una vara o cono de incienso, preferentemente de lavanda, y si se juzga que podría servir de ayuda, poner un poco de música suave.

La relajación se lleva a cabo tumbado de espaldas, en la cama o en el suelo, con los ojos cerrados. A continuación, relajar cada parte del cuerpo haciendo, en cada uno de ellos, lo siguiente:

- Tensar los músculos de la zona sin hacer una fuerza excesiva pero manteniendo la contracción. Contar hasta 5 y pasar al siguiente punto.
- Aumentar la tensión y, sin relajar, contar hasta 5 y pasar al siguiente punto.
- Hacer una inspiración profunda y, sin soltar el aire, contraer los músculos al máximo. Contar hasta 5 reteniendo esa tensión y pasar al siguiente punto.
- Soltar lentamente el aire a medida que se relaja la zona que se ha trabajado.

Se comenzará por los pies y, sucesivamente, se irán relajando las otras partes del cuerpo. Para conseguir el máximo de tensión en cada zona, concentrarse en ella olvidando el resto del cuerpo y proceder de acuerdo a las siguientes instrucciones:

- *Pies:* encoger los dedos.
- *Tobillos:* dirigir las puntas de los pies hacia atrás, hacia la cabeza.
- *Pantorrillas y muslos:* sin contraer los músculos de los pies, concentrarse en el talón y empujar con éste el suelo de modo que las piernas se tensen.
- *Nalgas:* apretarlas fuertemente.
- *Abdomen:* ponerlo duro, como si se esperara que alguien pusiera un gran peso sobre él.
- *Pecho:* juntar las palmas de las manos como si se fuera a rezar y empujar una contra la otra.
- *Hombros:* subirlos cuanto se pueda.
- *Lengua y garganta:* hundir la barbilla en el pecho mientras se empuja el paladar con la lengua. Toda la zona anterior del cuello debe quedar tensa.
- *Nuca y cabeza:* presionar el suelo o la cama con la parte posterior de la cabeza mientras se mantienen los hombros relajados.
- *Cara:* debido a la gran cantidad de músculos que hay en el rostro, deberá hacerse la relajación por partes. Para la frente, fruncir el ceño. Para los ojos, cerrarlos fuertemente. Para boca, mandíbulas y mejillas, apretar fuertemente la boca y los dientes.

Una vez que se hayan relajado todas las zonas del cuerpo, hacer un repaso mental para comprobar que ninguna está tensa. Si se observaran contracciones musculares en alguna de ellas, repetir el ejercicio concentrándose exclusivamente en esa zona.

Permanecer unos cinco minutos en esa posición, respirando serenamente, sintiendo cómo circula la energía en el organismo. Es probable que se experimenten cosquilleos o que lleguen a percibirse músculos de los cuales nunca se había tenido conciencia; eso es normal y no hay que asustarse por ello. Esta relajación no puede producir ningún trastorno.

Este ejercicio no sólo sirve para relajarse, sino también para conocer mejor el organismo y es muy útil a la hora de tener que calmar algún dolor producido por cualquier enfermedad (por ejemplo, ante unas anginas, cuanto mejor se sepa relajar la garganta menos incomodidad se sentirá).

La relajación conviene realizarla una vez que se haya efectuado el rito de purificación, justo antes de iniciar cualquier ceremonia.

EL OXÍGENO, FUENTE DE ENERGÍA

El cuerpo humano es un complejo sistema de órganos y fluidos, una suerte de máquina biológica que funciona gracias al oxígeno tal y como otras máquinas lo hacen quemando gasolina o consumiendo electricidad.

Cuando una persona duerme profundamente, su respiración es lenta y profunda porque al estar quieta y tener los músculos relajados, necesita quemar menos oxígeno para mantener los órganos en funcionamiento que cuando está realizando cualquier actividad. Por el contrario, cuando corre, la respiración y circulación de la sangre se hacen más rápidas a fin de renovar en el menor tiempo posible el oxígeno de los pulmones y distribuirlo a lo largo de todo el cuerpo, especialmente a los músculos de las piernas que son los que están haciendo el máximo esfuerzo.

Si se observa a un niño pequeño hacer alguna tarea que le resulte difícil (por ejemplo, abrir un tapón de rosca), se podrá comprobar que su respiración es ligeramente más rápida y superficial. Ello se debe a que la concentración mental que requiere ese trabajo, exige una mayor oxigenación en su cerebro.

En la magia, la forma de respirar es muy importante, ya que gracias a una correcta oxigenación de los centros nerviosos superiores se logrará la energía mental necesaria para dirigir la voluntad hacia los objetivos deseados. Esto no significa que durante la ejecución de los rituales haya que estar pendiente de la forma en que se respira, pero sí hay que tenerla muy en cuenta a la hora de relajarse y antes de iniciar el trabajo.

Hay varias formas de respirar y, para nuestros propósitos, las más importantes son dos:

- *Respiración profunda, lenta, para relajarse.* Inspirar por la nariz, concentrándose en la parte baja de los pulmones. Los hombros quedarán quietos y el abdomen se levantará para que los pulmones se puedan expandir. Seguir inspirando hasta llenar la parte media. Por último, llenar la parte superior. En este último paso los hombros pueden levantarse ligeramente. Retener el aire dos segundos y luego soltarlo lentamente.
- *Respiración superficial moderada, para concentrarse.* Se ejecuta tomando aire por la nariz y llenando con él la parte media de los pulmones. La caja torácica debe ensancharse y no debe elevarse el abdomen. Es más rápida que la respiración profunda y provee la energía necesaria para lograr una concentración mayor y más prolongada.

LA VISUALIZACIÓN

Toda imagen que se pueda formar en la mente provoca reacción; algunas de ellas se traducen en síntomas físicos y otras, en cambio, nos pasan desapercibidas. Seguramente a todos, alguna vez, se nos ha puesto el vello de los brazos de punta ante el relato de una situación particularmente impactante; al oírlo, hemos imaginado la escena y la reacción de nuestra mente ha sido tan fuerte que ha provocado una descarga de hormonas y neurotransmisores que han determinado una clara reacción física.

La mente y el cuerpo actúan sincronizados y por mucha atención que se preste a la postura, gestos o tonos de voz, éstos responden a los dictados del cerebro que, a su vez, son influidos por las imágenes que se crean en nuestra mente. En un transporte público, por ejemplo, se puede verificar el constante cambio en las expresiones de los pasajeros; éstas son involuntarias y responden a los sentimientos más íntimos que afloran a su rostro por más que todos intenten mantener, por educación, una actitud lo más neutra posible.

Las visualizaciones tienen como propósito obligar a la parte oscura, desconocida e inabordable de la mente a sintonizar con el deseo y la voluntad.

Si se hace una correcta visualización de una situación feliz, habrá sin duda partes de nuestro cuerpo que la evidencien (una sonrisa, la distensión de los hombros, un tono de voz más asertivo, un aumento del tamaño del iris, etc.).

Para efectuar rituales de magia con las máximas garantías de éxito, es esencial visualizar, en todos y cada uno de esos rituales, una escena que represente lo que se quiere conseguir. Haciéndolo, nuestro cuerpo físico y nuestra psiquis actuarán involuntaria e inconscientemente de la manera más correcta para lograr el objetivo que nos propongamos.

Hace años se ha descubierto que los pensamientos negativos no sólo provocan malestar, sino que, peor aún, son auténticos actos de sabotaje hacia nosotros mismos. Una cosa es evaluar y asumir fríamente una situación, por desagradable que ésta sea y otra, muy diferente, es anclarse en la tragedia impidiendo con ello que nuestro cerebro actúe de la mejor manera posible.

Los ejercicios de visualización que se dan a continuación tienen como fin poner la imaginación a nuestro servicio en lugar de dejarnos arrastrar inconscientemente por ella. Haciéndolos periódicamente se conseguirá visualizar lo más conveniente en cada momento y en cuestión de segundos, y eso servirá para que nuestro cuerpo y nuestra mente actúen al unísono.

EJERCICIO DE VISUALIZACIÓN PAULATINA

Este trabajo es adecuado para todos aquellos que no estén familiarizados con el trabajo de visualización. Deberá hacerse, preferiblemente, en un momento en el cual no haya ruidos y con el tiempo suficiente para no tener que interrumpirlo.

OBJETOS NECESARIOS

Tres objetos cualesquiera, de uso cotidiano (por ejemplo un lápiz, una cuchara y un libro) – La foto de una persona conocida – La foto de un lugar en el cual se haya estado

El ejercicio consta de tres partes; entre una y otra se hará un descanso de 10 minutos que se podrá prolongar no más de media hora.

Primera parte del ritual

- Coger el primero de los objetos seleccionados (exceptuando las fotos) y mirarlo unos 30 segundos. Observar su forma, los detalles, su tamaño.
- Dejar el objeto sobre la mesa. Cerrar los ojos e imaginar que el objeto está frente a ellos. Visualizarlo con la mayor cantidad de detalles posible.
- Tomar el segundo objeto. Observarlo por espacio de 30 segundos y luego cerrar los ojos.
- Visualizarlo. Observarlo mentalmente en movimiento, como si girara sobre sí mismo de modo que se puedan observar todos sus detalles.
- Coger el tercer objeto y observarlo tal como se ha explicado.
- Cerrar los ojos y visualizarlo, pero esta vez sostenido por una mano. En la imaginación, hacer que el objeto se acerque y se aleje. Si es un libro, por ejemplo, visualizar que la mano lo abre y lo hojea.

Segunda parte del ritual

- Mirar durante 30 segundos la foto del paisaje o lugar escogido.
- Cerrar los ojos e imaginarse en ese lugar. Percibir los olores, la temperatura, los sonidos.

Tercera parte del ritual

- Tomar la foto de la persona conocida y observarla durante 30 segundos.
- Cerrar los ojos y visualizarla. Imaginar que habla; oír su voz.

Repitiendo este ejercicio con diferentes objetos y fotos, se adquirirá la facilidad para visualizar rápidamente lo que se desee.

EJERCICIO DE VISUALIZACIÓN DEL PROPIO INTERIOR

Este trabajo tiene por objeto familiarizarse con el propio cuerpo, con sus músculos y sus órganos. Cuando se quiera ayudar a restablecer la salud de una persona enferma, será indispensable conocer lo más claramente posible qué es lo que ocurre en su interior y, para ello, debe primero aprenderse a percibir el propio organismo.

El ejercicio también consta de dos partes: la primera se realizará en estado de reposo, lo más relajado posible, y la segunda en movimiento.

Primera parte del ritual

- Tumbarse boca arriba en un lugar cómodo.
- Respirar honda y regularmente.
- Concentrarse en el corazón. Tomar conciencia de sus latidos, de sus contracciones.
- A continuación, concentrarse en los pulmones. Sentir cómo entra y sale el aire de ellos.
- Luego, pasar al vientre. Intentar percibir la posición del estómago (no es fácil al principio), los intestinos, la vejiga.
- Concentrarse lo más posible en cada uno de los órganos.

Segunda parte del ritual

- Preparar un vaso con agua.
- Sentarse cómodamente en una silla.
- Coger el vaso y cerrar los ojos. Tomar un sorbo de agua.
- Sentir cómo el agua se desliza por el esófago y llega al estómago.
- Ponerse de pie y prestar atención a los músculos que se tensan para lograr la posición erguida.
- Dar unos pasos, muy lentamente, sintiendo las contracciones musculares.
- Levantar un brazo y visualizar internamente los músculos que se ponen en juego.

La práctica de estos ejercicios será indispensable para toda persona que quiera hacer un ritual que ayude a la curación de sí misma o la de otras personas. Cuanto mayor sea el conocimiento del cuerpo, de la localización de sus órganos y de su funcionamiento, más efectivo será el rito de magia curativa que se realice.

Rituales de iniciación

La entrada en el mundo esotérico de la magia es un paso del que no es posible volver atrás. Mediante las prácticas de las diversas ceremonias, aun cuando éstas se hagan sin las debidas formalidades o respeto, se movilizan energías interiores que en casi todos los seres humanos están dormidas.

Una vez que se abren ciertos canales, que a través de los rituales se difuminan los bloqueos que impiden el contacto con el sutil mundo espiritual, la mente queda preparada para un nuevo tipo de experiencias. Éstas pueden presentarse en forma de presentimientos, sueños, intuiciones o sensaciones que nunca atemorizan a quien haya tomado seriamente esta materia, pero que pueden preocupar a quienes han intentado realizar las ceremonias sin el debido respeto.

Las fuerzas superiores a menudo están representadas por dioses. Independientemente de la creencia que se tenga o no en ellos, se invocan más como figuras simbólicas que como entidades reales y apelando siempre a la resonancia que estos nombres o figuras tienen en el inconsciente colectivo.

La manera más idónea de entrar en este mundo es a través de los rituales de iniciación. Mediante la ejecución de estas ceremonias se dispone y ordena el conocimiento inconsciente de los arquetipos para que, en los sucesivos trabajos de magia que se realicen, operen sin trabas y canalicen la voluntad y el deseo a fin de conseguir los objetivos propuestos.

No es imprescindible llevarlos a cabo, pero es recomendable que antes de ejecutar cualquiera de los ritos contenidos en este libro se lleve a cabo, al menos, uno de los rituales que se explican a continuación.

Sólo resta añadir que la magia admite la creatividad por parte del oficiante, de modo que a los trabajos expuestos aquí, que en su mayoría proceden de antiguas recetas, se les pueden incorporar ideas propias en cuanto elementos e invocaciones, teniendo siempre en cuenta los atributos simbólicos de cada objeto, así como las cualidades de las diferentes deidades.

RITUAL DE LA ROSA DE LOS VIENTOS

Mediante esta ceremonia se prepara el cuerpo, la mente y el entorno en el cual se trabajará habitualmente.

Es aconsejable que el día en que se realice este rito no se tome previamente ninguna bebida alcohólica; lo mejor es ayunar o hacer una comida ligera bien a base de frutas o bien a base de verduras y antes de iniciar el ritual, deberá hacerse un baño de purificación.

Se comenzará después de la caída del sol.

Es preferible que el lugar escogido sea al aire libre o, de no ser posible, que pueda recibir al menos una parte de la luz de la luna. Para que esto sea posible, el ritual podrá ser efectuado en cualquier momento del ciclo lunar a excepción de la fase de luna nueva.

Si se hiciere al exterior, la tiza será reemplazada por un palito o por cualquier otro elemento que sirva para trazar un círculo en la tierra.

OBJETOS NECESARIOS

Dos velas negras – Dos velas blancas – Una vela roja – Una vela azul
Una varilla o cono de incienso del tipo que se desee – Una vasija con agua mineral – Un vaso con vino tinto (o, si no se bebe alcohol, utilizar mosto o zumo de alguna fruta) – Un cuenco con sal gorda
Una brújula – Un trozo de tiza

En caso de poder situar correctamente el norte (por ejemplo, calculando su posición por el lugar de la salida y puesta del sol), la brújula no será necesaria.

Ritual

- Limpiar la habitación o el lugar en el cual se realizará la ceremonia. Barrerlo y, mientras se hace esto, pensar que junto con el polvo se está quitando también todo tipo de energías y cargas negativas. Se deberá dejar lo más acomodado y despejado que sea posible.
- Buscar con la brújula el Norte y disponer las velas y los demás elementos, según el esquema de la figura (sin trazar el círculo). Los nombres de los puntos cardinales no es necesario escribirlos.

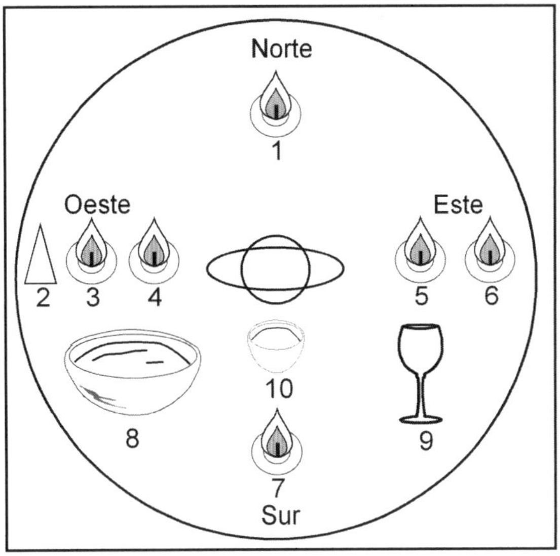

1. Vela negra para el Norte.
2. Incienso para las diosas femeninas.
3. Vela negra para las diosas femeninas.
4. Vela azul para el Oeste.
5. Vela blanca para el Este.
6. Vela blanca para los dioses masculinos.
7. Vela roja para el Sur.
8. Vasija con agua mineral.
9. Copa de vino o de zumo de frutas.
10. Cuenco con sal.

- Una vez dispuestos todos los elementos, encender las velas de los cuatro puntos cardinales empezando por el Norte y siguiendo el sentido de las agujas del reloj (1, 5, 7 y 4).
- Encender la vela de los dioses masculinos (6).
- Encender la vela de las diosas femeninas (2) y, con ella, el incienso.
- Apagar las luces para que la estancia quede iluminada tan sólo por las velas.
- Tomar la tiza y situarse en el centro de este altar, teniendo la precaución de tener dispuestos todos los elementos necesarios, ya que una vez trazado el círculo, no se podrá salir hasta no haber terminado el ritual. Si esto se hiciera, habría que comenzar nuevamente desde el principio.

En el altar que queda formado por el espacio comprendido entre las velas, se podrá poner, si se desea, objetos o elementos significativos para el oficiante (la imagen de un santo, una cruz, algún elemento que el oficiante piense que le trae suerte, etc.). También pueden dejarse allí el libro o un folio en el que se hayan copiado las oraciones.

- Comenzar a trazar el círculo partiendo del Norte y siguiendo el sentido de las agujas del reloj, al tiempo que se recita en voz alta:

En nombre de las diosas y los dioses
trazo este círculo de protección.
Ningún mal saldrá de él,
ninguno podrá entrar en él.
Por los guardianes de los cuatro puntos cardinales
invito a las fuerzas de los cuatro elementos:
Tierra, Agua, Fuego y Aire
para que entren en él y me ayuden en mi iniciación.

- Tomar tres puñados de sal y echarlos dentro del agua.
- Coger el cuenco de agua, elevarlo y, mirando hacia el Norte, decir:

Que los dioses y las diosas
bendigan la sal que purifica el agua.

- Introducir la mano en el cuenco con agua y, con ella, salpicar un poco el suelo diciendo en voz alta la siguiente invocación:

Así como la sal purifica el agua
y el agua purifica la tierra,
que mi vida sea purificada
por la bondad de los grandes dioses.

- Dejar el cuenco con agua, mirar hacia el Oeste y decir:

Que el aire y el fuego de este incienso
eleven a los dioses mi ofrenda.

- Tomar la copa de vino, salpicar con ella el suelo y establecer el compromiso:

Que los dioses tengan la bondad
de descubrirme mi propio poder.
Que así como este líquido cae de la copa,
salgan de mí todos los malos pensamientos y sentimientos.
Que los poderes que los dioses me despierten
sólo se dediquen al bien.
Yo (decir el nombre) me comprometo
a no hacer mal uso de ellos.

- Permanecer dentro del círculo hasta que se hayan consumido todas las velas, sintiendo cómo la energía toma forma dentro del cuerpo. Rechazar los pensamientos egoístas, pedir iluminación para comprender, entender y perdonar los propios errores.

A partir de este ritual se entrará en contacto, paulatinamente, con aquellas capacidades que hasta ahora han permanecido ignoradas en el inconsciente. Son las necesarias para que los trabajos de magia que se hagan den los frutos esperados. Cuanto menos egoísta sea el propósito, más posibilidades habrá de que se cumpla el deseo.

RITUAL DE INICIACIÓN DE LAS SIETE VUELTAS

Este ritual cumple el objetivo de ponernos en contacto con las la parte más intuitiva y mágica que tenemos en el fondo de la mente.

OBJETOS NECESARIOS

Una olla de agua mineral – Un puñado de sal gorda – Dos velas color violeta
Una vela blanca – Un puñado de hojas de melisa – Una rama de canela
Una cucharada de flores de lavanda – Unas ramitas de romero
Un plato o recipiente metálico que soporte el calor

Si no fuera posible conseguir las ramas de romero, se pueden reemplazar por un par de cucharadas de esta especia.

Ritual

- Poner a hervir la olla con agua; dejar hervir por espacio de cinco minutos.
- Echar la sal gorda, las hojas de melisa, la canela y las flores de lavanda.
- Colar la infusión, esperar a que se enfríe lo suficiente como para no quemar.
- Poner en el suelo, a derecha e izquierda, las dos velas violeta y, al frente, la vela blanca (ver ilustración). Encenderlas.
- En el triángulo formado por las velas, colocar una jofaina y echar en ella el agua ya tibia.
- Encender el romero.
- De pie dentro de la jofaina, dar siete vueltas en sentido de las agujas del reloj, recitar la oración. Visualizar que el cuerpo se llena de luz.
- Secar al lado del romero para que el humo de éste impregne la piel. Si se apagara antes de que los pies estén secos, será preciso encenderlo de nuevo.

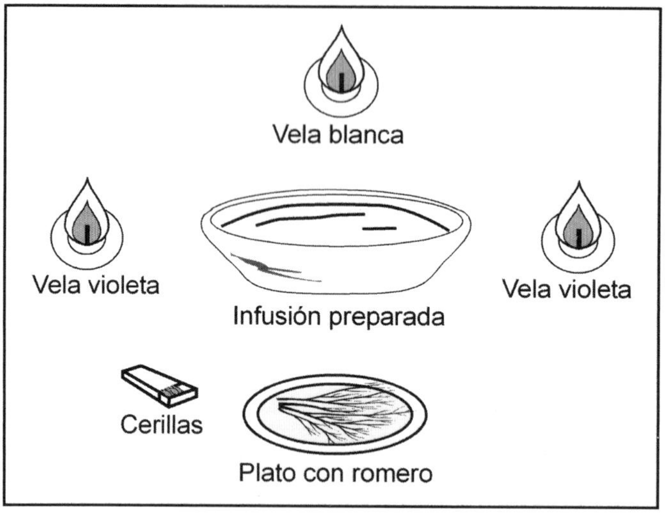

Oración

Oh, poderoso Neptuno,
tú que tienes el don de la espiritualidad
y la llave de todas las almas,
despierta en mí los poderes.
Que mi intuición sirva para remediar el dolor,
que mi fuerza sirva para dar consuelo,
que mi alma sirva para honrar al Creador.

Baños de potenciación y purificación

El agua es uno de los elementos más utilizados en los rituales de magia bajo muy diversas maneras: interviene como disolvente para otras sustancias, actúa como agente de limpieza y purificación, como sustancia imprescindible en todo tipo de bautizos, sirve para depositar los elementos utilizados en el rito, etc. Su importancia se debe a que en el agua ha tenido origen la vida y sin su presencia ésta sería imposible. Por otra parte, el cuerpo del ser humano está compuesto, en un 70 por ciento, de este precioso y preciado líquido.

Una manera de potenciar los poderes esotéricos y, a la vez, resolver pequeños problemas, consiste en agregar al agua del baño habitual algunas hierbas que tienen propiedades específicas. El sumergirse en el agua es, simbólicamente, volver al estado inicial de la vida, ya que nuestro cuerpo comienza a desarrollarse en un medio líquido. Al hacerlo, es posible conectar con estados mentales y psicológicos que en la edad adulta ya han sido olvidados y que favorecen el desarrollo de las facultades psíquicas a la vez que facilitan la concentración de la voluntad y el deseo, tan necesarios en el acto mágico. El uso de otros elementos simbólicos como hierbas, inciensos o velas aumentará el poder de dirigir la voluntad.

Las personas que no pudieran darse baños de inmersión, pueden preparar una olla con agua y agregar a ésta los ingredientes que se aconsejan para el baño. Una vez que hayan terminado de ducharse, se echarán el contenido de la olla en la cabeza y pondrán a continuación los brazos a los lados del cuerpo, dejando que el agua se escurra hacia los pies.

Baño para encontrar la mujer ideal

Este ritual deberá ser ejecutado por un hombre que, no teniendo pareja, quisiera conocer a una mujer con la que pudiera tener una relación.

OBJETOS NECESARIOS

Siete almendras sin pelar – Una vela roja – Una vela azul

Un cuadrado de tela blanco de unos 50 x 50 cm

La ceremonia deberá efectuarse de noche, en martes, día dedicado al dios Marte, símbolo de la masculinidad.

Ritual

- Encender la vela roja y la azul en el lugar donde se haya de tomar el baño.
- Poner al lado de la bañera o de la ducha el paño de tela blanca.
- Poner las almendras en la bañera y llenarla de agua. Si no se dispusiera de una bañera, llenar una olla de agua tibia y depositar en ella las almendras.
- Sumergirse en el agua y relajarse visualizando que el deseo se cumple. (Si no, darse una ducha y echarse el agua con las almendras sobre la cabeza.)
- Salir del baño y quedarse de pie, sobre el paño blanco, esperando que el cuerpo se seque por sí solo, sin utilizar toallas.
- Recoger el paño blanco y ponerlo a secar; una vez que el paño esté seco, ponerlo bajo el colchón mientras se recita la oración.

Oración

Todo cambia, nada permanece igual;
bajo el fuego de Marte renaceré
porque mi sueño servirá de guía.
Que el amor que tengo para dar
encuentre la persona que me está destinada.

BAÑO PARA ENCONTRAR AL HOMBRE IDEAL

Ritual apropiado para mujeres que quieran encontrar un nuevo amor. No debe hacerse para atraer a una persona en particular, sino, más bien, para que se abran las posibilidades de encuentro con un hombre con el que pueda formarse una pareja.

La ceremonia deberá realizarse en viernes, día dedicado a Venus, y en un momento situado entre la puesta y la caída del sol.

OBJETOS NECESARIOS

Dos rosas rojas – Una vara o cono de incienso de rosas – Una cinta blanca y una roja de un metro de largo, estrechas – Dos arandelas plateadas, pequeñas

Ritual

- Encender el incienso de rosas; recorrer toda la casa con el incienso en las manos pensando que, con su humo, se expulsan todas las energías negativas.
- En cada habitación, dirigirse a los rincones y que se impregnen del humo.
- Entrar en el lugar donde vaya a tomarse el baño y dejar allí el incienso.
- Sumergirse en el agua visualizando que el deseo se cumple.
- Al terminar, frotar los pétalos de las flores contra el cuerpo.
- Terminada esta operación, enjuagarse sólo con agua.
- Salir de la bañera y dejar secar el cuerpo al aire libre.
- Una vez seco el cuerpo, pasar las dos cintas por las arandelas y luego atárselas a la cintura con tres nudos, recitando la oración.

Esta cinta deberá llevarse atada hasta que caiga por sí misma. Antes de que eso suceda, no deberá tenerse contacto íntimo alguno con un hombre.

Oración

Venus, diosa del amor,
dibuja en mi mente
el camino a la felicidad
y envíame el hombre que me está destinado.

BAÑO DE ATRACCIÓN PARA AMBOS SEXOS

Este ritual se hará cuando se conozca a una persona a la cual se quiere atraer. Deberá ser realizado en viernes, día dedicado a Venus, tanto de día como de noche.

OBJETOS NECESARIOS

Miel – Azúcar – Una cucharada de canela en polvo – Una piedra roja
Una pizca de nuez moscada en polvo

Ritual

- En un cuenco, mezclar con las manos la miel, el azúcar, la nuez moscada y la canela en polvo; agregar esta mezcla, junto con la piedra roja, en el agua del baño (o en el enjuague, en caso de que se tome una ducha).
- Dejar secar el cuerpo sin utilizar toallas.

La piedra deberá llevarse en un bolsillo y, cada tanto, deberá repetirse este baño utilizando la misma piedra hasta que aparezca el verdadero amor.

BAÑO DE PROTECCIÓN CONTRA FUERZAS NEGATIVAS

La finalidad de este baño es guardar de todo tipo de energías negativas y de las envidias. Este ritual es el más indicado para antes de enfrentarse a personas que puedan mostrar hostilidad, que sean difíciles de abordar o con las que haya conflictos.

OBJETOS NECESARIOS

Tres dientes de ajo sin pelar – Una cucharada de hojas secas de ruda
Dos cucharadas de tomillo – Un puñado de sal – Un cuchillo – Un clavo grande

Ritual

- Hacer un corte en cada uno de los dientes de ajo.
- Echar los ingredientes en la bañera (o si no se tomara el baño de inmersión, ponerlos en una olla con agua, tal y como se explica en la introducción).
- Sumergirse en el agua visualizando el cumplimiento del deseo.
- Al salir de la bañera, dejar que el cuerpo se seque al aire, recitando la oración.

Oración

San Miguel Arcángel,
jefe de la milicia celestial
y protector de nuestras almas:
así como derrotaste al dragón
expulsándolo a las tinieblas,
expulsa las energías negativas
de todo lugar en el que yo me encuentre.

El clavo deberá llevarse consigo cuando se pueda tener una reunión difícil o se acuda a un lugar en el que pueda haber energías negativas. Representa el poder del hierro y de Marte, dios de la guerra, y simboliza la espada del Arcángel San Miguel.

BAÑO CONTRA LA FALTA DE ENERGÍA

En ocasiones, debido a una acumulación de problemas, a los cambios de estación o a diversas situaciones, entramos en un estado depresivo en el cual carecemos por completo de fuerzas. Sentimos que nada nos interesa, nos falta la energía vital y hacer cualquier cosa nos cuesta un enorme esfuerzo. Son épocas en las cuales, si nos dejamos llevar por la apatía, generamos problemas que luego nos cuesta resolver.

Este ritual tiene como finalidad recuperar energías y entrar en un estado positivo. Ayuda a sentir fuerzas para enfrentarse tanto a lo cotidiano como a lo excepcional y confiere paciencia para soportar aquello que no pueda resolverse inmediatamente.

OBJETOS NECESARIOS

100 g de flores de lavanda o espliego – Siete granos de pimienta – Una cucharada de azúcar – Una cruz de Caravaca, de metal – Dos o tres litros de agua mineral
Una vela blanca

Ritual

- Calentar una olla con agua y poner en ella los ingredientes, incluida la cruz; dejar hervir unos tres minutos aspirando los vapores que de ella emanen.
- Encender en el baño la vela blanca; cuando esté tibia el agua que se ha preparado, ponerla en la bañera o reservarla para por encima de la cabeza.
- Sumergirse en el agua y relajarse; pensar que se está tomando un merecido descanso y que será posible recuperar la vitalidad perdida; recitar la oración.
- Salir del agua y dejar que el cuerpo se seque al aire libre.

Oración

Que esta agua vivifique mi cuerpo.
Que el poder de la cruz de Caravaca
me dé las fuerzas que necesito
y aclare las tinieblas de mi alma.

La cruz de Caravaca deberá colgarse del cuello hasta que las fuerzas hayan sido totalmente repuestas y la mejoría sea evidente.

BAÑO PARA ATRAER EL DINERO

Este ritual deberá seguirse cuando sea necesaria una suma de dinero para saldar una deuda o para comprar algo considerado realmente importante. No es recomendable ejecutarlo por asuntos triviales, ya que su efecto posterior, ante una necesidad, podría ser menor.

OBJETOS NECESARIOS

Un puñado de hojas de roble – Siete monedas doradas – Una vela negra y una vela púrpura – Un imán – Un puñado de azúcar moreno – Una rama de canela Un paño color púrpura de unos 12 x 12 cm – Una aguja – Hilo negro

Ritual

- Encender en el baño las dos velas.
- Echar en el agua de la bañera (o en la del enjuague) las hojas de roble, el azúcar moreno, el imán y las monedas.
- Sumergirse en el agua y visualizarse a uno mismo pagando aquello que se quiere comprar o saldando la deuda.
- Una vez visualizada claramente la solución del problema, recitar la oración.
- Salir del baño y dejar secar el cuerpo al aire libre.
- Envolver en el paño las monedas, el imán y la canela.
- Coser el paquete que se ha hecho con una hebra de hilo negro.

Llevar el paquete durante un mes. Al salir de casa, cada vez, recitar la oración.

Oración

El dinero llama al dinero
pero la magia llama a la suerte.
Tendré lo que quiero
porque las fuerzas del bien
están conmigo.

En este trabajo se invoca indirectamente a Júpiter y a Saturno a través de sus colores representados en las velas púrpura y negra. Júpiter es el gran dispensador, el dios de la abundancia y el que abre los caminos para hacer fortuna y Saturno es un dios asociado con la sabiduría y la prudencia; juntos harán que los negocios y asuntos económicos se encarrilen.

El tiempo de validez que tiene este ritual es de un mes; una vez cumplido ese plazo, se podrá ejecutar nuevamente utilizando para ello las mismas monedas y el mismo imán.

BAÑO CONTRA EL INSOMNIO

Este baño deberá tomarse por la noche, justo antes de irse a dormir. Después de realizarlo, conviene hacer, ya en la cama, un ejercicio de relajación a fin de que de esta manera se concilie mejor el sueño. Podrá realizarse esta ceremonia tantas veces como se quiera.

OBJETOS NECESARIOS

Tres bolsitas de manzanilla o un puñado de sus flores – Tres bolsitas de tila
Dos bolsitas de menta o un puñado de hojas frescas de menta – Tres cucharadas de leche – Un vaso con agua – Una cucharada de sal gorda

En caso de no poder sumergirse en una bañera con estos elementos, deberán ponerse los pies dentro de un recipiente lleno de agua en la que se hayan echado todos los ingredientes menos la sal.

Ritual

- Llenar la bañera con agua caliente y echar los ingredientes menos la sal.
- Sumergirse en el agua y relajarse. Visualizar un paisaje agradable, sedante. Pensar que, en las próximas ocho o nueve horas, no será posible encontrar la solución a ningún problema de modo que es inútil pensar en él; salir del baño.
- Poner la sal dentro del vaso y éste, debajo de la cama, a ser posible, justo debajo de la zona donde reposará la cabeza.
- Ir a la cama y relajarse nuevamente.
- Recitar la oración hasta que sobrevenga el sueño.

Oración

Estoy en paz conmigo,
con el Universo y con Dios.
Las fuerzas del Bien velarán mi sueño
y mañana será un nuevo día
lleno de gratas sorpresas.
Así me lo merezco y Dios es justo.
El agua, barrera impenetrable,
guarda mi descanso.

El vaso con agua y sal deberá ponerse debajo de la cama para aislar la mente de toda fuerza negativa que intentase perturbarla. Esta es una buena medida a tomar cada vez que se tema ser blanco de envidias ajenas. Se deberá cambiar una vez por semana, preferiblemente en lunes, día dedicado a la Luna y relacionado con la sensibilidad y la intuición.

BAÑO PARA PROGRESAR EN EL TRABAJO

Este rito se hace para mejorar la situación laboral. Se recomienda realizarlo cada vez que sea preciso enfrentarse a una entrevista de trabajo, cuando haya una vacante libre en el entorno, si se producen situaciones difíciles de resolver o, sencillamente, para encontrar un empleo.

OBJETOS NECESARIOS

Una vela amarilla – Una vela púrpura – Una cucharada de miel
Una cucharada de tomillo seco – Unas gotas del perfume que se suela utilizar

Ritual

- Llenar la bañera de agua y echar dentro la cucharada de miel, la de tomillo y el perfume.
- Encender la vela amarilla y la púrpura.
- Tomar el baño (o echarse el agua sobre la cabeza), salir del baño y dejar secar el cuerpo al aire libre.

Los aceites

El uso de diferentes aceites para protección, sanación de enfermos o logro de distintos propósitos, es una costumbre muy antigua; en muchos libros sagrados, como por ejemplo en la Biblia, hay numerosos ejemplos de ello.

En la actual liturgia católica, se utilizan tres aceites benditos en la administración de los sacramentos; el Aceite de los Catecúmenos, que es empleado en la consagración de las iglesias, en la ordenación de los sacerdotes, en la bendición de los altares, en el bautismo y en la coronación de los reyes; el Aceite de los Enfermos, que se usa en la extremaunción; y, por último, el llamado Aceite de los Santos, que es el que fluye milagrosamente de las reliquias de algunos hombres y mujeres que han sido canonizados (san Nicolás de Bari, santa Walburga o san Charbel, entre otros). A estos últimos los fieles les han adjudicado propiedades curativas del cuerpo y del alma.

Brujos y chamanes de diversas culturas han incluido los aceites en sus diversos rituales ya que se considera a este elemento un vehículo muy efectivo para transmitir a personas y objetos sus propios poderes o los de las materias con las que se haya mezclado. En los trabajos de magia los aceites están presentes bajo dos formas: los llamados esenciales y los preparados o de mezcla.

Para los primeros se utilizan grandes cantidades de flores, hojas o tallos que son prensados y sometidos a un proceso industrial a fin de obtener sus esencias, lo cual hace que resulte imposible su fabricación doméstica. Los preparados o de mezcla son compuestos de aceite y hierbas sabiamente equilibrados que, por lo general, se venden en el mercado bajo diversos nombres que aluden a sus propiedades (Aceite de Amor, Aceite de Protección, Aceite de Prosperidad, etc.).

Si bien los aceites preparados se pueden obtener en el comercio, siempre es preferible que sean hechos por el propio oficiante ya que, mientras se lleva a cabo esa operación, se impregnan los aceites de su espíritu, voluntad y deseo.

Conociendo las atribuciones, regencias y dioses que se asocian a cada vegetal, será fácil crear nuevos aceites para fines específicos; mediante la práctica de la magia se estará en disposición de elaborar mezclas cada vez más precisas y efectivas así como de generar nuevas fórmulas.

ACEITES ESENCIALES

Son muchos los rituales en los que se recomienda utilizar el aceite esencial de alguna planta en vez de sus flores u hojas y la razón de ello es que éstos contienen mayor concentración de principios activos. Se pueden conseguir en tiendas de esoterismo o en comercios que vendan desodorantes de ambiente para quemar o colocar en dispositivos eléctricos. Estas esencias son aptas para todo tipo ritos, siempre y cuando sus poderes no se opongan a los otros componentes utilizados. Si se hace un trabajo para conseguir pareja, por ejemplo, se podrá agregar al ritual una esencia destinada a resolver el problema de la soledad, pero éste no deberá ser mezclado en un rito cuyo objetivo sea encontrar trabajo. A continuación se ofrece una lista de esencias (que pueden ser en forma de aceite o de incienso) con sus atribuciones y usos.

Uso	Aceite o incienso
Amores	Clavo, gardenia, rosa, jazmín, lirio, narciso
Reconciliación	Albahaca, gardenia, rosa, vainilla
Curación	Eucalipto, mirra
Atracción sexual	Canela, vainilla, coco, almizcle
Prosperidad	Almendra, menta, hierbabuena, pino, nuez moscada, ajo
Limpieza	Romero, jazmín, albahaca
Purificación	Canela, clavo de olor
Trabajo	Clavel, romero, vainilla, roble
Coraje	Geranio rosa, cedro, pimienta
Paz	Nardo, rosa, jacinto
Suerte	Ciprés
Atraer a una mujer	Tabaco, laurel, pachuli
Atraer a un hombre	Jazmín, jengibre, rosa
Poderes psíquicos	Sándalo, lila, nardo
Poderes mentales	Romero, lila, madreselva
Protección contra las envidias	Ruda

Preparación de aceites

Las que aquí se detallan son algunas fórmulas tradicionales que servirán para producir los aceites básicos y para mostrar la manera en que deben prepararse y utilizarse.

Aceite de limpieza

Este compuesto se utiliza para despejar las energías o fuerzas negativas. Se puede usar sobre personas, lugares u objetos.

Se aplica mojando el dedo pulgar en el aceite y trazando con él la señal de la cruz en la frente de la persona que se desee limpiar (o en la propia) o en el objeto. Para la purificación de lugares, deberá hacerse esto en todos los rincones, es decir, en cada lugar en el que confluyan dos paredes.

Objetos necesarios

Un cuarto de litro de aceite de oliva – Una ramita de romero – Una cucharadita de flores de jazmín – Tres hojas de albahaca

Las flores de jazmín pueden ser reemplazadas por una cucharadita de té de jazmín y las hojas de albahaca, si no se consiguen frescas, se pueden sustituir por una cucharadita de hojas secas.

Ritual

- En día de luna nueva, poner todos los ingredientes dentro de la botella de aceite, taparla y agitar.
- Durante un mes, agitar diariamente y por la noche el aceite, dejándolo luego en un lugar donde reciba la luz de la luna. Si esto no fuera posible, envolver la botella en un paño de modo que no reciba luz artificial.
- Al cabo de treinta días estará listo para ser utilizado.

Aceite de purificación

Aunque la limpieza y la purificación a menudo van asociadas, es necesario saber distinguir entre ambas: la limpieza elimina las fuerzas negativas que estén en el entorno o que nos sean dirigidas desde el exterior; la purificación, en cambio, produce una elevación espiritual disponiendo la mente para entrar en contacto con las fuerzas sobrenaturales.

Este aceite podrá utilizarse para alejar tentaciones, para obtener una estabilidad emocional en momentos difíciles o antes de iniciar rituales que exijan una gran concentración y entrega.

OBJETOS NECESARIOS

Un cuarto de litro de aceite de oliva – Un trozo de canela en rama
Tres clavos de olor

Ritual

- Agregar al aceite la rama de canela.
- Guardarlo envuelto en un paño.
- Al día siguiente, preferiblemente a la misma hora, agregarle los tres clavos de olor.
- Guardar en un lugar oscuro, envuelto en un paño, durante dos semanas. Agitarlo diariamente.

Este aceite se aplicará con el dedo pulgar en la nuca, lugar que está más próximo a la sede de las emociones, y en las sienes y muñecas que son puntos en los que las arterias están más a flor de piel.

Al recibir estos elementos, el organismo se dispondrá a efectuar lo necesario para alcanzar un grado mayor de intuición y dejar de lado los conflictos que en esos momentos pudieran perturbarnos, logrando con ello una mayor paz interior y elevación espiritual.

También podrá emplearse este aceite de purificación, junto con el aceite de limpieza, para purificar los elementos que se hayan de utilizar en los rituales (tijera, aguja, tiza, etc.).

ACEITE DE ABUNDANCIA

Esta mezcla tiene como fin atraer el dinero, no en cantidades espectaculares, sino de manera que nunca falte.

Objetos necesarios

Un cuarto de litro de aceite de maíz – Doce agujas de pino
Una nuez moscada

Si no se pudieran conseguir las agujas de pino, podrán utilizarse seis brácteas de piñas (es decir, cada una de las hojas modificadas que forman este fruto) o seis piñones ya pelados.

Ritual

- Agregar al aceite las agujas de pino y la nuez moscada.
- Dejar el frasco al sol por espacio de dos horas.
- Una vez transcurrido ese tiempo, se debe agitar bien la mezcla y se tiene que guardar el frasco en un lugar oscuro o envuelto en un paño por espacio de veinte días.

La manera de emplear este aceite es pasárselo por las manos, extendiéndolo bien para que no manche, antes de tocar dinero (cuando haya que hacer una compra, por ejemplo).

La nuez podrá quitarse del frasco y, una vez lustrada con un paño o una servilleta de papel, deberá llevarse siempre en la billetera.

También puede untarse ligeramente esta mezcla en las monedas, antes de echarlas en una hucha; de esta manera se atraerá la suerte en el dinero.

Aceite de armonía

Es conveniente utilizar este preparado cada vez que se suscite algún conflicto en el entorno, cuando sobrevengan disputas en la pareja o se tenga una reunión que implique tensiones.

Si uno mantiene la calma, la excitación o las emociones negativas de los demás no llegarán a afectar en lo más mínimo y esto permitirá exponer las propias ideas de forma más clara y convincente.

En caso de que se tenga que trabajar en un entorno hostil, también es aconsejable ungir levemente la silla o la mesa donde se permanezca más tiempo a fin de rodearse de energía positiva.

OBJETOS NECESARIOS

Un cuarto de litro de aceite de girasol – Un ramillete de albahaca
Los pétalos de una rosa
Una cucharadita de vainilla (o una vaina)

Ritual

- Echar el ramillete de albahaca y los pétalos de rosa dentro del aceite.
- A los siete días, agregar la vainilla.
- Dejar reposar en un lugar oscuro durante 21 días más, agitando el contenido del frasco diariamente.

ACEITE DE CORAJE

Esta mezcla está especialmente indicada para ser empleada en toda ocasión que requiera coraje o cuando se sienta temor ante el curso de un problema. La forma en que debe utilizarse depende de la índole del tema al que haya que enfrentarse.

En todos los casos será necesario ponerse un poco de este aceite en la nuca y en las sienes, además de hacerlo en otros lugares.

Si se tiene miedo ante un examen oral, por ejemplo, convendrá ponerse un poco en el cuello, a la altura de la garganta. Si debe realizarse una tarea manual, habrá que pasarse el aceite por las manos. Si el temor está originado por una posible discusión, usarlo alrededor de la boca.

Lo importante es tener en cuenta la zona del cuerpo con la cual pueda simbolizarse el problema o que se vaya a utilizar para resolverlo.

En caso de enfrentarse a un conflicto amoroso, pasarlo sobre el lugar donde se encuentra el corazón.

OBJETOS NECESARIOS

Un cuarto de litro de aceite de girasol – Una cucharada de flores de geranio rosa
Una cucharada de hojas de cedro – Tres granos de pimienta negra

Ritual

- Agregar todos los ingredientes al aceite, agitar bien y dejar reposar durante quince días.

Aceite activo

Se utiliza exclusivamente para asuntos de trabajo o a la hora de realizar una actividad que genere dinero. Bastará con poner un poco en el dorso de la mano, en las sienes y en la nuca y tocar con el pulgar mojado en él las herramientas que deban de utilizarse.

Objetos necesarios

Un cuarto litro de aceite de girasol – Los pétalos de un clavel – Una cucharadita de romero – Un trozo de hierro (por ejemplo, un clavo, un tornillo, una tuerca)

Ritual

- Separar los pétalos del clavel y echarlos dentro del aceite.
- Agregar la cucharadita de romero.
- Agregar el trozo de metal.
- Dejar a la intemperie, tapado, durante tres días y tres noches.

El hierro, símbolo de Marte, representa la actividad y la capacidad de enfrentarse a los problemas.

Aceite contra la envidia

La envidia es un sentimiento bastante más común de lo que pudiera parecer a primera vista y tiene lugar no sólo entre vecinos que apenas se saludan, sino entre personas muy próximas como son los hermanos e, incluso, la propia pareja.

El aceite cuya receta se da a continuación tiene dos propósitos: por un lado, proteger a la persona envidiada de los efectos que pudieran ocasionarle los sentimientos negativos del envidioso y, por otro, calmar a la persona que sufre de envidia haciéndola sentir más valiosa, mucho más atractiva, mejor consigo misma, a fin de que deje de envidiar.

Objetos necesarios

Un cuarto de litro de aceite de girasol – Una cucharadita de hojas de ruda

Ritual

- Agregar la ruda al aceite, agitar y dejar reposar una semana antes de usar.
- Cuando se vaya a tener un encuentro con alguien envidioso, primero habrá que ungirse las sienes y la nuca con el pulgar mojado en aceite, al tiempo que se recita la primera jaculatoria.
- Si es posible, poner con el pulgar un poco de aceite en la silla que vaya a utilizar la persona envidiosa diciendo la segunda jaculatoria. Es mejor pasarlo por la parte inferior del asiento para que no manche la ropa. Si se tratara de una compañera de trabajo, por ejemplo, se podrá pasar el aceite en el lápiz o en el bolígrafo que vaya a utilizar.

Téngase en cuenta que una mayor cantidad de aceite no potenciará más los efectos, de manera que conviene ser prudente y utilizar lo menos posible.

Jaculatoria 1

Por el poder de la ruda
¡fuera la envidia!
Dios me ayuda.

Jaculatoria 2

Todo puedes conseguir
sin lugar al que mirar.
No hay nadie a quien envidiar.

LA MAGIA DEL AMOR

Una de las razones más comunes por las cuales la gente recurre a la magia, es tener que afrontar un problema amoroso. Se hacen trabajos para que la persona amada sea fiel, para conseguir su afecto, para que se muestre más atenta, para alejar a quien ya no se quiere, para desenamorarse, para vencer a un posible rival, para que los celos no sean un obstáculo, etc.

El ser humano manda y transforma sus propios sentimientos, pero se siente impotente y frustrado ante la imposibilidad de transformar los del prójimo y eso hace que habitualmente recurra a las prácticas mágicas a fin de mudar la indiferencia de su amado en cariño, de acabar con la infidelidad del cónyuge o de buscar consuelo y soluciones ante la proximidad de una ruptura sentimental.

La magia relacionada con el amor, también llamada magia rosa, cuando parte de las premisas de la magia blanca no apunta a transformar sentimientos ajenos sino, sobre todo, a modificar a quien la practica de manera que pueda lograr conseguir su deseo por sí mismo. Si se hace un trabajo para enamorar a alguien, lo que se logrará en primer lugar no es cambiar los sentimientos de esa persona, sino operar ciertas transformaciones en uno mismo que permitan enamorarle o resultar atractivo a sus ojos. Sólo en la magia negra existen los llamados «amarres» o «ataduras», que son métodos para obligar a otra persona a actuar en contra de su propia voluntad y eso, desde luego, es totalmente contrario a la ética y al orden y respeto naturales.

Es importante tener en cuenta que los ritos de amor sólo pueden funcionar correctamente si uno mismo está dispuesto a la entrega, a la generosidad. No se puede pedir que otra persona se enamore de uno si no se tiene la voluntad de corresponder con el mismo sentimiento, porque eso atenta contra el equilibrio y la armonía. Más aún: si alguien pretendiera que otra persona le ame tan sólo para halago de su orgullo, para vengarse o impulsado por cualquier sentimiento que no fuera noble, el resultado podría ser absolutamente contraproducente.

A veces se desean cosas que, en el fondo, no harían más que acarrear dolores más intensos que los ocasionados por un amor no correspondido. Una persona puede encapricharse de otra y, aunque su experiencia le diga que a su lado le espera una vida de amargura y sufrimiento, querer por todos los medios conquistarla dispuesta a aguantar todo lo que le toque en suerte.

En estos casos, el resultado del ritual mágico destinado a conseguir ese deseo, difícilmente dé el resultado esperado porque la magia sirve para mejorar la vida de quien la practica y no para deteriorarla.

Los rituales de magia blanca sirven no sólo para conseguir lo que se anhela, sino, también, para actuar a modo de protectores para que no se logren aquellas cosas que acarrearían infelicidad ofreciendo, al mismo tiempo, opciones mucho más interesantes que aquello que se esperaba conseguir. En todo ritual de magia de amor, lo que siempre debe estar presente es el respeto y el deseo de que la persona a la que va destinado elija libremente. El mero intento de imponer la propia voluntad sobre la de los demás, ya es algo totalmente contrario a las leyes de la naturaleza y del desarrollo espiritual. En esta sección se explicarán diferentes ritos, extraídos de las más diversas culturas, que sirven para solucionar problemas relacionados con el amor.

Deberán seguirse paso a paso, teniendo siempre en cuenta que sólo se conseguirán resultados siempre y cuando éstos sean beneficiosos para la persona que actúe como oficiante del ritual. Cuanto más generosa sea la disposición que se adopte a la hora de efectuar el trabajo, más espectacular será el resultado.

LOS HECHIZOS DE AMOR EN EL PUEBLO GITANO

Entre las muchas tradiciones mágicas del pueblo gitano, se halla una lista de fechas en las cuales, según han opinado sus sabios desde hace siglos, no es conveniente hacer ningún tipo de hechizo amoroso, no porque algo malo haya de pasar, sino porque sus efectos no serán tan contundentes como podría esperar el oficiante.

Conviene evitar estos días a menos que caigan en el día de la semana o la lunación indicada en el rito que se quiera llevar a cabo, ya que en este caso se pondrán en juego otras fuerzas que anularán la capacidad inhibitoria de estas fechas.

Las fechas mencionadas son las siguientes:

Enero	1-2-6-14-27
Febrero	1-17-19
Marzo	11-26
Abril	10-27-28
Mayo	11-12
Junio	19
Julio	18-21
Agosto	2-26-27
Septiembre	10-28
Octubre	6
Noviembre	6-17
Diciembre	5-14-23

Rituales para encontrar pareja

Este capítulo está especialmente destinado a todas las personas que no tienen pareja, que no están enamoradas y que no conocen a nadie que cumpla los requisitos como para construir en común un vínculo amoroso.

Se incluirán en este apartado todos aquellos ritos destinados a fomentar el atractivo personal, a desarrollar la capacidad de ver, en medio de una multitud, la persona que pudiera estarle destinada, así como a fomentar el encuentro.

Es posible que alguien, a pesar de estar en pareja, tenga la tentación de llevar a cabo alguno de los rituales de este capítulo con la idea de conocer a una persona mejor o más afín que aquella con la que está emparejado, por ello es importante señalar que si así lo hiciere, el rito no funcionará e, incluso, podría ser sumamente perjudicial. Uno puede engañarse a sí mismo cuanto quiera, pero no a las fuerzas, interiores y exteriores, que se ponen en juego en todo acto mágico.

Ceremonia de renacimiento

Este ritual actuará en diferentes planos simultáneamente. Por un lado, apunta a lograr el equilibrio interior de la persona que lo realiza; es una especie de limpieza de la mente y del espíritu que eliminará los bloqueos que tenga el oficiante. A la vez que actúe sobre esas trabas inconscientes, despertará los mecanismos de atracción y seducción que pudieran haber estado dañados por las experiencias dolorosas que se hayan vivido.

Quien lleve a cabo esta ceremonia adoptará, aun cuando no se dé cuenta de ello, una actitud física, mental y espiritual que le permita encontrar a otra persona con la que pueda formar un vínculo feliz y duradero.

El objetivo del ritual de renacimiento, en definitiva, es conseguir que quien lo ejecute recupere un estado interior original similar al que traía en el momento de nacer.

En los comienzos de la vida las habilidades necesarias para lograr la felicidad están intactas y son los problemas que se sufren a lo largo de los años los que acaban deteriorándolas o atrofiándolas. Es un proceso paulatino de desgaste que termina por distorsionar completamente la vida y el posible destino.

Aunque los pueblos que hace milenios crearon este y otros ritos no tuvieran una clara idea del poder del inconsciente, hoy se sabe que en esa zona oscura de la mente los símbolos tienen un peso muy importante; que es a través de ellos que se combinan las ideas y se promueven los cambios. Este ritual se basa en ese esquema y su ejecución representa un volver a nacer, puro y limpio como cuando se ha venido al mundo. Es fundamental que el lugar donde vaya a efectuarse la ceremonia sea preparado adecuadamente porque esa habitación, en el inconsciente del oficiante, representará el útero materno, un lugar al cual, según los psicólogos, se acude mentalmente mucho más a menudo de lo que cabe imaginar.

Para hacer este ritual, debe elegirse el día de la semana y la hora a la que uno mismo haya nacido; si se carece de este dato, el mejor momento para realizarlo será cuando el sol esté en el horizonte o perpendicular a éste; es decir, a las 0, 6, 12 o 18 horas (que se corresponden con la salida del sol, mediodía, puesta del sol y medianoche). Como no siempre se sabe en qué día de la semana se ha nacido, se adjunta a continuación un calendario perpetuo mediante el cual se puede averiguar, ya sea para este ritual o para otros que se propongan más adelante.

En caso de no conocerse con certeza el día y mes de nacimiento, se tomará el 21 de abril o 21 de septiembre (es decir, el día de comienzo de la primavera en los hemisferios norte y sur respectivamente).

Se buscará en el calendario perpetuo en qué día ha comenzado la primavera el año en el que se ha nacido, como si uno celebrara su cumpleaños ese día.

Cómo utilizar el calendario perpetuo

Para averiguar en qué día de la semana ha caído una fecha, deben efectuarse los pasos que se detallan en el siguiente ejemplo.

Fecha-ejemplo: 2 de mayo de 1981

1. Buscar en las tablas de años, el que corresponda a la fecha (1981).
2. Seguir en línea recta, sobre el renglón de ese año, hasta la columna que indique el mes de nacimiento y apuntar el número que aparece en esa casilla (para mayo de 1981 el número que figura es el 5).

3. Sumar el número obtenido al del día de nacimiento (en este caso, 2 + 5 = 7).
4. Buscar ese número en el segundo cuadro (en el ejemplo, vemos que ese día ha caído en sábado).

1925 - 1999			2000 - 1999			Enero	Febrero	Marzo	Abril	Mayo	Junio	Julio	Agosto	Septiembre	Octubre	Noviembre	Diciembre
25	53	81		09	37	4	0	0	3	5	1	3	6	2	4	0	2
26	54	82		10	38	5	1	1	4	6	2	4	0	3	5	1	3
27	55	83		11	39	6	2	2	5	0	3	5	1	4	6	2	4
28	56	84		12	40	0	3	4	0	2	5	0	3	6	1	4	6
29	57	85		13	41	2	5	5	1	3	6	1	4	0	2	5	0
30	58	86		14	42	3	6	6	2	4	0	2	5	1	3	6	1
31	59	87		15	43	4	0	0	3	5	1	3	6	2	4	0	2
32	60	88		16	44	5	1	2	5	0	3	5	1	4	6	2	4
33	61	89		17	45	0	3	3	6	1	4	6	2	5	0	3	5
34	62	90		18	46	1	4	4	0	2	5	0	3	6	1	4	6
35	63	91		19	47	2	5	5	1	3	6	1	4	0	2	5	0
36	64	92		20	48	3	6	0	3	5	1	3	6	2	4	0	2
37	65	93		21	49	5	1	1	4	6	2	4	0	3	5	1	3
38	66	94		22	50	6	2	2	5	0	3	5	1	4	6	2	4
39	67	95		23	51	0	3	3	6	1	4	6	2	5	0	3	5
40	68	96		24	52	1	4	5	1	3	6	1	4	0	2	5	0
41	69	97		25	53	3	6	6	2	4	0	2	5	1	3	6	1
42	70	98		26	54	4	0	0	3	5	1	3	6	2	4	0	2
43	71	99		27	55	5	1	1	4	6	2	4	0	3	5	1	3
44	72		00	28	56	6	2	3	6	1	4	6	2	5	0	3	5
45	73		01	29	57	1	4	4	0	2	5	0	3	6	1	4	6
46	74		02	30	58	2	5	5	1	3	6	1	4	0	2	5	0
47	75		03	31	59	3	6	6	2	4	0	2	5	1	3	6	1
48	76		04	32	60	4	0	1	4	6	2	4	0	3	5	1	3
49	77		05	33	61	6	2	2	5	0	3	5	1	4	6	2	4
50	78		06	34	62	0	3	3	6	1	4	6	2	5	0	3	5
51	79		07	35	63	1	4	4	0	2	5	0	3	6	1	4	6
52	80		08	36	64	2	5	6	2	4	0	2	5	1	3	6	1

Domingo	1	8	15	22	29	36
Lunes	2	9	16	23	30	37
Martes	3	10	17	24	31	
Miércoles	4	11	18	25	32	
Jueves	5	12	19	26	33	
Viernes	6	13	20	27	34	
Sábado	7	14	21	28	35	

OBJETOS NECESARIOS

Seis metros de goma elástica (conviene que sea fina y que se estire fácilmente)
Tijera – Cerillas – Una cinta blanca de tres metros de largo – Dos chinchetas
Una vela blanca y una roja – Un cono o varilla de incienso de rosa – Un paño, a ser posible blanco – Un cuenco con agua – Un puñado de sal

Preparación de los lugares en que se hará la ceremonia

Una vez escogidos el día y la hora a la que se va a realizar el ritual, lo primero que debe hacerse es preparar los lugares para celebrarlo.

Se pueden elegir dos habitaciones cualesquiera de la casa. Lo importante es que sean dos recintos que estén separados entre sí por una puerta (uno de ellos podría ser un pasillo). Nadie podrá entrar en ellos hasta que el rito se termine.

La puerta que separe las dos habitaciones, que simbolizará la entrada y salida del útero materno, deberá prepararse unos momentos antes de comenzar la ceremonia.

Preparación de la puerta

- Tomar la goma elástica y, juntando los dos extremos, buscar su punto medio.
- Mediante una de las chinchetas, fijar la goma por su punto medio a la parte superior de la puerta que separe las dos habitaciones en las que se va a efectuar el ritual (ver ilustración inferior).
- Una vez hecho esto, quedarán sueltos los dos trozos de goma. Juntándolos, fijarlos al suelo con la otra chincheta.

Si al hacer esta operación la goma quedara excesivamente tirante, será conveniente conseguir una más larga a fin de que las chinchetas no se suelten al pasar entre las dos mitades de la goma.

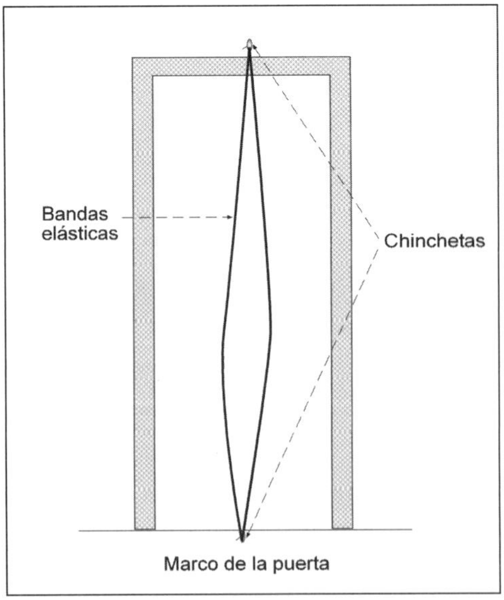

En caso de que la puerta fuera inusualmente alta, es conveniente medirla previamente a fin de poder tener los elementos indispensables en el momento de realizar el ritual.

Para que no sea necesario aprenderse de memoria las tres oraciones, éstas se pueden escribir en un papel dejándolas previamente en el lugar donde deban recitarse.

En cada una de las dos habitaciones, se deberán colocar diferentes elementos:

Habitación 1: vela blanca, cinta blanca y tijera.
Habitación 2: vela roja, cuenco con agua, sal, incienso y paño blanco.

La ceremonia habrá de comenzarse 10 minutos antes de la hora de nacimiento real, de modo que el final de la primera parte de la ceremonia coincida con ese momento del día.

Ritual

- Partir de la habitación 2 (aquella donde se haya dejado el cuenco de agua y la vela roja).
- Pararse de espaldas junto a la puerta que comunica con la habitación 1.
- Andando de espaldas, atravesar la puerta pasando el cuerpo entre los dos trozos de goma que se han fijado al marco y al suelo, teniendo cuidado de no soltarlos (como se ha dicho, deben colocarse flojos. Se puede probar antes de iniciar el rito si son lo suficientemente resistentes).
- Encender la vela blanca mientras se recita la primera oración.
- Atarse uno de los extremos de la cinta blanca a la cintura (deberá estar en contacto directo con la piel), haciéndole siete nudos.
- Meditar unos instantes sobre los problemas que hayan dejado huellas profundas a lo largo de la vida, con la intención de que éstos queden para siempre en el pasado y no vuelvan nunca a molestar.
- Tomar la tijera en la mano derecha y apagar la vela blanca, soplándola.
- Pararse de cara a la puerta y pasar a la otra habitación metiendo primero la cabeza por entre las gomas, luego los hombros y el torso y, finalmente, los pies.
- Avanzar unos pasos y cortar lo que cuelgue de la cinta que se lleva a la cintura mientras se recita la segunda oración.
- Poner el cuenco con agua en el centro del mantel.

- Echar dentro del cuenco el puñado de sal.
- Mojarse la mano izquierda en el agua y luego, pasársela por la cara.
- Encender la vela roja y el incienso.
- Recitar la tercera oración.
- Quitar la goma que se ha puesto en la puerta, apagar la vela roja, retirar los demás elementos que se hayan utilizado menos el incienso, que deberá quemarse hasta el final.
- En cuanto a la cinta atada a la cintura, ésta deberá mantenerse hasta que se caiga por sí misma o hasta que se cumpla el deseo y con el resto que se ha cortado, lo que debemos hacer es enterrarlo o depositarlo en el cruce de dos calles o caminos.

La habitación número 1 representa el útero materno y la habitación número 2, el mundo, el exterior.

El paso por la puerta es el nacimiento y la cinta blanca simboliza el cordón umbilical; por eso se corta después de que se haya atravesado la puerta, cortando también la relación con la habitación número 1.

Una vez que éste «se caiga», el oficiante tendrá la maduración suficiente como para enfrentarse a la vida de forma mucho más efectiva.

La vela blanca simboliza la pureza, el equilibrio de las facultades mentales, emocionales y espirituales propios de un estado de inocencia.

El agua y la sal, elementos utilizados en el bautismo, son símbolo de entrada en una nueva forma de vida y, tanto la vela roja como el incienso de rosa, son estimulantes de la pasión amorosa representando en este ritual los sentimientos que se van a desarrollar.

Oración 1

La luz expulsa las tinieblas,
el fuego purifica.
Aquí nada temo porque soy inocente,
porque mi mente está intacta.
Aquí dejo mi pasado
para renacer con todas las facultades
que me han sido conferidas.

Oración 2

He dejado atrás una vida
y con la ayuda de San Ramón Nonato
vuelvo a nacer con renovadas fuerzas.
Mi corazón está abierto
a todo lo que el destino
tenga a bien proporcionarme.
Tengo amor para dar
y corazón para recibir.

Oración 3

Así como enciendo esta vela
se encienda la pasión
de quien me está destinado.
Que mis buenas cualidades
sean tan atractivas como el aroma de esta rosa.
Sé que así será.

Ritual para atreverse a amar otra vez

Es bastante habitual que, tras haber tenido una experiencia sentimental dolorosa, a una persona le cueste muchísimo establecer una nueva relación de pareja. Por lo general, cuando esto sucede, el afectado se queja de la poca suerte que tiene, compara su soledad con la vida plena que tienen sus amigas o amigos y piensa que nunca tendrá la fortuna de conseguir a alguien que le quiera o con quien formar una familia. El tiempo va pasando y, para no sentir el dolor de la frustración, termina por convencerse de que no está hecho para la vida en pareja, que «el buey solo bien se lame».

Pero como este autoengaño no suele mantenerse eternamente, cada tanto pasa por períodos de tristeza y se pregunta por qué tiene prohibido aquello que para otras personas parece tan al alcance de la mano.

A la mayoría de quienes sufren estos problemas, el miedo al sufrimiento y la idea errónea de que necesariamente el amor es dolor, así como pensar que si se enamoran volverán a pasar por el desengaño que tanto les ha marcado, les pone una venda en los ojos que les impide detectar la presencia de hombres o mujeres con los cuales podría entablar una feliz relación. Pasan por su lado pero no les ven y así, inconscientemente, creen que se ahorran probables disgustos y sinsabores. Este ritual tiene por objeto disolver el miedo al sufrimiento, cicatrizar heridas y curar el alma para que sea posible enamorarse y enamorar; encontrar una persona con la cual compartir la vida.

OBJETOS NECESARIOS

Un limón – Tres alfileres – Dos cucharadas de bicarbonato de sodio
Una cucharada de azúcar – Un paño blanco – Una cinta roja

Ritual

- Partir el limón en dos mitades.
- Clavar los tres alfileres en la pulpa de una de las mitades.
- Encender la vela azul.
- Echar sobre una de las partes del limón las dos cucharadas de bicarbonato y la de azúcar al tiempo que se recita la oración.
- Juntar las mitades del limón y envolverlas con el paño para que no se separen.
- Atar el paquete así formado con la cinta o cordón rojo y hacerle siete nudos visualizando una escena de pareja feliz.
- Enterrar el paquete en un lugar al aire libre o en una maceta.

Los alfileres representan los malos momentos vividos, los que han agriado el carácter e impiden a la persona tener confianza en su capacidad para establecer una feliz relación de pareja. El bicarbonato tiene por objeto neutralizar el ácido y el azúcar es símbolo de felicidad y plenitud. El paño blanco representa los buenos sentimientos, el amor y la entrega, y la cinta roja, la pasión.

Oración

Mi corazón ha sufrido
los dolores del amor
y a Venus ruego, me ayude
a superar mi temor.
Así como el azúcar endulza este limón,
que un nuevo amor endulce mi corazón.

RITUAL DE LOS SIETE DÍAS

Como su nombre indica, este trabajo se deberá efectuar a lo largo de siete días. Es preferible que los pasos del ritual se realicen siempre a la misma hora y durante la noche, entre la puesta y la salida del sol.

Se podrá hacer cuantas veces se quiera pero nunca dos en la misma estación; es decir: se hará como máximo una vez por invierno, otra por otoño, otra por primavera y otra por verano.

OBJETOS NECESARIOS

Un cordón rojo – Un cordón azul – Una vela roja – Siete tiras de papel blanco del ancho de un folio y de unos 4 cm de alto aproximadamente – Un lápiz

Empezar el trabajo en viernes, día dedicado a Venus, la diosa del amor, y continuarlo en los seis días siguientes.

Ritual

- Encender la vela roja.
- Coger una de las tiras de papel y escribir en ella una cualidad que se desea que tenga la futura pareja (por ejemplo, sinceridad).
- Enrollar la tira de papel y luego atar a uno de sus extremos el cordón azul y al otro el rojo (ver dibujo) mientras se recita la oración.

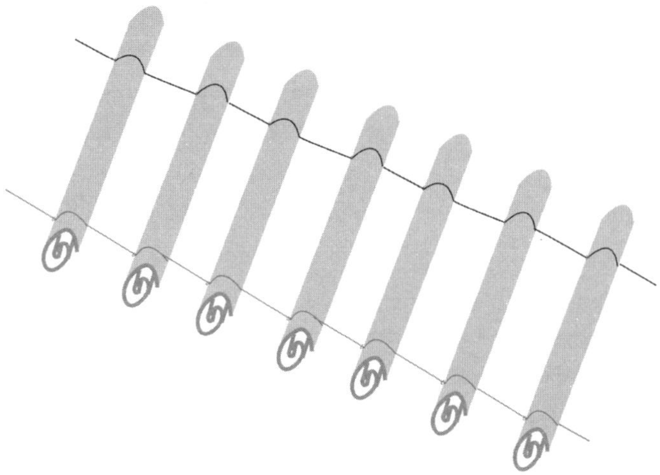

- Apagar la vela.
- Guardar los dos cordones con el papel que se le haya atado debajo de la almohada o del colchón. Al día siguiente se deberá escribir una cualidad diferente y atarlo del mismo modo; así hasta usar las siete tiras de papel.

Oración

Así como estos cordones
quedan unidos por la ....
(nombrar la cualidad que se ha escrito en el papel)
por ella consiga la unión
con la persona que me esté destinada.

Los cordones representan, con sus colores, el principio femenino y el masculino. En este ritual se mencionan las cualidades que más interesa encontrar en la persona amada para que la voluntad se oriente de modo que, cuando se esté ante alguien con esos atributos, se le pueda reconocer.

POLVOS PARA ATRAER EL AMOR

Los olores desempeñan un papel muy importante en la psiquis de los seres humanos ya que la zona del cerebro que los detecta y analiza es, a la vez, sede de las emociones.

Seguramente todos hemos podido constatar cómo un olor desata un recuerdo y la manera en que éste se liga íntimamente a la sensación de alegría, miedo o nostalgia. El aroma recordado trae aparejadas, junto con las imágenes que generalmente suscita, el paisaje emocional en el cual se ha producido el hecho que se recuerda.

Así como un depredador huele el miedo de su víctima, a través del olfato los machos y hembras de diferentes especies animales se atraen entre sí y detectan las disposiciones de aproximación. Esto se produce porque los cuerpos de unos y otras despiden unas sustancias químicas llamadas feromonas que actúan como mensajeros llevando al sexo opuesto invitaciones de acercamiento.

El hombre, aunque actúe guiado más por la razón que por el instinto, no escapa a esta regla y sus comportamientos amorosos, así como sus rituales de cortejo, también están condicionados por el olfato y las feromonas.

A través de la magia es posible modificar inconscientemente la emisión de estas peculiares sustancias, así como también modificar la producción de diferentes hormonas generando la emoción apropiada para ello. Esto puede ser utilizado para despertar la atracción en personas del sexo opuesto.

OBJETOS NECESARIOS

Polvos de talco neutros o con aroma a jazmín – Un ramito de romero muy seco
Una vela roja – Un puñado de pétalos de rosa (secos) – Una cucharadita de canela
Esencia de jazmín – Una cucharadita de albahaca seca y pulverizada
Una piedra roja – Un saquito pequeño – Un plato o recipiente de metal
Carboncillo litúrgico

El carboncillo podrá conseguirse en las santerías o tiendas que vendan incienso litúrgico. Si no se pudiera encontrar, es posible utilizar un poco de alcohol para encender el romero con unas gotas de éste.

Si no se consiguiera esencia de jazmín, ésta puede ser reemplazada por las cenizas de un cono o vara de incienso de este aroma que haya sido quemado previamente.

El ritual deberá iniciarse en viernes, día de Venus, diosa del amor y la belleza.

Ritual

- Encender la vela roja.
- Poner el romero en el recipiente de metal encendiendo el carboncillo o echándole unas gotas de alcohol antes de acercarle una cerilla.
- Coger con la mano derecha el puñado de pétalos de rosa y triturarlos. A continuación, echarlos en el recipiente que contenga el talco.
- Añadir al talco la canela y mezclar bien todos los elementos.
- Echar sobre la piedra siete gotas de esencia de jazmín al tiempo que se recita la primera oración.
- Guardar la piedra con la albahaca en el saquito. Éste deberá llevarse en contacto con el cuerpo, o bien ponerlo debajo de la almohada.
- Todos los días viernes, antes de irse a dormir, echar un poco del talco que se ha preparado sobre las sábanas, al tiempo que se recita la segunda oración.

Este ritual deberá hacerse hasta que el oficiante pueda formalizar una relación de pareja.

La vela roja simboliza la pasión. La albahaca es un vegetal que, en magia, se utiliza para la falta de deseo. La canela encarna la alegría y el jazmín tiene un alto poder energético. La rosa (sobre todo la roja) está dedicada a Venus y la piedra representa las cualidades inertes que, por no saber ejercitarlas, permanecen ocultas y frías.

Oración 1

Que así como el poder del jazmín
despierta la piedra inerte,
que el poder del jardín de Venus
despierte amor en el alma marchita.

Oración 2

Que los aromas terrenales
y el poder de la luz lunar
destaquen mi atractivo
y solucionen mis males.

Si se tuviera que acudir a una reunión a la que fuera mucha gente, se podrá poner un poco de este talco alrededor de la cintura.

RITUAL DE LA LLAVE PARA ENCONTRAR PAREJA

Desde épocas remotas los antiguos magos han relacionado la luna con el mundo de los sentimientos en general y con el afecto que se profesan los amantes; posiblemente porque, a través de la observación cotidiana, se hayan percatado de que nuestro satélite, al estar tan próximo a la Tierra, influye en los estados de ánimo de los hombres a través de los cambios que promueve en la atmósfera. Esto es algo que han podido comprobar sobradamente los psiquiatras. En muchos de los rituales se exige la presencia de la luna (sobre todo en la fase de luna llena) debido a las cualidades especiales de su luz, y éste es uno de ellos. Tiene por objeto despertar la sensibilidad de la persona que lo realice y de abrirle las puertas de la mente y del corazón de modo que pueda tener un contacto más intenso y positivo con otras personas.

OBJETOS NECESARIOS

Un trozo de papel de plata – Una varilla o cono de incienso de rosa
Dos corazones hechos con una masa de harina y agua – Un vaso con agua
Una vela blanca – Una llave plateada

Esta ceremonia deberá hacerse de noche y con la luna en cuarto creciente; preferiblemente en lunes.

Ritual

- Mezclar la harina con un poco de agua hasta hacer una masa que no se pegue.
- Aplanarla lo más posible y recortar con un cuchillo dos corazones.
- Encender la vela y el incienso.
- Visualizarse al lado de una persona del sexo opuesto, en una situación de total felicidad y armonía.
- Atravesar ambos corazones con la llave, con cuidado de que no se rompan.
- Recitar la oración.
- Poner la llave con los corazones dentro de un vaso con agua.
- Sobre un papel de plata, poner el vaso en un lugar donde pueda recibir la luz de la luna.
- Dejar al sereno el vaso hasta que se inicie la luna nueva.

El color plateado, al igual que el blanco, está asociado a la luna. La llave representa la energía y el poder del reino mineral más vinculado al área de los instintos, que nos permitirá abrirnos al amor. El agua, además de ser otro simbolismo lunar, es el elemento disolvente por excelencia y, a la vez, fuente de vida.

Oración

La luna, llave del amor,
disolverá los corazones
que se desbordarán al encontrarse
y no pensarán en separarse.

RITUAL DE LA SIDRA PARA ENCONTRAR UN NUEVO AMOR

Este trabajo se recomienda a todo hombre o mujer que, por no tener pareja, esté pasando por un período de necesidad afectiva, de desasosiego interior.

Se puede iniciar por la tarde, después de la caída del sol, pero es preferible hacerlo cerca de la medianoche y en viernes, día dedicado a la diosa del amor, Venus.

OBJETOS NECESARIOS

Una botella de sidra – Un adorno de oro o dorado (anillo, collar, pulsera)
Dos velas rojas – Una rosa roja – Un paquete de tabaco rubio
Una caja de cerillas

Ritual

- Llevar al baño la botella de sidra, la rosa, una vela roja, una copa de cristal o vidrio y las cerillas.
- Ponerse una joya o adorno de oro (de no contar con ella, puede utilizarse una de bisutería, dorada).
- Quitarse la ropa y encender la vela lo más cerca posible de la puerta.
- Llenar la copa con sidra y volcarse en la cabeza la sidra que ha quedado en la botella dejando que se escurra a lo largo del cuerpo.
- Tomar una ducha tal y como se acostumbre a hacerlo.
- Coger la rosa con la mano izquierda y dejar secar el cuerpo al aire libre, sin utilizar toalla. Luego, vestirse.
- Poner la copa con sidra, la rosa, el tabaco y la vela que se ha usado en el baño en uno de los rincones de la casa en el que nadie lo vaya a tocar.
- Encender junto a estos elementos la otra vela, mientras se recita la oración.
- Dejar también en ese rincón las cerillas.

A lo largo del mes, encender en este altar otra vela y recitar nuevamente la oración. Lo mejor es realizar el ritual en viernes.

Oración

Ruego a Cupido,
dios que une a los enamorados,
que traiga a esta casa
a la persona que pueda hacerme feliz.
Aquí le espero
para darle todo lo que está buscando.

La sidra es una bebida hecha con manzanas, un fruto que, según la tradición bíblica, simboliza por un lado la tentación y por otro la invitación al acercamiento.

El tabaco es una planta que ha sido ampliamente utilizada por los pueblos de América en sus rituales mágicos y tiene un gran poder. El adorno de oro o dorado es símbolo del sol y refuerza la autoestima.

RITUAL DE LA MANZANA Y LA MIEL

El propósito de este ritual es encontrar a una persona especialmente sensitiva, emotiva y tierna con la que formar pareja. Se puede hacer en cualquier momento, siempre que sea de noche, aunque se recomienda que sea antes de acudir a lugares en los que se pueda conocer a alguien especial.

OBJETOS NECESARIOS

Una manzana roja – Un cuchillo con punta filosa – Una tira de papel – Un lápiz o bolígrafo – Una vela roja y dos velas blancas – Una avellana – Dos cucharadas de miel – Un cono o varita de incienso de rosa – Siete clavos de olor

Ritual

- Encender una vela blanca.
- Encender el incienso de rosa.
- Lavar bien la manzana y sacarle brillo con un paño.

- Con la punta del cuchillo hacer un hueco en su parte superior, tal y como se observa en el dibujo, quitando primero un trozo que se utilizará posteriormente como tapa (no es necesario conservar el cabito) y luego agrandando convenientemente el hueco.
- Poner en el fondo del agujero que se ha hecho una avellana con su cáscara.
- Escribir en la tira de papel la frase: «Por el poder de santa Bárbara, llegue hasta ti mi aroma y te embriague».
- Enrollar el papel, ponerlo dentro de la manzana y rellenar el hueco con miel.
- Disponer los siete clavos de olor en la parte superior del fruto, tal y como se muestra en el dibujo, mientras se visualiza la persona que se quiere conocer (bastará con imaginar escenas tiernas y emotivas).
- Tapar la manzana.
- Dejar la manzana debajo de un árbol, junto a dos velas, una roja, a su derecha, y otra blanca, a su izquierda.
- Decir la oración.

El avellano es un árbol con grandes propiedades mágicas. Los antiguos zahoríes utilizaban sus ramas para buscar las capas de agua del subsuelo o para detectar la presencia de otros minerales. Cuando el zahorí que la portaba se hallaba encima del elemento que quería encontrar, la rama cobraba vida moviéndose hacia arriba y hacia abajo denunciando así su presencia en el subsuelo.

La miel es un elemento que suele usarse en muchos ritos de atracción. Es una de las pocas sustancias de origen animal que se emplean en la magia blanca, ya que es muy poderosa y, además, su utilización no requiere que sea sacrificado ningún ser vivo. En este rito se invoca a santa Bárbara, cuyo padre, el sátrapa Dióscuro, encerró

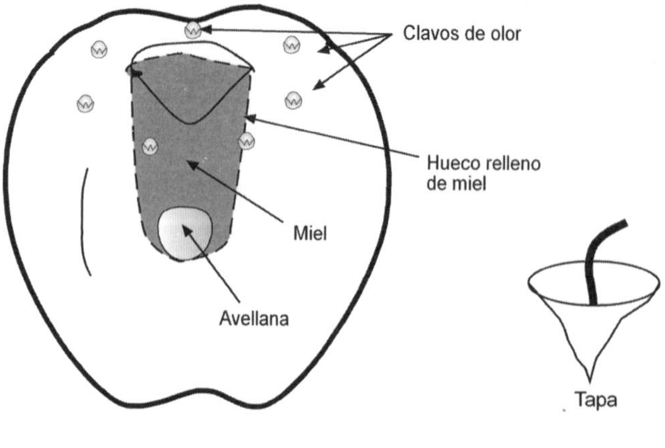

en una torre para evitar que fuera convertida al cristianismo. Un sacerdote, disfrazado de médico, la convirtió, y ella tuvo que pasar por un horroroso tormento hasta que, al fin, fue degollada. La manzana, por su parte, es un símbolo bíblico de acercamiento, unión y consumación del matrimonio.

Oración

Gloriosa santa Bárbara
tú que conoces el encierro
y la angustia del aislamiento
apiádate de mí.
A ti te pido que intercedas ante Dios nuestro Señor
para que conceda mi deseo de compañía.

Este ritual se podrá realizar cuantas veces se considere necesario, con una única condición: dejar entre cada ceremonia, al menos, una semana de tiempo.

RITUAL DEL DÍA 13

Este rito se hace en honor de san Antonio de Padua, protector de las parejas, cuyo día se celebra el 13 de junio. Se comenzará en cualquier mes, pero siempre en día 13.

OBJETOS NECESARIOS

Una estampa de san Antonio dc Padua – Una vela blanca por cada mes que se haga el ritual – Una flor – Un trozo de pan

Ritual

- El día 13 poner en un rincón, donde nadie la toque, la estampa de san Antonio de Padua; a su lado, colocar la flor en un recipiente con agua para que pueda conservarse unos días.
- Sobre la estampa, dejar el trozo de pan, que se habrá comprado (o amasado) ese mismo día.
- Encender la vela blanca junto al santo.
- Recitar la oración.

- Cuando la vela se consuma, retirar los restos. La flor deberá dejarse hasta que se marchite y el pan, hasta el próximo día 13.
- El día 13 del siguiente mes, poner un nuevo trozo de pan, una nueva vela blanca y otra flor, recitando la oración; repetir este ritual cada día 13.

La flor y la vela son ofrendas a san Antonio; el trozo de pan al Niño Jesús que lleva en sus brazos. Si bien este ritual deberá efectuarse los días 13 de cada mes, el 13 de junio, que es el día dedicado a este santo, podrán encenderse dos velas en lugar de una y ponerse un ramillete de flores y un dulce en vez de pan, como ofrenda especial.

Oración

Dios todopoderoso y eterno:
glorificaste a tu fiel confesor Antonio
con el don constante de hacer milagros.
Concédeme este amor que te pido
confiando en la intercesión de tu muy amado siervo.
Te lo pido en nombre de Jesús, nuestro Señor.

Baño de atracción

Este es otro rito que está destinado a encontrar pareja. En el caso de que el oficiante sea mujer, la ceremonia la efectuará en viernes, día dedicado a Afrodita: si el oficiante es hombre, se ejecutará en día martes, día dedicado a Marte.

Objetos necesarios

Una manzana roja – Un puñado de clavos de olor – Tres cucharadas de miel
Siete gotas de aceite o esencia de jazmín – Siete gotas de esencia, aceite o agua de rosas – Seis trozos de canela en rama – Tres anises estrellados – La cáscara de una naranja – Una olla llena de agua

Ritual

- Cortar la manzana en siete trozos.
- Poner la olla con agua al fuego y echar dentro todos los ingredientes.

- Restregarse a conciencia las manos una con la otra y, cuando se sienta calor en ellas, posar las manos sobre el caldero, extendidas, pero con cuidado, sin llegar a tocarlo.
- Cerrar los ojos y recitar la oración.
- Una vez que rompa a hervir, mantener la olla sobre el fuego 7 minutos.
- Esperar a que se enfríe un poco y colarla.
- Tomar un baño y, al terminar, echarse el agua preparada sobre la cabeza.
- Dejar que el cuerpo se seque sin utilizar toalla.

Se puede guardar un poco de esta preparación en un frasquito para utilizarla toda vez que se asista a una reunión social.

El líquido obtenido en este ritual, se aplicará mojándose los dedos en ella y pasándolos luego por la nuca, como si se tratase de un perfume; recordemos que la nuca es un lugar especial dotado de una gran sensibilidad y que está en contacto más directo con la intuición y las emociones.

Oración

Oh, Afrodita (oficiante mujer)/Marte (oficiante hombre),
dios (o diosa) todopoderoso (todopoderosa):
concédeme un amor apropiado.
Que tus poderes lo guíen hacia mí.
Un deseo arde en mi corazón;
que Afrodita cumpla su cometido
y que la luz de la luna nos ilumine.
Por el poder de tres veces tres,
que así sea y así se haga.

El jazmín es una planta muy energética que confiere fuerza. Para hacer un gramo de su esencia, son necesario 24 kg de flores, de manera que su aceite tiene todo su poder concentrado. De la rosa puede decirse algo similar; es una planta de Venus que favorece las relaciones amorosas. La manzana es el fruto que Eva le ofreció a Adán para atraerle, de modo que simboliza el atractivo con el cual el oficiante logrará despertar la pasión de la persona que le esté destinada. La canela simboliza la alegría y anticipa los momentos agradables que se vivirán una vez que la relación de pareja se establezca.

Todas las esencias y especias que se utilizan en este ritual, están orientadas a dar coraje para disolver los temores y bloqueos, así como para conferir a la persona que lo realice un gran atractivo para conquistar a otra del sexo opuesto.

RITUAL DE LA ALBAHACA PARA ATRAER

Entre los pueblos mediterráneos, la albahaca, al igual que otras plantas olorosas y con propiedades medicinales, era utilizada en diversos rituales.

Este ritual en concreto podrá ser efectuado por un hombre o una mujer que quiera formar una relación de pareja, pero que, al mismo tiempo, no esté enamorado de nadie en particular.

OBJETOS NECESARIOS

Una planta de albahaca – Una vela roja que tenga una altura mayor que la de la planta – Siete cucharadas de azúcar

No es necesario efectuar esta ceremonia en un día de la semana en particular, pero sí conviene que se realice por la noche.

Ritual

- Clavar la vela en el centro de la maceta, teniendo cuidado de no estropear las raíces de la albahaca.
- Encender la vela imaginando que el deseo se cumple.
- Echar en la maceta, alrededor de la planta, las siete cucharaditas de azúcar.

Cuando la vela esté consumida hasta tener la altura de la planta, apagarla. Dejarla en un lugar soleado y regarla como de costumbre.

Rituales de magia para enamorar

Tanto en magia blanca como en magia negra, los rituales para enamorar a una persona determinada son muchos y muy variados, porque cada cultura los ha ido creando con los elementos y objetos que ha encontrado en su entorno.

Como los antiguos magos consideraban que su arte no debía estar al alcance del vulgo, en sus pócimas para lograr el amor de otra persona o su fidelidad, nombraban los objetos necesarios para el ritual con palabras extrañas que nadie comprendía o como objetos imposibles de conseguir: por ejemplo, limadura del cuerno de un unicornio (que en su jerga podía significar sal común, cobre o algún otro elemento natural y fácil de conseguir). De este modo lograban que la gente que pretendiera hacer trabajos de magia pronto se desanimara al considerar extremadamente difícil, por no decir imposible, reunir los objetos requeridos para el ritual.

Hoy, los libros de magia no utilizan tales subterfugios porque actualmente se considera que la población general tiene el suficiente juicio crítico y moral como para realizar este tipo de tareas.

Algunos rituales únicamente son transmitidos bien de padres a hijos o bien entre magos en días muy especiales como pueden ser, por ejemplo, el día de san Juan o en la Nochebuena, pero en líneas generales se admite que muchos ritos sean conocidos por todos.

Es necesario insistir en que estos rituales nunca deberán ser hechos a la ligera; que antes de intentar enamorar a otra persona con ayuda de la magia, se deberá tener la total certeza de que se está dispuesto a ofrecerle el mismo sentimiento y que el deseo de conseguir su amor no responde a un capricho pasajero, sino a un afecto realmente profundo.

Los poderes mágicos que todos poseemos se desgastan si hacemos de ellos un mal uso, de manera que antes de hacer cualquier trabajo es conveniente y necesario interrogarse interiormente acerca de la importancia que tiene para nosotros lo que se desea pedir.

RITUAL DEL VINO

Debido a que una parte de este trabajo consiste en hacer tomar una gota de la sustancia que se prepare a la persona que se quiera enamorar, sólo será apropiado para quienes tengan cierta amistad o proximidad con esa persona.

OBJETOS NECESARIOS

Un vaso de vino – Un vaso vacío – Una pizca de canela – Media cucharadita de miel – Una pizca de nuez moscada – Una piedra roja – Un cordón azul (si el oficiante es hombre) o rojo (si el oficiante es mujer) – Una vela azul y una roja Dos tiras de papel – Un lápiz – Cuatro alfileres

Este ritual deberá comenzarse por la noche. Es preferible que los alfileres tengan la cabeza blanca, pero en caso de no conseguirlos, pueden usarse alfileres normales.

Ritual

- Escribir en una de las tiras el propio nombre y en la otra, el de la persona a la que se desea enamorar.
- Enroscar la tira con el nombre de la mujer en la vela azul, cerca de su extremo superior, con la parte escrita de cara a la vela.
- Sujetarla con dos alfileres clavados en forma de cruz (si no se clavaran fácilmente, cogerlos con un papel doblado o un trozo de tela para evitar quemarse y exponerlos a la llama a fin de calentarlos y facilitar la operación).
- Enroscar la tira con el nombre del varón en la vela roja y sujetarla con los alfileres tal como se ha explicado.
- Si el oficiante es mujer, encenderá primero la vela roja y luego la azul; si es hombre, lo debe hacer a la inversa.
- Poner la piedra en el vaso limpio.
- Echar el vino dentro del vaso, sobre la piedra.
- Agregar la miel, la canela y la nuez moscada.
- Revolver la mezcla con el índice de la mano izquierda, siete veces en el sentido de las agujas del reloj.
- Guardar la pócima hasta ver a la persona que se quiere enamorar.
- Si las dos tiras de papel ya se han quemado, apagar las velas.

- Cuando se presente la ocasión, ofrecer a la persona amada cualquier bebida (puede ser té, café, cerveza e, incluso, agua).
- Mojar el cordón en el vino con las especias y dejar caer una gota de la pócima en su bebida, sin que se dé cuenta, recitando mentalmente la oración.
- Una vez que haya probado la bebida preparada, quitar la piedra del vaso y llevarla consigo o ponerla debajo de la cama o del colchón.

Si se tiene cuidado para que no caiga más de una gota, no debe temerse que la persona detecte ningún sabor extraño. Esta pócima caducará a los cinco días de haber sido preparada. En el ritual están presentes los tres reinos: mineral, vegetal y animal. La piedra representa la frialdad del corazón de la persona; el vino, con su alcohol, el calor y los sentimientos. La miel simboliza la dulzura y las especias, la fuerza y la pasión.

Oración

Que la dulzura de la miel, abra su corazón.
Que la fortaleza de la nuez,
le dé valor para acercarse a mí.
Que la intensidad de la canela
despierte su amor y su deseo.
Así lo quiero, así lo espero.

RITUAL DEL CORAZÓN DE ALCACHOFA

Este es otro de los trabajos de magia destinados a atraer la mirada y el deseo de la persona amada. Exige generosidad por parte del oficiante ya que en él se pide, ante todo, beneficios para la otra persona a la vez que se hace un compromiso de respetar su decisión. Esta actitud será una cualidad positiva que no pasará desapercibida para la persona a la que se quiere enamorar.

OBJETOS NECESARIOS

Una alcachofa cruda – Siete clavos de olor – Una vela blanca – Una vela roja

Se hará durante tantos días como sea necesario; dependerá de la alcachofa.

Ritual

- Encender la vela blanca.
- Encender la vela roja.
- Coger la alcachofa con la mano derecha y trazar con ella una cruz imaginaria sobre la vela blanca.
- Comenzar a recitar la oración visualizando a la persona amada.
- Cuando se diga «lo libere de sus miedos», arrancar tres hojas a la alcachofa; cuando se recite «lo libere de su inseguridad», arrancar otras tres y así hasta terminar con todas las frases que comiencen por «lo libere de».
- Trazar con la alcachofa una cruz imaginaria sobre la vela roja.
- Apagar las velas y guardar la alcachofa envuelta en un paño en la nevera.
- Estos pasos deberán repetirse en los días siguientes hasta que queden sólo las hojas más pequeñas en cuyo caso, deberán arrancarse todas juntas al decir «lo libere de su ceguera».
- Clavar los siete clavos de olor en el corazón de la alcachofa y enterrarla al aire libre o en un tiesto.

Oración

Tu corazón está preso,
alejado del amor.
Que el poder de Afrodita
lo libere de sus miedos,
lo libere de su inseguridad,
lo libere de su falta de fe,
lo libere de su voluntad de aislamiento,
lo libere de su tristeza,
lo libere de su soledad y
lo libere de su ceguera.
Aquí te espero para hacerte feliz
Pero respetaré tu decisión.

La alcachofa es un vegetal con múltiples propiedades medicinales que se han utilizado desde la antigüedad. Su zumo se recomendaba a las personas con afecciones hepáticas y renales. Pero lo realmente importante para el tema que nos ocupa es que también ha sido considerada la alcachofa como un alimento afrodisíaco, al igual que los clavos de olor.

La vela roja simboliza la pasión y la vela blanca actúa como purificador y armonizador del deseo y la voluntad.

Ritual del corazón de cera

Hay personas apáticas o tímidas que, por mucho que se les facilite el acercamiento, nunca llegan a dar los pasos necesarios para que se formalice el encuentro o se establezca la posible relación. Aunque lo deseen, tienen tanto miedo al fracaso, al rechazo o al compromiso, que no se atreven siquiera a intentarlo. Este ritual está destinado a despertar el amor en este tipo de personas.

Lógicamente, está especialmente indicado para toda persona que perciba que aquel (o aquella) a quien ama, corresponde su amor pero no se atreve a declararlo, a mostrar abiertamente sus sentimientos.

Objetos necesarios

Una vela roja – Un trozo de papel de plata – Medio folio de papel blanco
Esencia de jazmín (puede ser reemplazada por una pizca de incienso de este aroma, previamente triturado) – Un lápiz

El ritual deberá hacerse de noche y en miércoles, día consagrado al dios Mercurio, patrono de las comunicaciones y de la palabra.

Ritual

- Dibujar en la hoja de papel un corazón de tamaño aproximado al de una nuez.
- Escribir en su interior el nombre de la persona amada.
- Encender la vela roja.
- Poner en el centro del corazón una gota de esencia de jazmín o, en su defecto, la pizca de incienso.
- Inclinar la vela sobre el corazón, de manera que la cera que gotea lo vaya cubriendo. Es preferible que las gotas dibujen también su forma (no es necesario que lo hagan a la perfección).

- Dejar secar la cera hasta que se solidifique.
- Colocar un trozo de papel de plata sobre el fogón (o, si se prefiere, en una sartén u otro recipiente que se pueda poner al fuego).
- Poner el corazón dibujado con cera sobre el papel de plata.
- Encender el fuego al mínimo para que las gotas de cera se derritan y se unifiquen.
- Mientras el corazón se derrite, recitar la oración.
- Una vez que la cera esté líquida, apagar el fuego, y cuando el papel de plata se enfríe, utilizarlo para hacer un paquete con lo que contiene.
- Dejar el paquete en un lugar donde se crucen dos caminos (pueden ser dos calles) y marcharse sin mirar hacia atrás.
- No volver a pasar por ahí en el resto del día.

Oración

Que el fuego de mi amor
llegue hasta el corazón de (nombre de la persona amada),
y así como se funden la cera y el jazmín
nuestras vidas queden unidas para siempre.

La esencia de jazmín es indicada, al igual que la de rosas, para los trabajos de atracción amorosa y para todos los rituales en los que se pida un aumento de la energía mental.

RITUAL PARA CONSEGUIR UN AMOR IMPOSIBLE

Con este trabajo de magia, el o la oficiante conseguirá que aquella persona que no le hace caso, que nunca le ha mirado como posible pareja, desarrolle un intenso amor y un fuerte propósito de establecer una relación sólida con el o ella. Eso siempre y cuando la persona a la que se ama sea, sinceramente, merecedora de la que oficia el ritual.

Esta salvedad podría hacer pensar que la magia no funciona, pero nada más lejos de la realidad. Quienes se inician en este camino, no tienen al principio una visión tan clara de sí mismos y de su entorno como la que adquieren después de un largo tiempo de práctica; por esta razón, es muy probable que pretenda lograr cosas que, a la larga, podrían perjudicarle. Un mago consumado sabe, gracias la evolución mental y espiritual que ha alcanzado, qué es lo que le conviene y lo que no, de ahí que su deseo se cumpla cada vez que ejecuta un rito.

Este trabajo deberá realizarse en viernes, día consagrado a Venus, diosa de la belleza y el amor. Se llevará a cabo una vez que el sol se haya puesto y siempre y cuando no haya luna nueva, ya que sus rayos son los que ayudarán a que el deseo se materialice.

OBJETOS NECESARIOS

Dos cuadrados de tela blanca, de unos 10 x 10 cm – Dos cucharaditas de hojas de té – Dos cucharaditas de hojas de jazmín – Un círculo de tela roja – Un triángulo de tela azul – Un cordón azul y un cordón rojo – Esencia, agua o aceite de rosas
Dos velas, una roja y una blanca – Un cono o varilla de incienso de sándalo
Un objeto pequeño que haya tocado la persona amada – Un objeto que haya tocado el oficiante – Una caja de fósforos – Un lápiz

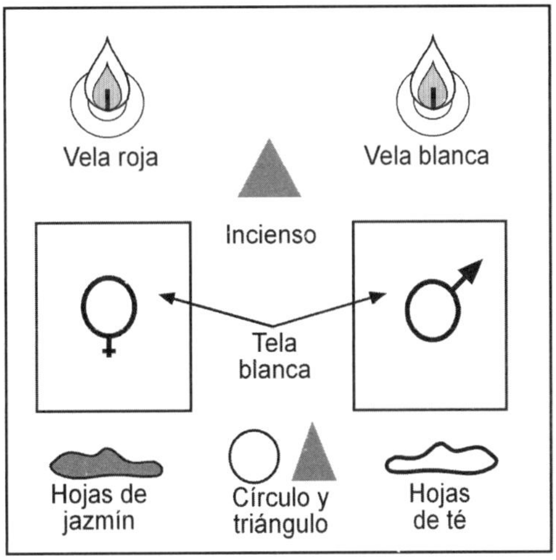

Los cordones pueden perfectamente ser cintas, más bien estrechas, y los fósforos, es siempre preferible que sean de madera.

Estas indicaciones sirven para éste y para cualquier otro ritual, a menos que se indique expresamente lo contrario.

Ritual

- Disponer los elementos del ritual tal y como se muestra en el esquema.
- Encender el incienso, la vela blanca y la vela azul.
- Con el lápiz, dibujar los símbolos de Marte y de Venus tal y como se muestra en la figura.
- Poner una cucharadita de té y otra de jazmín en cada uno de los cuadrados.
- Poner en el cuadrado de la izquierda, el objeto que haya tocado la mujer, y en el de la derecha, el que haya tocado el hombre.
- Poner en el cuadrado de la izquierda el círculo rojo, y en el de la derecha, el triángulo azul.
- Colocar finalmente unas gotas de esencia, aceite o agua de rosas en cada uno de los cuadrados.
- Hacer un paquete con cada uno de los cuadrados.
- Si el oficiante es mujer, deberá atar primero el de la izquierda con el cordón rojo, si es hombre, deberá atar primero con el cordón azul el de la derecha.
- Recitar la primera oración.
- Atar el otro paquete con el cordón que ha quedado.
- Recitar la segunda oración.

Poner debajo de la almohada el paquete que contiene el objeto de la persona amada (si ésta es mujer, será el que ha sido atado con el cordón rojo). El otro paquete deberá ocultarse en un lugar donde la persona amada pase buena parte del día (en el coche, en algún rincón de su casa, en su oficina, etc.).

Oración 1

Por el poder de mi amor
y la ayuda de Venus,
que (nombre de la persona amada) se fije en mí.

Oración 2

Tu esencia queda conmigo.
La guardo en mi corazón,
que es el lugar
en el que habitará tu amor.

Una vez que el ritual haga su efecto, se podrán enterrar ambos paquetes al aire libre o en un tiesto.

RITUAL PARA ATRAER EL AMOR DE ALGUIEN QUE ESTÁ LEJOS

Por medio de la ejecución de este rito, se conseguirá atraer el amor de una persona que se encuentre en un país extranjero o en una ciudad distante. Se llevará a cabo en dos días comenzando en viernes, día dedicado a la diosa Venus, y concluyéndolo en miércoles, día dedicado al dios Mercurio.

OBJETOS NECESARIOS

Una pluma de ave – Un frasco de tinta – Unas gotas del perfume preferido
Un cono o varilla de incienso de sándalo – Una vela azul y una roja – Miel
Un mondadientes – Un folio – Un sobre – Hojas de eucalipto – Agujas de pino
Un poco de alcohol – Un recipiente resistente al fuego

Es conveniente que la pluma sea gruesa ya que se empleará para escribir la carta. Si durante esta operación se llegara a romper, se puede seguir escribiendo con otra. En caso de no conseguirse una pluma, puede utilizarse un palillo, aunque escribir con él será una tarea mucho más laboriosa. No es necesario que las hojas de eucalipto estén enteras.

Ritual

- En viernes, encender el incienso y esperar a que se consuma la mitad.
- Encender la vela roja y la vela azul, dedicándoles su luz a Venus y a Mercurio respectivamente.
- Tomar la ceniza del incienso y echarla en el frasco de tinta.
- Agregarle unas pocas gotas del perfume que se acostumbre a usar o el que se prefiera.
- Mojar el mondadientes en la miel y luego revolver con él la tinta, mezclando bien los ingredientes.
- Utilizando la tinta así preparada, escribir una carta a la persona amada con la pluma de ave o con el palillo. No es necesario que sea larga; bastarán dos o tres frases amorosas.

- Una vez que se haya secado la tinta, plegar el folio y guardarlo en el sobre con las hojas de eucalipto y las agujas de pino.
- El miércoles de la semana siguiente, quemar el sobre hasta que quede convertido en cenizas, al tiempo que se recita la oración.
- Una vez consumido el sobre, recoger las cenizas y lanzarlas al aire en un lugar abierto.

Si no se tiene a mano una chimenea, se puede poner el sobre en un recipiente metálico (una lata limpia, por ejemplo), echarle unas gotas de alcohol y luego acercarle una cerilla. Esto hará que se queme totalmente.

Mercurio es el mensajero de los dioses, de ahí que este ritual se ejecute en un día dedicado a este dios.

El eucalipto es la planta de Mercurio, así como el pino es la de Venus; la fuerza de ambos será la que obre el efecto mágico.

Oración

Que el poder y la bondad de Venus
enciendan el corazón de mi amado.
Que el poder de Mercurio
lleve a su corazón mis palabras de amor.
Que el poder del fuego
consiga nuestra unión.

RITUAL DE LA MIEL PARA ENAMORAR

Este trabajo de magia, llamado también «Endulzamiento», sirve para atraer el amor y la pasión de una persona.

Como el resto de los rituales de magia para enamorar, sólo deberá hacerse en caso de que la persona que oficia dicho ritual, no tenga una relación de pareja establecida con la persona a la que se dirige éste, porque en este caso, sólo acarreará confusión, tristeza y problemas.

Parte de la ceremonia deberá llevarse a cabo durante las seis noches que sigan a la del inicio del ritual.

OBJETOS NECESARIOS

Una hoja de papel – Un lápiz o bolígrafo – Tijera – Un bote de miel – Siete velas blancas – Siete varillas o conos de incienso de canela – Una estampa de san Antonio de Padua – Una moneda plateada – Un vaso o una copa

Ritual

- Cortar el folio dándole la forma de un corazón.
- Escribir en él el propio nombre y el de la persona a enamorar.
- Untar el papel con miel por ambos lados y doblarlo por la mitad, con los nombres hacia adentro.
- Poner en el fondo del vaso el corazón. Si no cupiese, se puede volver a doblar.
- Poner la moneda sobre el corazón.
- Llenar con miel la mitad del vaso, cubriendo los objetos que en él se han dejado.
- Tapar el vaso con la estampa de san Antonio de Padua.
- Encender el incienso de canela y una vela blanca, colocándolos junto al vaso.
- Recitar la oración.
- Dejar que la vela y el incienso se consuman y luego poner el vaso, así tapado, en un lugar seguro.

Oración

Tres grandes gracias te concedió el Señor:
Que las cosas perdidas fueran aparecidas,
las olvidadas recordadas
y las propuestas aceptadas.
Te pido que me hagas encontrar la serenidad,
recordar la alegría
y te propongo que aceptes esta dulce ofrenda
a cambio del amor de
(decir el nombre de la persona amada).
Tú jamás te niegas a conceder tus gracias.
Que llegue hoy a ti
el ruego de ésta, tu humilde devota.

En los seis días siguientes, repetir los tres últimos pasos del ritual, es decir, encender junto al vaso una nueva vara de incienso y una vela blanca, y recitar la oración. Al séptimo día, después de haber hecho esto, volcar la miel en un lugar donde corra el agua (puede ser en una pila, con el grifo abierto), y dejar el corazón y la moneda en un lugar al aire libre, preferiblemente sobre el césped (un jardín o un parque).

RITUAL DEL PERFUME PARA ENAMORAR

Este rito consiste en preparar un perfume mágico destinado a atraer a la persona a la que se quiere enamorar.

OBJETOS NECESARIOS

Un clavel rojo – Tres hojas de geranio – Un frasco de perfume o agua de colonia
Una pizca de canela – Una vela roja

El perfume se preparará en viernes, día de la diosa Venus que, además de estar relacionada con el amor como se ha dicho, también es regente del signo Tauro al cual se adjudica el olfato.

Ritual

- Encender la vela roja.
- Cortar con las manos, en trozos muy pequeños, las tres hojas de geranio.
- Deshojar el clavel y trocear también los pétalos.
- Agregar al perfume las hojas, los pétalos y la pizca de canela al tiempo que se recita la oración.
- Tapar el frasco y agitarlo bien.
- Dejar el perfume preparado al aire libre, preferiblemente en un lugar donde reciba la luz de la luna.

Oración

Es por esta flor, por estas hojas y por esta especia
que ofrendo a Venus
que vendrás a mí como las abejas a la miel
y no te apartarás jamás.

Este perfume se utilizará cada vez que se vaya a tener un encuentro con la persona amada, tal y como se indica a continuación.

Cómo utilizar el perfume

- Mojar los dedos índice y medio de la mano derecha en el perfume.
- Hacer con ellos un círculo y una cruz en la muñeca izquierda, en la barbilla, en la frente, en las sienes y sobre el corazón, siempre pensando en la persona a la que se quiere enamorar.

El clavel rojo es la planta que simboliza el sufrimiento que padece una persona cuyo amor no es correspondido.

RITUAL DEL CLAVO Y LA VELA PARA CONSEGUIR UN AMOR

Para realizar este trabajo de magia es necesario conseguir algún objeto que pertenezca a la persona amada y que éste se pueda atravesar con un clavo. Si no fuera posible obtener este elemento, bastará con utilizar algo que haya tenido en su mano durante, al menos, cinco minutos (se le podría pedir, por ejemplo, que ayude a llevar una bolsa con la compra y luego utilizar su asa que es el lugar que habrá estado en contacto con su mano, que tenga en sus manos una hoja de papel, etc.).

OBJETOS NECESARIOS

Un clavo nuevo, lo más largo que se pueda encontrar – Una vela roja – Aceite, esencia o agua de rosas – Un objeto perteneciente a la persona que se quiera enamorar – Un paño blanco, nuevo, de unos 50 x 50 cm – Una caja de cerillas

El clavo deberá ser normal, preferiblemente de cabeza chata.

El ritual deberá realizarse al aire libre, de noche, en un lugar que esté iluminado por la luna y donde se tenga la seguridad de no ser molestado.

Ritual

- Untar la vela con el aceite, esencia o agua de rosas, comenzando por la base y extendiendo la esencia hacia arriba, al tiempo que se visualiza la unión con la persona amada.

- Clavar el objeto perteneciente a esa persona en un costado de la vela recitando la oración.
- Encender la vela con el objeto clavado.
- Cogiendo la vela con la mano izquierda, dar siete vueltas lentamente visualizando que el deseo se cumple.
- Apagar la vela sin desclavar el objeto.
- Envolver la vela en un paño blanco y guardar el paquete en un lugar de la casa donde nadie lo toque.
- Cada viernes se podrá encender nuevamente la vela y dar las siete vueltas recitando la oración y visualizando una situación en la que se haya logrado la unión con la persona amada. De esta manera se conseguirá reforzar el efecto del ritual.

Oración

Que (nombre de la persona amada)
suspire por mí
como suspiro yo por él.
Que así como clavo este objeto a la vela,
mi vida y la suya queden clavadas por siempre.

RITUAL DE LA LLUVIA PARA ATRAER AL SER AMADO

Los fenómenos atmosféricos, si bien son algo natural y habitual, no dejan de ser una excepción. No siempre llueve, ni cae nieve; no se oyen relámpagos todos los días, sino únicamente cuando se producen acumulación y presiones en las diferentes capas de la atmósfera. Son momentos en los cuales se desatan grandes cantidades de energías.

El objeto de este «Ritual de la lluvia» es aprovecharse el máximo posible de esas energías, esto es, valerse de ellas para así poder lograr que un amor nos sea correspondido.

La ceremonia deberá iniciarse en un momento en que esté lloviendo. Si hay truenos, relámpagos y rayos, tanto mejor porque cuanto mayor sea la tormenta mayor será la cantidad de energía libre en la atmósfera.

Objetos necesarios

Canela en polvo – Dos o tres cucharadas de miel – Una vela blanca – Una aguja que nunca haya sido usada – Un cordón rojo y un cordón azul – Un cono o varilla de incienso, del aroma que más guste

Ritual

- Escribir en la vela, con la aguja, el propio nombre y el de la persona amada.
- Untar la vela con la miel, comenzando por su base y terminando con la punta, teniendo cuidado de no manchar el pabilo.
- Espolvorear la vela con canela, hasta que quede bien cubierta.
- Encender la vela y el cono o varilla de incienso.
- Coger el cordón azul con la mano derecha y el rojo con la izquierda y exponerlos al humo del incienso y al de la vela.
- Hacer siete nudos en los cordones, de modo que queden unidos entre sí.
- Dejar caer en cada nudo del cordón, una gota de cera de la vela, recitando las siete frases de la oración.
- Dejar que la vela y el incienso se consuman y guardar los dos cordones unidos en un lugar oculto hasta que el deseo se cumpla. Una vez que esto suceda, enterrarlos en un tiesto o al aire libre.

Oración

Que el poder del trueno y la luz del rayo
sean los mensajeros de mi amor.
Que la lluvia y la sabiduría de Venus
fertilicen su alma
como fertilizan la tierra
y hagan crecer en ella
los más dulces sentimientos hacia mí.

Ritual del agua de luna

La influencia que este satélite de la Tierra produce en los diversos organismos, ha sido durante largo tiempo negado por los científicos y sostenido por los esotéricos.

Hoy, sin embargo, se acepta que hay animales que se aparean sólo durante la luna llena, que las plantas pueden acelerar ligeramente su crecimiento en esos períodos y que cuando hay luz de luna se desencadenan ciertos procesos en muchos vegetales. Esto explica por qué los antiguos magos utilizaban a menudo la luz de la luna para poder aumentar el poder de otros elementos.

Este ritual consta de dos partes: primero deberá prepararse el agua de luna y luego, ejecutarse el rito propiamente dicho.

El objeto de plata que se requiere para efectuarlo, podrá ser reemplazado por uno que esté bañado en plata.

OBJETOS NECESARIOS

Un cuenco u olla grande, lleno de agua – Un puñado de sal gorda – Un objeto o trozo de plata – Cuatro velas blancas, dos rojas y dos azules – Un cono o varilla de incienso de rosa – Una cinta roja, de unos 15 cm de longitud
Una piedra blanca

Este ritual deberá comenzarse el día anterior a la luna llena.

Preparación del agua de luna

- Llenar de agua un recipiente limpio y grande.
- Echar dentro un puñado de sal gorda.
- Poner en su fondo, la piedra blanca y el objeto de plata.
- Dejar el recipiente en un lugar donde pueda recibir la luz de la luna (por ejemplo, en el jardín o en el alféizar de la ventana).
- A las doce de la noche, encender a su lado una vela blanca recitando la primera oración.
- Los dos días siguientes, repetir este último paso.
- A la mañana siguiente al tercer día, el agua estará preparada y podrá ser utilizada para la realización del ritual.

La ceremonia destinada a pedir reciprocidad en el amor, deberá ejecutarse por la noche, en cualquier momento entre la caída y la puesta del sol.

Como está relacionada íntimamente con la luna, el oficiante se puede poner, en el momento de realizarla, un anillo, cadena o pulsera de plata, si bien esto no es estrictamente necesario.

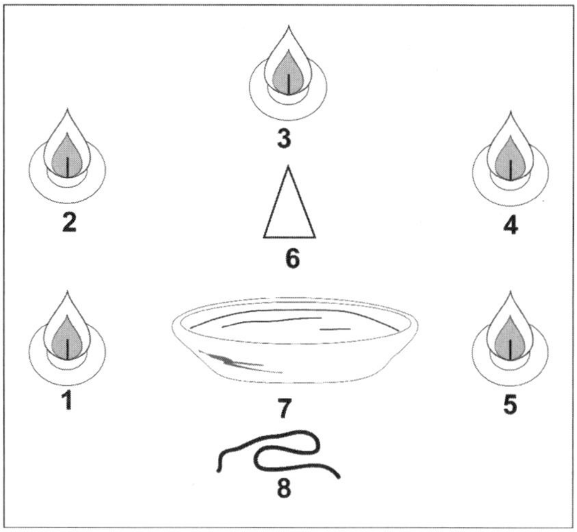

Preparación de la mesa del ritual

1 y 4: Velas rojas.

2 y 5: Velas azules.

3: Vela blanca.

6: Incienso de rosa.

7: Cuenco con agua de luna.

8: Cinta o cordón rojo.

Ritual

- Disponer los elementos del ritual tal como se muestra en el dibujo.
- Encender las velas y el incienso.
- Mojarse ambas manos en el agua de luna que se ha preparado y pasársela por la cara.
- Sumergir la cinta blanca en el agua siete veces.
- Atarse la cinta a la muñeca izquierda, lo suficientemente floja como para que cuando se seque no moleste demasiado.
- Hacer siete nudos en la cinta, al tiempo que se recita la segunda oración.

Esta cinta deberá llevarse hasta que caiga por sí sola. Cada vez que se esté en presencia de la persona amada, tocar la cinta con la mano derecha y recitar mentalmente la segunda oración.

Oración 1

Que la luz de la luna
confiera su mágico poder al agua.
Que los genios de la noche
depositen en ella su energía.
Que el poder de Dios
escuche mis ruegos.

Oración 2

Agua que guardas los poderes de la luz,
envuelve mi cuerpo en tu aura
para hacerme visible a los ojos de quien amo.
Si eso no es posible,
toca mi corazón
y que aparezca en mi vida alguien mejor.

RITUAL DE LA RUDA PARA ENAMORAR

La planta de ruda, cuyas hojas se pueden conseguir secas en un herbolario, es utilizada tanto en magia negra como en magia blanca.

Por su olor penetrante y desagradable ha sido empleada en hechizos de protección, para alejar las malas influencias y limpiar el ambiente de energías negativas; pero su potencia también ha sido aprovechada para ritos de otra naturaleza como el que aquí se presenta.

Es apropiado para ser efectuado por cualquier persona, sea hombre o mujer, que esté enamorada y no sea correspondida.

La peculiaridad de esta planta mágica hará que, en caso de que no sea conveniente esa unión, aparezca en la vida del oficiante otra persona más adecuada por la que se sentirá poderosamente atraído y con la cual podrá formar una feliz pareja. El único requisito es que se tenga la suficiente apertura emocional, mental y espiritual para confiar en que, si las fuerzas superiores así lo deciden, lo más conveniente es vivirlo y aceptarlo.

OBJETOS NECESARIOS

Una cucharada de hojas de ruda secas – Un imán – Un saquito pequeño, de color rojo – Un trozo de hilo rojo – Una moneda de plata o plateada, con una cara o figura humana del sexo de la persona que se quiera enamorar – Una piedra roja Una cruz (puede ser reemplazada por una tijera abierta) – Una cinta o cordón rojo

Ritual

- Hacer en el cordón siete nudos pensando y visualizando la persona amada.
- Dejarlo sobre la mesa y poner la cruz (o la tijera abierta en forma de cruz) encima.
- Guardar en el saquito las hojas de ruda, la piedra, el imán y la moneda de plata.
- Cerrar el saquito con el hilo blanco.
- Retirar la cruz y dar siete vueltas con el cordón alrededor del saquito recitando la oración.
- Durante siete días, por la noche, quitar el cordón y volver a enrollarlo siete veces recitando la oración.
- Al octavo día hay que enterrar el cordón y guardar el saquito de color rojo en un lugar donde nadie lo vea; deberá quedarse ahí hasta que se cumpla el deseo.

Oración

Por el poder mágico de la ruda,
que la persona que amo se sienta atraída por mí
como el imán atrae el hierro.
Que su corazón, hoy duro como la piedra,
se ablande y albergue amor.
Si no es para mí, que sea feliz;
sé que el destino me depara algo mejor
que aceptaré siguiendo el consejo
de las fuerzas celestiales.

Cuando se formalice una relación de pareja, enterrar el saquito en un lugar al aire libre o en una maceta.

RITUAL DEL RAMO DE NOVIA

El uso del ramo de novia en las bodas tiene su origen en Holanda. La noche anterior a la celebración del matrimonio, el novio recorría los campos juntando flores para entregárselas a su prometida como símbolo de amor y augurio de buena suerte.

Al entrar en la iglesia, ella llevaba el ramo apuntando hacia abajo, ocultando la belleza de las flores, pero al salir, el ramo se sostenía con las florees hacia arriba en señal de júbilo.

En muchos países se sigue la tradición de entregar el ramo a la mejor amiga para propiciarle una boda feliz dentro del próximo año; en otros, la de arrojarlo a las mujeres casaderas asegurándose que, quien lo coja, será la próxima en ir al altar.

Para realizar este rito no se necesita un ramo completo, sino tan sólo una de sus flores. La condición es que pertenezca a alguien que haya celebrado una boda (no serviría la flor de un ramo que no hubiera sido usado por novia alguna).

OBJETOS NECESARIOS

Una de las flores de un ramo de novia – Siete gotas del perfume preferido
Un trozo de seda o gasa rojo, de unos 12 x 12 cm – Una cucharada de flores secas de lavanda – Una vela blanca – Una vela negra – Una caja pequeña – Dos tiras de papel estrechas – Un lápiz

Es conveniente que las plantas estén secas.

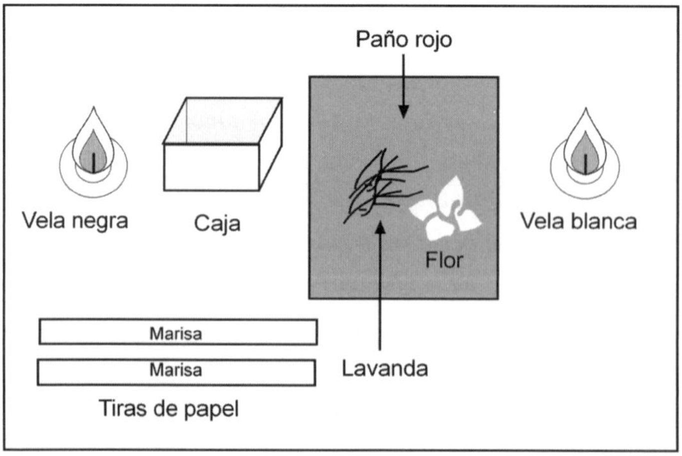

Ritual

- Poner a la izquierda de donde se vaya a hacer el ritual, la cajita.
- Colocar a la derecha de la caja, el paño rojo como en el dibujo.
- Escribir en cada una de las dos tiras de papel, el propio nombre.
- Poner una de estas tiras dentro de la caja y, la otra, sobre el paño rojo.
- Colocar la vela negra a la izquierda de la caja y encenderla.
- Recitar la primera oración.
- Depositar sobre el paño siete gotas de perfume, las flores de lavanda y la flor que se ha obtenido del ramo de novia.
- Cerrar el paño a modo de paquete y coser sus junturas. Volverlo a poner en el lugar en que estaba, encender la vela blanca y recitar la segunda oración.
- Enterrar la caja al aire libre o en un tiesto.
- Llevar el paquete rojo que se ha confeccionado lo más cerca posible de la piel, hasta que se consiga una pareja.

Oración 1

Que el poder de esta vela negra
dedicada a Saturno
se lleve todos los errores de mi vida.
Que este sea un buen comienzo.
Sé que me esperan cosas maravillosas.

Oración 2

Arcángel Rafael,
tú que has hecho prodigios,
haz que encuentre el amor que tanto ansío.
A ti me encomiendo.

VINO DE DIONISIO PARA ATRAER A LA PERSONA AMADA

Este ritual sólo deberá hacerse en caso de tener la total seguridad de sentirse poderosamente atraído por una persona determinada y siempre y cuando el oficiante y el ser que ame tengan una total libertad para establecer una relación. Se desaconseja llevarlo a cabo con frivolidad.

No lo podrán celebrar aquellas personas que, por la razón que sea, tengan prohibido el alcohol.

OBJETOS NECESARIOS

Un litro de vino tinto – Una manzana – Una vela blanca

Un trozo de paño blanco

Ritual

- Encender la vela blanca.
- Lavar bien la manzana y sacarle brillo con un paño limpio.
- Pelar la manzana y cortar la cáscara en trozos muy pequeños.
- Echar la cáscara ya cortada dentro del vino recitando, al mismo tiempo, la oración.
- Envolver la botella de vino en un paño blanco. Guardarla en lugar fresco y, por la noche, ponerla en la ventana o en algún lugar donde le dé la luz de la luna.
- Dar a beber un poco de este vino a la persona amada.
- Con el vino que ha quedado, lavarse los pies y dejarlos secar al aire libre.

Oración

Dulce vino de Dionisio,
haz que la persona que yo amo
me corresponda con pasión.
Dulce vino de Dionisio,
haz que (nombre de la persona amada)
me entregue su corazón.

Rituales para consolidar una pareja reciente

Los comienzos de una relación tienen un encanto especial: la emoción que se siente ante cada gesto que se recibe de la persona amada, el placer de descubrir sus gustos y aficiones, la alegría de encontrar coincidencias en los modos de pensar, se suman a la felicidad de saberse correspondido. Pero también es en estos momentos cuando se ponen los cimientos que determinarán la salud de esa relación, cuando se repartirán los papeles que cada miembro de la pareja va a desempeñar y cuando el vínculo, no consolidado aún, puede romperse por falta de entendimiento.

Los trabajos de magia que se proponen a continuación tienen por objeto consolidar una relación nueva. Apuntan a que, desde los inicios, se puedan solventar todos los malentendidos, así como a propiciar que las dos personas que componen la pareja sienten unas bases sanas, justas y éticas para que ese vínculo sea feliz y duradero.

Ritual del romero para que la pareja se mantenga en el tiempo

Mediante este rito se intensificarán las experiencias que se presentan en el comienzo de la relación de modo que el vínculo que se establezca sea más sólido. Facilitará el entendimiento entre las dos personas implicadas y la claridad de ideas; fomentará la sinceridad, despertará la generosidad y aumentará el amor y la atracción que sienten el uno por el otro.

Objetos necesarios

Una aguja – Un trozo de hilo rojo – Un trozo de tela roja de unos 20 cm de lado

Un botón rojo con dos agujeros – Una cucharadita de miel – Un lápiz – Tijera

Si bien no es una condición imprescindible para que haga efecto, es conveniente realizar este hechizo de noche y durante la luna llena.

Ritual

- Doblar la tela roja por la mitad.
- Pintar en una de las partes un corazón y recortarlo, de modo que salgan dos.
- Escribir en uno de los corazones el propio nombre y, en el otro, el nombre de la persona amada.
- Untar el botón rojo con miel.
- Juntar los dos corazones, con el nombre hacia adentro, y poner entre los dos el botón untado con miel.
- Unir ambos corazones con siete puntadas, pasándolas a través del botón. Utilizar para ello la hebra de hilo rojo. Mientras se hace esta tarea, recitar la oración.

El objeto confeccionado deberá ponerse debajo del colchón hasta que se cumplan los seis meses desde el inicio de la relación. Cuando llegue este momento, deberá ser depositado en un lugar en el que se crucen dos caminos (o dos calles) arrojándolo por encima del hombro izquierdo y alejándose de ahí sin mirar hacia atrás. Durante el resto del día no se deberá volver a pasar por esa esquina.

Oración

Me comprometo a ser comprensivo,
a ser generoso,
a ser solidario,
a compartir los problemas de (nombre de la persona amada),
a no intentar dominarle,
a ser paciente en los momentos difíciles,
a poner todo mi esfuerzo en construir una buena relación,
a recibir sin exigir,
a hacerle todo lo feliz que pueda.
Que la esencia de la miel
le transmita mis intenciones
y despierte su buena voluntad y sentimientos.

El rojo es el color de la pasión y representa el atractivo que habrá entre las dos personas. El botón simboliza una relación en la cual las dos personas permanecerán juntas pero con libertad. La miel, utilizada en una gran cantidad de trabajos de magia rosa, representa no sólo la atracción, sino también la ternura y la dulzura que deben prodigarse dos amantes.

BAÑO PARA CONSERVAR LA PASIÓN

Cuando dos personas se declaran mutuamente su amor, la pasión hace acto de presencia y, durante los primeros tiempos de la relación, el deseo mutuo tiene una intensidad que con el tiempo se va perdiendo. Este ritual debe realizarse para fomentar el propio atractivo y despertar la pasión del otro miembro de la pareja. Es especialmente útil para los períodos de inapetencia sexual, de indiferencia. Si lo hacen ambas personas simultáneamente, el efecto será más intenso.

OBJETOS NECESARIOS

Flor de hammamelis – Tres velas rojas – Un cono o varilla de incienso de sándalo, de rosa o de jazmín – Tres litros de agua mineral – Una cucharada de aceite – Una cucharada de azúcar – Una piedra negra (o de color oscuro) Una piedra roja

Las flores de hammamelis se pueden conseguir en un herbolario y si eso no fuera posible, se pueden reemplazar por pétalos de rosa aunque el efecto que produzcan no será tan intenso.

El ritual

- Poner en una olla los tres litros de agua; cuando rompa el hervor, echar en la olla las flores, el aceite y el azúcar, y dejar hervir por espacio de 5 minutos.
- Preparar un baño con la infusión. Si no se dispusiera de bañera, proceder como se indicará más adelante.
- Encender las tres velas y el incienso y dejar a mano las dos piedras.
- Sumergirse en el agua. Deberán mojarse también los cabellos y la cara.
- Visualizar que la relación es intensa, positiva, agradable y apasionada.
- Al salir del agua, sin secarse, coger la piedra roja con la mano izquierda y la negra con la derecha, dejando los brazos extendidos a los costados.
- Mientras el cuerpo se seca al aire libre, recitar la oración.

Si fuera imposible tomar un baño de inmersión, reemplazarlo por una ducha echándose al final la infusión por la cabeza y procediendo, en lo demás, tal y como se ha explicado.

Oración

Para mi piel esplendor;
para mis ojos, magnetismo;
para mi cabello, la seda;
para nuestra relación, pasión.
Que el poder de esta piedra negra
expulse de mí todo lo negativo.
Que el poder de esta piedra roja
mantenga viva la llama del amor.

El negro es el color asociado con Saturno, planeta oscuro que representa la negación, la restricción. La piedra en la mano derecha ayuda a descargar, por ese lado, todas las energías negativas a la vez que disuelve los bloqueos interiores. Por el contrario, la piedra roja en la mano izquierda recoge las energías positivas, en especial la fuerza y el apetito sexual.

Los demás ingredientes sirven para despertar sentimientos como ternura, amor, solidaridad y buen entendimiento.

RITUAL DEL COCO PARA INCREMENTAR EL AMOR

Este ritual sólo deberá realizarse dentro del ámbito de la pareja con el fin de mejorar la relación y no se podrá hacer sin la expresa conformidad del compañero. Si se ejecutara para forzar a alguien a mantener un vínculo que deseara romper, será entendido como un trabajo de magia negra y puede producir efectos muy negativos ya que se desatarían fuerzas sobre las que no se tiene ningún control.

En líneas generales, hay que tener un especial cuidado con aquellos trabajos en los cuales se utilicen representaciones muy claras de la persona amada, como son las fotografías, mechones de pelo, etc., ya que es la magia negra la que suele utilizar este tipo de elementos.

OBJETOS NECESARIOS

Una vela roja y una blanca – Un cordón rojo, uno azul y uno blanco
Un coco – Un tubo de pegamento – Siete clavos de olor
Siete semillas de girasol
Siete granos de pimienta – Una rama de romero
Una foto de cada miembro de la pareja

El coco que se debe usar para este ritual que incrementa el amor, deberá cortarse de manera transversal por la mitad, según puede apreciarse claramente por las explicaciones del ritual y como puede verse en la figura de página siguiente. Para esta tarea puede emplearse una sierra o un serrucho.

Naturalmente que no es necesario que este trabajo lo haga el oficiante, puesto que se trata de un paso previo que se realiza antes de comenzarse con el ritual; además, en el caso de que no tuviera la fuerza o habilidad suficiente la persona que va a oficiar el ritual para separar el coco en dos mitades, puede encargarle esta tarea a otra persona.

Ritual

- Encender la vela roja y la vela blanca.
- Quitar la pulpa blanca del coco, teniendo cuidado de que no se rompa la cáscara exterior marrón.
- Una vez que al coco se le haya quitado la pulpa blanca y nos haya quedado bien limpio, introducir en su interior los clavos de olor, las semillas de girasol, los granos de pimienta, el romero y, por último, las fotografías de ambos miembro de la pareja.
- Unir ambas partes, poniendo en los bordes un poco de pegamento.
- Atar a su alrededor y con siete nudos el cordón rojo y luego, transversal a éste y con otros siete nudos, el cordón azul.
- Recitar la oración.
- Unir los dos cordones que se han atado al coco con el blanco, tal y como se muestra en la figura, y colgar el coco en algún lugar del dormitorio donde nadie lo toque.
- Durante un mes, todos los martes y viernes deberemos de encender una vela roja y vela otra azul en el lugar que encontremos lo más cercano posible al coco.

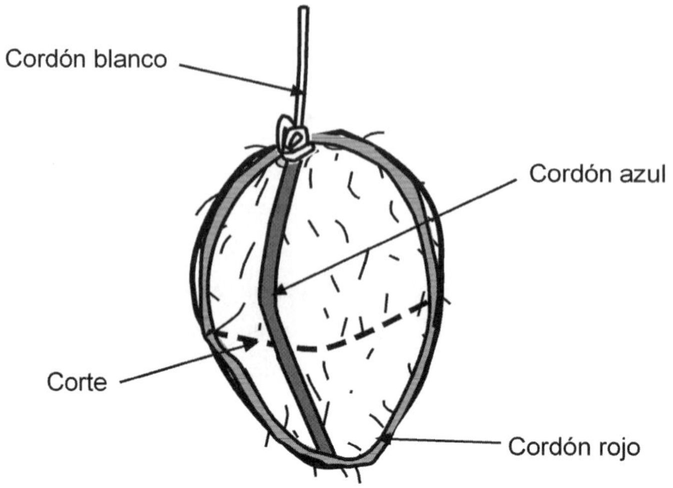

Oración

Que los dos seamos uno.
Que nuestra relación sea como este coco
que encierra la fuerza de la pimienta,
la sabiduría de los clavos de olor,
la energía del girasol
y la benevolencia del romero.

La razón por la cual una parte de este rito se deba repetir en martes y viernes es porque estos días están dedicados al dios Marte, que simboliza el principio masculino, y a Venus, que simboliza el principio femenino.

RITUAL DE LOS CORAZONES ENAMORADOS

Este es otro de los pocos ritos que tiene que ser ejecutado por los dos miembros de la pareja simultáneamente. Se puede hacer estando ambos en la misma habitación o bien en casas diferentes, siempre y cuando lo comiencen a la misma hora. Deberá realizarse de noche y en viernes.

Objetos necesarios

Media taza de harina – Un frasco de perfume o agua de colonia
Un mondadientes – Una tira de papel, de 1 x 4 cm aproximadamente
Un lápiz – Siete semillas de anís

Se puede utilizar harina blanca o harina integral. El perfume será el que cada uno de los miembros de la pareja use habitualmente y, en caso de no tener costumbre de usarlo, conseguir un frasco de colonia de lavanda.

Ritual

- Escribir el nombre de la persona amada en la tira de papel y doblarlo de modo que quede lo más pequeño posible.
- Echar el papel así doblado y las semillas de anís en la harina y mezclar todo.
- Agregar, poco a poco, y sin dejar de revolver con el dedo, agua de colonia hasta que se forme una masa a la que se pueda dar forma (no es necesario utilizar toda la harina, pero habrá que fijarse en que las siete semillas y el papel queden dentro de la masa).
- Aplanarla y formar con ella un corazón, pensando en la persona amada.
- Atravesar el corazón con el mondadientes, como si fuera una flecha, al tiempo que se recita una oración.
- Poner el corazón en el alféizar de la ventana hasta que quede completamente seco.

Cada miembro de la pareja deberá entregar al otro el corazón que ha hecho. Éste deberá ser guardado en un sobre, en el dormitorio.

Oración

Que los poderes de la naturaleza
alimenten día a día nuestro amor.
Que así como el anís se une con el trigo,
nuestras almas permanezcan siempre unidas.
Que cuando la juventud se evapore
como este dulce perfume
aún estemos juntos en la misma senda,
cogidos de la mano.

RITUAL DE SAN VALENTÍN PARA AFIANZAR UNA RELACIÓN

Este rito deberá iniciarse el 14 de febrero, día dedicado a san Valentín, patrón de los enamorados. Su ejecución ha de comenzar a las cero horas o, como mucho, antes de que hayan pasado los primeros diez minutos de ese día.

OBJETOS NECESARIOS

Una estampa de san Valentín – Siete velas blancas – Un cono o varilla de incienso de pino – Una cinta roja de metro y medio de longitud – Una nuez moscada
Dos trozos de papel blanco – Un lápiz o bolígrafo – Un trozo de papel de plata
Una caja de cerillas

Este ritual deberá llevarse a cabo durante siete días seguidos.

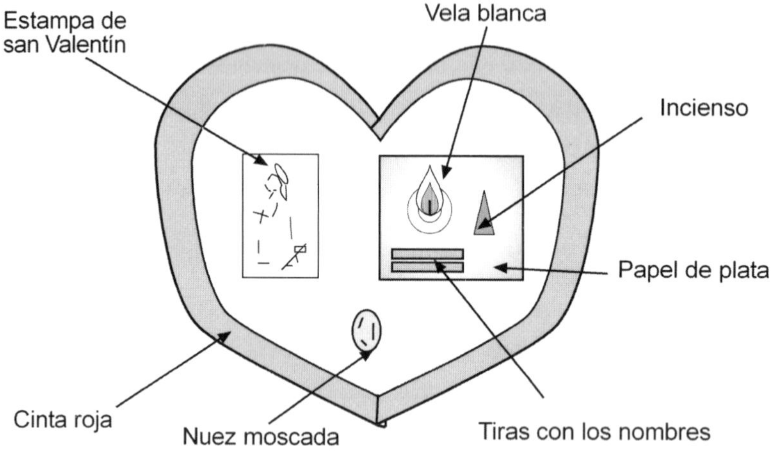

Ritual

- Poner la cinta sobre una superficie plana, de modo que dibuje un corazón (como en el dibujo).
- En su interior, colocar la estampa de san Valentín y el papel de plata.
- Sobre el papel de plata poner una de las velas (conviene dejar caer antes unas gotas para que se mantenga en pie), y encenderla.

- Junto a la vela, poner el cono de incienso y encenderlo.
- Escribir el propio nombre en uno de los trozos de papel y el de la persona amada en el otro. Colocarlos también sobre el papel de plata.
- Poner una nuez moscada donde se indica en el dibujo.
- Recitar la oración.
- Dejar que la vela se consuma y, cuando lo haya hecho, envolver la cera y las cenizas del incienso en el papel de plata y guardarlo.
- Guardar también la nuez moscada.
- En la noche siguiente, volver a dibujar el corazón con la cinta, poner la nuez moscada y la estampa, así como un nuevo papel de plata, incienso, vela y tiras de papel con los dos nombres y proceder como el día anterior.

Los únicos elementos que se reemplazarán serán las tiras de papel, el papel de plata, la vela y el incienso cuyos restos se guardarán una vez que se hayan consumido, es decir, la nuez, la cinta y la estampa siempre serán los mismos.

Una vez que se haya hecho el ritual durante siete días, dejar caer cada uno de los paquetes de papel de plata en la calle, en una esquina diferente o bien en siete cruces de caminos o carreteras.

El oficiante deberá poner la cinta roja y la estampa debajo del colchón o de la almohada, y la nuez moscada, en un lugar en el cual la persona amada pase muchas horas al día (el coche, su oficina, debajo de su cama, etc.).

Oración

Bondadoso san Valentín,
te ruego nos ayudes a consolidar nuestro amor.
Haz que cada día nos miremos con ternura
y que nunca nos cansemos de la mutua compañía.

La festividad de san Valentín, según los historiadores, data del siglo II de la era cristiana. Ya ocho siglos antes de esta fecha, el 15 de febrero se celebraban en Roma unas fiestas paganas, las lupercalias, en honor al dios Lupercus. En ellas se llevaba a cabo un ritual que consistía en poner los nombres de las muchachas del lugar en una caja para que los jóvenes cogieran uno de ellos al azar. La joven así elegida era, entonces, su pareja durante un año o hasta que contrajeran matrimonio.

Con el advenimiento del cristianismo, la Iglesia intentó, poco a poco, reemplazar las festividades paganas por fiestas cristianas y, a tal fin, el papa Gelasius pidió que en lugar de ponerse en la caja los nombres de las muchachas se pusiera el nombre de diferentes santos a fin de elegir, de ese modo, el santo que cada uno tendría que emular durante los trescientos sesenta y cinco días siguientes.

Además, pidió que en lugar de honrarse a Lupercus se honrara a san Valentín, un sacerdote que había adquirido mucha fama por casar a las parejas en secreto, contraviniendo con ello la prohibición de celebrarse matrimonios impuesta por el emperador Claudio.

También cambió la fecha de esta festividad adelantándola en un día. Desde entonces, cada 14 de febrero y prácticamente en todo el mundo, se celebra el día de san Valentín, patrón de los enamorados.

RITUAL DE LA LUNA LLENA PARA MANTENER VIVO EL AMOR

Las relaciones, con el tiempo, tienden a desgastarse. Ya no se siente la misma emoción ante la llegada de la persona amada, sus gestos no despiertan la misma ternura e, incluso, el deseo sexual se atenúa. A menudo estos sentimientos son reemplazados por un afecto más tranquilo, pero no son raros los casos en los cuales lo único que sostiene la relación es la comodidad o el miedo a romper con una rutina ya establecida.

Esta ceremonia está destinada a mantener vivos los sentimientos que impulsaron a iniciar la relación. Para ello, se apela a la Luna, relacionada íntimamente con el mundo de los sentimientos.

Debe realizarse el primer día de luna llena, por la noche. No es estrictamente necesario hacerlo al aire libre, pero sí que el oficiante pueda ver la luna desde una ventana o que su luz entre en la estancia.

Si no fuera visible desde ningún punto de la casa, lo recomendable es que antes de iniciar el ritual salga a la calle, la busque y pase unos diez minutos siendo consciente de su presencia en el cielo.

OBJETOS NECESARIOS

Una vela blanca – Una vela azul – Una vela roja – Una varilla o cono de incienso de rosa o sándalo – Un espejo pequeño, de mano

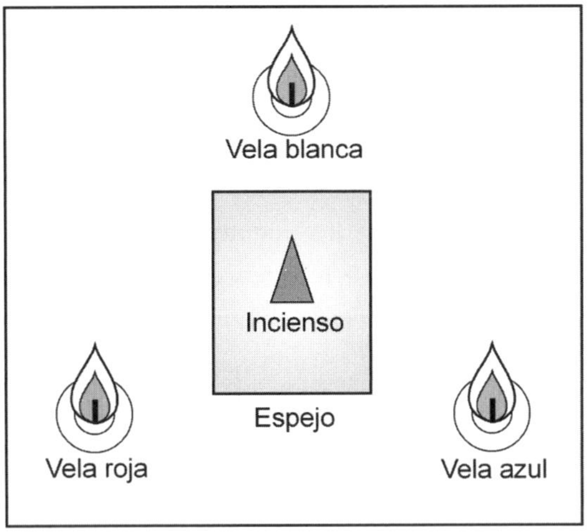

Ritual

- Disponer las tres velas, el incienso y el espejo según muestra el dibujo.
- Visualizar claramente a la persona amada. Detenerse en sus rasgos, oír mentalmente su voz, recordar el tacto de su piel. Recrearse en estas sensaciones por espacio de cinco minutos.
- Encender las velas; primero la azul, luego la roja y finalmente la blanca.
- Encender el cono o la varilla de incienso.
- Recitar la oración.
- Una vez terminado de recitar la oración, dejar que las velas y el incienso se consuman y permanecer junto al altar pensando en la persona amada.

Oración

En esta noche especial
en la que luce la luna en su esplendor
pido a san Antonio que nuestro amor
se mantenga tan firme como hasta hoy.

RITUAL DEL COFRE PARA QUE EL AMOR SEA ETERNO

Los malentendidos son comunes en cualquier situación de convivencia o cuando se está muchas horas junto a una persona. Normalmente, son resueltos gracias a la buena voluntad y a la confianza, pero a veces acarrean situaciones dolorosas y difíciles de solucionar.

Este rito preservará a la pareja de aquellas influencias que pudieran llevarle a tener malentendidos.

Deberá ser realizado por uno de los miembros aunque, si así se desea, podrá ser efectuado por los dos. Uno hará de oficiante y el otro permanecerá a su lado. En este caso, la oración deberá ser recitada por ambos.

OBJETOS NECESARIOS

Una estampa de la Virgen María – Una estampa de san José
Un trozo de canela en rama – Nueve granos de café
Un cofre o caja pequeña – Arena suficiente como para llenar la caja
Una vela roja, una blanca y una azul – Una cinta roja del largo suficiente como para atar el cofre

Para este ritual es recomendable conseguir una caja o cofre cuya base tenga aproximadamente el tamaño de las estampas y que sea de un material lo más resistente posible (madera o cartón duro).

Ritual

- Poner la estampa de la Virgen María en el cofre y, encima de ésta, la de san José.
- Echar en el interior del cofre los nueve granos de café, así como el trozo de canela en rama.
- Echar sobre estos elementos la arena, de modo que el cofre esté casi lleno.
- Poner las tres velas, que se sujeten, sobre la arena, en el centro, y encenderlas con una cerilla.
- Recitar la oración.
- Dejar que las velas se consuman de manera que, sobre la arena, quede la cera.
- Cerrar el cofre o caja con su tapa y luego atarlo con la cinta roja, haciéndole a ésta siete nudos.
- Guardar el cofre en un lugar lo más seguro posible y no volverlo a abrir mientras la relación esté vigente. Si ésta llegara a su fin, lo más conveniente es enterrarlo.

Oración

Por la gracia de santa Ana y de san José
que fueron modelo de confianza y de virtud,
la pareja constituida por (decir los nombres)
se mantenga siempre al resguardo de todo peligro.
Que cada grano de café
proporcione una década de compañerismo y felicidad.
Que la canela endulce cada día
y que siempre,
nuestro amor siga tan vivo como lo está hoy.

Como este cofre o caja deberá permanecer intacto a lo largo de muchos años, es recomendable guardarlo dentro de una bolsa bien envuelto antes de ponerlo en su lugar definitivo.

RITUAL DE LA CADENA PARA FORTALECER LA PAREJA

Por medio de este ritual se pide la protección de Marte, como ya sabemos, dios de la guerra, para que confiera valor a los miembros de la relación a fin de que éstos puedan superar cualquier obstáculo que les pueda sugir o cualquier inconveniente que intente separarlos.

OBJETOS NECESARIOS

Un trozo de cadena, de unos 15 cm de longitud – Un cordón rojo, un cordón azul y un cordón blanco – Un cono o varilla de incienso de canela

Ritual

- Encender el cono o varilla de incienso.
- Pasar los cordones azul y rojo por el centro de los eslabones de la cadena, de modo que queden enganchados a ésta.
- Atar los dos eslabones de los extremos con el cordón blanco, con siete nudos, al tiempo que se recita la oración.
- Colgar la cadena en algún lugar en el que nadie la toque.

En caso de que la pareja conviva y si ambos miembros saben que se ha efectuado el ritual, el lugar más indicado para colgar la cadena es la cabecera de la cama.

Oración

Así como los eslabones de esta cadena
se mantienen libres aunque unidos,
que nosotros estemos siempre juntos.
Que nuestros corazones se entrelacen
como estos cordones;
y que el amor sea nuestra fortaleza.

Rituales contra la infidelidad

En la sociedad en que vivimos es fácil comprobar que las promesas de amor eterno que se dedican los enamorados en los comienzos de una relación, posteriormente centenares de parejas a menudo las rompen. Algunas veces por decisión de ambos, porque después de un tiempo comprueban que la persona elegida no responde a las expectativas que se tenían o, sencillamente, porque el amor se ha acabado. Pero también es frecuente que esto suceda porque uno de los componentes de la relación comete lo que, para muchos, es el peor acto de traición que pueda hacerse: una infidelidad.

Las relaciones paralelas casi nunca se comienzan con la intención de reemplazar a una persona por otra; más bien se inician frívolamente, como una aventura que provee emociones fuertes: el halago de sentirse especialmente aceptado, la ansiedad que surge ante la posibilidad de ser descubierto y todos los demás ingredientes que acompañan un nuevo romance.

Aun cuando el otro miembro de la pareja no tenga pruebas concretas de la infidelidad, por lo general hay pequeños detalles que le hacen entrar en sospechas y, con ellas, aparece el dolor, el miedo a que eso signifique el principio del fin y las discusiones generadas por ese temor que son las que, en definitiva, acaban determinando la ruptura.

Tanto desde la magia blanca como desde la negra han trabajado muchísimo sobre rituales contra la infidelidad y se han creado centenares de ritos que apuntan a prevenir o subsanar la infidelidad, existen algunas diferencias en estos rituales, y la diferencia básica que hay entre unos y otros estriba principalmente en que los primeros respetan la decisión y la libertad del individuo, concediéndose sólo los ruegos de iluminación y serenidad.

Los segundos tipos de rituales buscan obligar al infiel a abandonar las demás relaciones, sin tener en cuenta su libre albedrío, sino imponiendo la propia voluntad sobre la del prójimo, recuerde que en ningún momento debe realizar rituales de magia negra, pues no son recomendables para personas inexpertas.

A continuación se detallarán diferentes rituales de magia blanca que tienen como fin prevenir las relaciones paralelas.

RITUAL DE LA MANZANA

Este rito deberá realizarse cuando sospechemos que nuestra pareja está siéndonos infiel.

Se llevará a cabo los días 10, 20 y 30 de cada mes, hasta que se considere que el peligro ya ha pasado.

OBJETOS NECESARIOS

Una manzana roja – Una tiza blanca – Una foto de la persona amada

Una vela blanca – Una cinta roja de 50 cm

Un paño blanco, de unos 50 x 50 cm – Una caja de cerillas

Ritual

- Trazar un círculo en el suelo con la tiza.
- Lavar la manzana y sacarle brillo con el paño.
- Depositar dentro del círculo la manzana, junto con la vela, la cinta, la fotografía y las cerillas.
- Dar un pequeño mordisco a la manzana y tragarlo sin masticar, con mucho cuidado de no ahogarnos.
- Encender la vela.
- Con la cinta blanca, atar la fotografía a la manzana.
- Coger la manzana con la mano izquierda y la vela con la mano derecha, unos segundos de concentración.
- Recitar la oración.
- Envolver la manzana en el paño blanco.
- Depositar el paquete en el suelo, al lado de la vela, hasta que ésta se consuma y salir del círculo.
- Abrir el paquete, desatar la foto de la manzana y guardarla.
- Depositar la manzana al pie de un árbol, escoger uno que no sea demasiado accesible para la gente y es muy importante el no volver a pasar por delante de él en el resto del día.

Oración

Afrodita, la más seductora de las mujeres,
ayúdanos a superar este momento.
Enséñame a seducir
para que la persona que amo
sólo se sienta tentada por ésta, tu humilde servidora.
Eva entregó a Adán una manzana
y yo te hago esta ofrenda a ti
para que con tu inmenso poder
me conviertas a sus ojos
en la más atractiva de las personas.

Aunque en este ritual se utilice una foto, de ninguna manera se pide la ruptura de la relación paralela, sino, más bien, una mejora personal que resaltará los propios atractivos. Este rito es un ejemplo de las diferencias entre la magia blanca y la negra.

RITUAL DE LA DIOSA DE LAS AGUAS

Hasta el advenimiento de las religiones monoteístas, los pueblos primitivos rendían culto a dioses relacionados con la naturaleza; deidades del trueno, del viento, del fuego, del agua, etc. Entre las diosas de las aguas que han adorado diversos pueblos, pueden citarse a Coi–coi–vilú, de los indígenas del sur de Chile; Tefnut, de los egipcios; Chachihueneye, de los indios nicaraguas; o Mamacocha, de los incas del Perú. A ellas acudían los amantes para que les ayudaran a resolver los problemas amorosos.

En este rito se invoca a Tefnut pidiendo que si la unión que se tiene con la persona amada es de corazón, otorgue fuerzas suficientes para luchar contra la infidelidad. También se le pide claridad en la mente y el alma de la persona que es infiel.

OBJETOS NECESARIOS

Un frasco de boca ancha con agua – Un puñado de sal – Algunas conchillas marinas – Un botón de nácar, blanco – Un trozo de tela blanca, de algodón, de unos 6 x 6 cm – Un lápiz – Una piedra roja – Un cono o varilla de incienso de rosa – Una hebra de hilo blanco – Una aguja

Preparación de la piedra

Un día o dos antes de llevar a cabo el ritual de la diosa de las aguas, se procederá a cargar la piedra de energía de la siguiente manera:

- Lavar concienzudamente la piedra con agua y jabón, teniendo la precaución de enjuagarla muy bien. Si fuera muy porosa o tuviera agujeros pequeños, pasarle un cepillo para desprenderle la arena que pudiera tener en su interior.
- Dejarla secar al aire libre.
- Encender el incienso y sostener la piedra de manera que reciba el humo.
- Exponerla al sol por espacio de, al menos, tres horas.
- Dejarla toda la noche al aire libre (por ejemplo sobre el alféizar de una ventana) siempre y cuando no llueva ni sea día de luna nueva.

Una vez cargada la piedra tal como se ha explicado, se procederá a ejecutar el rito.

Ritual

- Poner en el centro el cuenco con agua.
- Echar en el agua el puñado de sal, la piedra y las conchillas al tiempo que se recita la primera oración.
- Dibujar en el trozo de tela blanca un corazón.
- Escribir dentro del corazón el nombre de la persona amada y tres equis, que representarán el nombre de la persona con quien está cometiendo la infidelidad (en caso de saber su nombre, será éste el que deba escribirse).
- Coser el botón de nácar en el centro del corazón.
- Echar el paño con el botón que se ha cosido dentro del frasco, recitando la segunda oración; dejar entonces el frasco en un lugar oculto y mantenerlo ahí hasta que el agua se haya evaporado por completo.
- Cuando ya no quede agua en el frasco, enterrar su contenido al aire libre o en un tiesto con tierra.

Oración 1

A los dioses y diosas de las aguas
hago esta ofrenda devolviéndole lo que es suyo
para que aclaren el corazón y la mente
de la persona que tanto amo.

Oración 2

Que el poder del agua que todo lo disuelve
diluya el vínculo entre mi amado y su amante
si es que Dios así lo consiente y lo desea.
Que su amante encuentre
la persona que le está destinada
y sea feliz.
Sé que los caminos de los dioses
son invisibles para el mortal
y que si (...) no es para mí, vendrá algo mejor.
Sólo pido fuerzas para seguir adelante.

El agua y la sal representan el mar y son símbolos del mundo de los sentimientos. Devolver las conchillas al mar es sinónimo de la búsqueda del equilibrio, del deseo de que cada cosa ocupe el lugar que le corresponde.

En el corazón está simbolizada la unión infiel y el botón, sin ojal donde abrocharse, ocupa el lugar del amante para quien se pide que encuentre una pareja que le haga feliz.

RITUAL DEL LIMÓN PARA RESOLVER LA INFIDELIDAD

Este ritual sólo deberán realizarlo las personas cuya pareja haya iniciado una relación paralela, y la mantenga. Está completamente desaconsejado para quienes quieran afianzar su vínculo con una persona casada o que tuviera una relación anterior.

OBJETOS NECESARIOS

Un limón – Una caja de alfileres – Un cordón o cinta fina negra, de un metro de longitud – Una vela roja y una vela blanca – Un cono de incienso de sándalo
Una caja de cerillas de madera – Un cuchillo con punta afilada

El limón deberá ser pequeño y lo más verde posible. También es conveniente que los alfileres tengan la cabeza blanca o roja, aunque en caso de no conseguirlos se pueden usar alfileres normales.

Ritual

- Poner la vela roja al frente y a la izquierda de la mesa; colocar la vela blanca, a su derecha, y en medio de ambas velas, poner el incienso.
- Con tres cerillas diferentes, encender las velas, empezando por la roja, siguiendo por el incienso y encendiendo en último lugar la blanca.
- Atar el limón con la cinta cruzando la parte superior e inferior (ver dibujo).
- Clavar en el limón, atravesando la cinta o cordón, tantos alfileres como se pueda, al tiempo que se recita la oración y se visualiza a la persona amada volviendo y en actitud amorosa.
- Hacer cruces en el limón con la punta del cuchillo, en el espacio que queda libre entre las pasadas del cordón, tal como se muestra en el dibujo. El limón deberá guardarse envuelto en un paño blanco, donde nadie lo toque.

Oración

Dos amores a un tiempo
es lo mismo que ninguno.
Tu cuerpo ríe, pero tu alma llora
porque está sola y perdida.
Que así como se seque este limón
también se seque tu amor prohibido.
Que el poder de la Tierra sosiegue tu cuerpo.
Que el poder del Agua sosiegue tu corazón.
Que el poder del Aire sosiegue tu mente.
Que el poder del Fuego te abra los ojos.

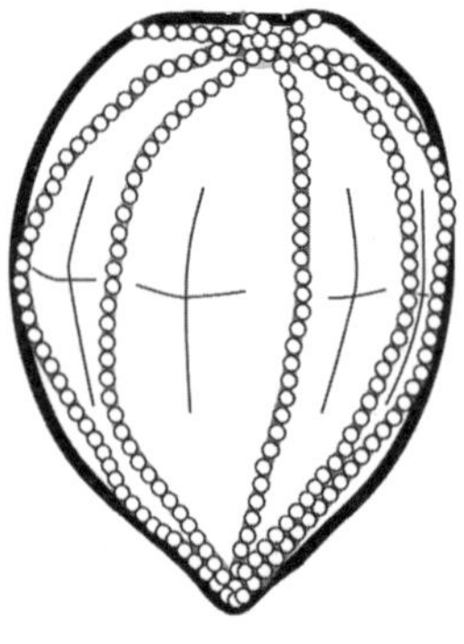

Una vez que la relación paralela se haya terminado, enterrar el limón en un jardín.

RITUAL DEL AGUACATE, EL CACTUS Y LA CEBOLLA

El aguacate es un fruto considerado femenino y la cebolla, por el contrario, es masculina. El cactus es una planta neutra que se utiliza en diferentes ritos, muchos de ellos destinados a proteger la casa; está regida por Saturno, dios relacionado con la restricción y las pruebas que pone la vida. En esta ceremonia, el aguacate y la cebolla representarán a la mujer y el hombre de la pareja inicial en tanto que el cactus, será símbolo de la persona con la que se está cometiendo la infidelidad. Esa presencia pone a prueba la fortaleza de la pareja, pero, sabiendo manejar adecuadamente la situación, si se supera, la relación saldrá fortalecida (siempre que la persona ofendida sea capaz de reconocer los errores que llevaron a ese punto y no guarde rencores).

OBJETOS NECESARIOS

Un aguacate – Una cebolla – Un cactus – Un trozo de fieltro rojo – Una tijera
Un lápiz – Un cuchillo – Dos tiestos vacíos y limpios – Una bolsa de tierra
Una vela blanca – Un cono o varilla de incienso de rosa – Un paño blanco

La cebolla deberá mantener intacta la zona de sus raíces y en el momento de pelarla, habrá que tener cuidado para no deteriorarlas.

Ritual

- Encender la vela blanca y el incienso.
- Cortar el aguacate en dos mitades, procurando no estropear el hueso que hay en su interior.
- Limpiar bien el hueso del aguacate. El resto del fruto podrá utilizarse para cualquier otra cosa.
- Quitar de la cebolla la primera capa de color y, cuando la parte blanca esté totalmente expuesta, quitarle siete capas, una a una. Se puede hacer un pequeño tajo en ellas con un cuchillo a fin de desprenderlas, pero teniendo cuidado para que no se deterioren las capas más internas.
- Dibujar en el fieltro dos corazones y recortarlos.
- En uno de los corazones escribir el propio nombre y el de la persona amada y, en el otro, el nombre de la persona con la que está cometiendo la infidelidad. Si éste no se supiera, reemplazarlo con tres equis.

- Poner en uno de los tiestos, el corazón con los nombres. Echar un poco de tierra y poner la cebolla y el hueso de aguacate mientras se recita la oración 1.
- Poner en el segundo tiesto el otro corazón, echar un poco de tierra y colocar el cactus recitando la oración 2. La planta deberá sobresalir de la tierra.
- El tiesto que contiene la cebolla y el aguacate, deberá ponerse en una ventana; el del cactus, deberá ser colocado en un parque o lugar público, preferiblemente al pie de un árbol o en un sitio donde haya otras plantas.
- Regar diariamente el tiesto que contiene la cebolla con siete cucharadas de agua y al tiempo que se dice la jaculatoria.

Oración 1

Así como la tierra nutre
esta cebolla y este aguacate,
que el poder del amor nutra el corazón de (...) y el mío
para que permanezcan juntos para siempre.

Oración 2

Cada cual en su lugar
evita que surja el mal.

Jaculatoria

Que el amor entre (...) y yo
crezca día a día.
Que la Santísima Trinidad
haga volar la paloma hacia su propio nido.

Ritual de los ajos y el romero

Esta ceremonia se utiliza para que al cómplice de la infidelidad se le presenten nuevas y tentadoras oportunidades que le permitan elegir el alejamiento con la persona amada.

No se le obligará a nada; más bien, se le permitirá poner a prueba sus sentimientos presentándole opciones que le resulten lo más favorables posible.

Puede hacerse en un lugar cerrado o al aire libre, sobre la tierra, en cuyo caso deberá reemplazarse la tiza por un palito o cualquier otro elemento con el cual se pueda trazar un dibujo en el suelo. En caso de hacerlo en el interior, sobre suelo de madera, conviene poner entre éste y el plato una tabla de madera o de corcho para evitar que el calor deteriore el suelo. Como casi todos los rituales, será mucho más potente si se realiza entre la puesta y la salida del sol.

OBJETOS NECESARIOS

Cinco dientes de ajo – Cinco velas blancas – Un plato pequeño o un recipiente de metal – Una tiza blanca – Una caja de fósforos de madera

Ritual

- Trazar con la tiza un círculo en el suelo.
- Trazar, dentro del círculo, una estrella de cinco puntas. Poner en cada una de las puntas de la estrella, un diente de ajo sin pelar y una vela blanca (ver dibujo de la página siguiente).
- En el centro de la estrella, colocar un platito o recipiente metálico que contenga unas ramas secas de romero.
- Encender las velas, comenzando por la de arriba; las demás siguiendo el sentido de las agujas del reloj.
- Encender por último el romero que se ha puesto en el centro de la estrella, dejando caer en el plato también la cerilla. Se puede utilizar, para que arda, un carboncillo litúrgico o unas gotas de alcohol.
- Mientras el romero arde, exponer las manos al humo que desprende rezando la oración.
- Una vez que se consuman las velas, unir los ajos a las cenizas del romero y enterrar estos elementos al aire libre o en un tiesto.

La estrella de cinco puntas o pentagrama, es uno de los símbolos mágicos más antiguos que se conocen; ya lo utilizaban los habitantes de Mesopotamia.

En Grecia era conocido bajo el nombre de pentalpha y sus asociaciones metafísicas fueron investigadas por los pitagóricos, que lo consideraban un emblema de perfección.

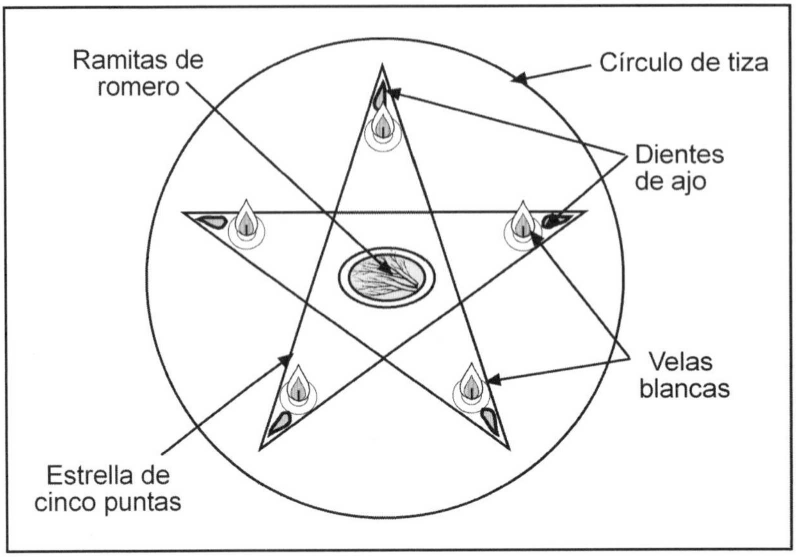

Esta geometría hoy se conoce como «La Proporción Dorada» y puede ser observada en los proyectos de algunos templos. Para los agnósticos, esta figura era la «Estrella Ardiente», relacionada con la magia y los misterios de la noche. En Egipto era símbolo del útero de la tierra. También los primeros cristianos encontraron atributos para la estrella de cinco puntas: representaba las cinco llagas de Cristo. En los templos medievales, el «Lazo Infinito» era símbolo de verdad y de protección contra los demonios. Tal vez debido al uso que del pentagrama hicieron los templarios, la inquisición relacionó esta figura con las artes diabólicas. Sin embargo, es una construcción geométrica de gran poder que puede utilizarse tanto en el buen como en el mal sentido.

Oración

Por los poderes de la Tierra,
los del Fuego y los del Aire
que (nombre de la persona amada)
encuentre el camino verdadero.
Que el poder del ajo y del romero,
barrera de todo lo malo,
ofrezca los mejores caminos
a quien quiere ocupar mi lugar.

RITUAL DE LOS ANILLOS PARA PROTEGERSE DE LA INFIDELIDAD

En el Antiguo Testamento se relata la costumbre de pedir la mano de la novia ofrendándole un anillo, lo cual simbolizaba la intención de contraer matrimonio. Este sentido del uso del anillo fue confirmado en el siglo IX por el papa Nicolás I.

En Roma, los anillos tenían un significado de pertenencia, de esclavitud, y generalmente eran colocados en el dedo a las esclavas favoritas.

A través de los siglos se ha entendido que los anillos que se regalan los amantes son símbolos de fidelidad, por lo que este ritual de los anillos podrá hacerse toda vez que se sospeche que la pareja está siendo infiel. A la vez que afianza el vínculo, aleja las tentaciones y motiva al oficiante para que se comporte de la manera más adecuada a fin de reconquistar a la persona amada.

OBJETOS NECESARIOS

Dos anillos lisos – Un trozo de gasa o seda rojo, de unos 25 x 25 cm
Un cordón rojo – Una manzana roja – Una piedra roja – Una vara o cono de incienso de jazmín – Una caja de fósforos de madera

La ceremonia deberá hacerse de noche, en viernes, día de Venus. Si no tenemos anillos, podrán usarse arandelas de metal que quepan en el dedo anular del oficiante.

Ritual

- Encender el incienso de jazmín y poner junto al incienso la manzana.
- Juntar los dos anillos y dar en ellos tantas vueltas con el cordón como permita su largo (ver figura) mientras se medita acerca de los aspectos negativos de la relación, de los errores que se hayan podido cometer, y diciéndose mentalmente ante cada uno de ellos la frase «No lo haré más»; obviamente con la intención de no volver a tener esas actitudes.

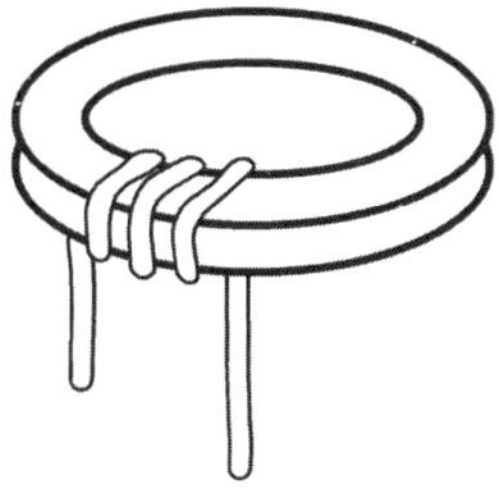

- Envolver en el paño rojo los anillos y la piedra.
- Acercar el paquete al humo del incienso al tiempo que se recita la oración 1.
- Cuando se consuma el incienso, llevar la manzana a un lugar que quede a no menos de siete manzanas de la casa de la persona amada. De ser posible, arrojarla a un río o a un lugar donde corra agua y si no se pudiera hacer, dejarla en el cruce de dos caminos o calles. Al hacerlo, recitar oración 2.

Oración 1

Ángel Samael:
tú que destacas en la corte celestial
por reconocidas virtudes,
te pido me ayudes a mejorar mi carácter,
me enseñes el valor de la paciencia,
me transmitas el don de la humildad
y me guíes en este difícil momento.
Quiero brillar ante los ojos de (...) y que mi luz le atraiga.
En tus manos me encomiendo.
Así sea.

El Ángel Samael representa la victoria sobre la adversidad. Con este ruego se pide ser cada día mejor y eliminar los propios defectos para atraer así a la persona amada.

Oración 2

Aquí dejo la tentación,
lejos de mi amado,
para que su hechizo no le alcance.
Que alguien la recoja, se la quede
y con ella sea feliz.

En cualquier relación de pareja se cometen muchos errores que, por pequeños que sean, deterioran el vínculo y dan lugar a situaciones desagradables. Es importante hacer un examen de conciencia para comprender qué cosas irritan a la persona amada y qué conductas conviene modificar para poder tener una pareja más segura y feliz.

RITUAL DE LA ESPOLETA PARA RESOLVER PROBLEMAS DE INFIDELIDAD

En las aves, se llama espoleta a los dos huesos de la clavícula que se presentan soldados. Se encuentran cerca de la unión entre el cuello y el cuerpo del animal. En muchos lugares se le llama «el hueso de la suerte» ya que, según la tradición, cuando dos personas cogen cada una de las clavículas intentando separarlas, tendrá más fortuna quien se quede con la parte más larga. Aunque cada especie de ave tiene estos huesos ligeramente diferentes, puede tomarse como referencia el que se muestra en el dibujo.

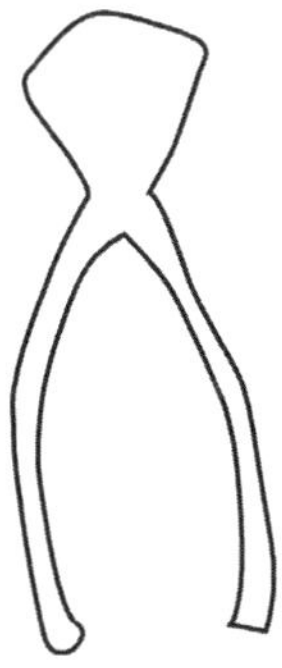

OBJETOS NECESARIOS

Una espoleta (o hueso de la buena suerte) entera – Un saquito rojo – Una moneda
Cinco granos de café – Cinco granos de pimienta – Un trozo de canela en rama
Una aguja nueva – Una hebra de hilo rojo

El hueso podrá ser de cualquier ave y puede haber sido cocido (sirve, a tal fin, el de un pollo que hubiera servido de alimento). El único requisito es que esté entero.

Antes de comenzar el ritual, deberán quitársele todos los restos de carne y, a continuación, deberá ser lavado y secado. Conviene dejarlo un día al sol para que se quiebre más fácilmente.

La moneda podrá ser de uso corriente o no; la única condición es que tenga en una de sus caras una figura o rostro del mismo sexo que quien actúe como oficiante.

Ritual

- Guardar en el saquito la moneda, los cinco granos de café, los de pimienta y el trozo de canela en rama.

- Coger el hueso por ambas clavículas y tirar de ellas hasta que se rompa y queden separadas, al tiempo que se recita la primera oración.
- Guardar el trozo más largo de la espoleta, la que tiene la «cabeza», en el saquito donde se han puesto los otros ingredientes.
- Enhebrar en la aguja el hilo rojo y coser la boca del saquito, para cerrarla.
- Enterrar el saquito al aire libre o en un tiesto.
- Dejar el otro trozo de hueso en un lugar por donde suela pasar mucha gente (la parada de un autobús, en una papelera del metro, etc.) recitando la segunda oración.

Oración 1

Como estos huesos se rompen
también se rompa la relación equivocada.
Que cada quien ocupe el lugar que le corresponde,
y las cosas vuelvan a ser como eran.
A Isis pido ayuda para reconquistar mi amor.

Oración 2

Aquí te quedas, esperando a tu amor,
a la persona que te está destinada.
Que Isis te aparte suavemente
de la persona que a mí me ame.

RITUAL PARA QUE ALGUIEN CONFIESE SU INFIDELIDAD

Brasil es una tierra en la que se han fundido muchas religiones y creencias. Los esclavos de diferentes regiones de África, trasladados al nuevo continente, hicieron lo posible por conservar los diferentes cultos destinados a sus dioses, aunque esto no siempre era fácil ya que las autoridades portuguesas católicas lo tenían prohibido. Por esta razón, para poder seguir con sus prácticas sin exponerse a la persecución, adoptaron los santos católicos para representar con sus imágenes los dioses ancestrales africanos.

Como ejemplo de ello se puede citar a la diosa del mar, Yemanjá, que se la representa con la imagen de la Inmaculada Concepción, o a Oxun, diosa del río Níger, que se la venera en la de santa Teresita del Niño Jesús.

Entre los muchos rituales que hoy son populares en Brasil, existe uno curioso cuyo objeto es hacer hablar en sueños a una mujer.

OBJETOS NECESARIOS
Un par de chinelas – Un cojín

Ritual

- Cuando la mujer se haya dormido, coger sus chinelas y ponerlas boca abajo, tapándolas con un cojín o con la almohada.
- Recitar la oración.
- Antes de que ella despierte o una vez que haya contado qué ha hecho, quitar las chinelas del lugar en el que se han puesto y colocarlas al lado de la cama.

Oración

Por la gracia de los dioses,
abre tu boca y tu corazón.
No tengas miedo,
las divinas manos te protegen.

Lógicamente, este trabajo habrá de hacerse con la intención de saber si guarda fidelidad, pero con la convicción de no tomar represalias ni hacer daño alguno en caso de saberse que tiene o ha tenido otra relación.

Si no se está dispuesto a cumplir con este compromiso, que es lo que se recita en la oración, es mejor abstenerse de realizar el rito.

RITUAL DE LA SAL PARA EVITAR LA INFIDELIDAD

Este ritual podrá realizarlo toda aquella persona que, estando en una relación de pareja que lleve al menos unos meses, sospeche o sepa que su compañero le está siendo infiel.

OBJETOS NECESARIOS

Un vaso con agua – Un puñado de sal gorda – Una vela negra y una vela blanca
Cuatro tiras de papel blanco, estrechas – Un lápiz o bolígrafo –Un recipiente con harina y agua (engrudo)

La ceremonia deberá ejecutarse en sábado, día dedicado al dios Saturno, a quien se le atribuye la sabiduría y que además es el encargado de las pruebas, los obstáculos y los finales. Se puede celebrar en cualquier momento del día comprendido entre la puesta y la salida del sol.

El papel deberá ser virgen, es decir, no debe haber recibido antes ningún uso.

Ritual

- Escribir en dos de las tiras de papel el nombre de la persona amada.
- Juntar los extremos y pegarlos con el engrudo, de modo que queden dos arandelas de papel.
- En otra de las tiras, escribir el propio nombre.
- Pasar la tira de papel por dentro de una de las arandelas que se han construido y unir sus bordes con el engrudo formando una nueva arandela, tal como se muestra en el dibujo.

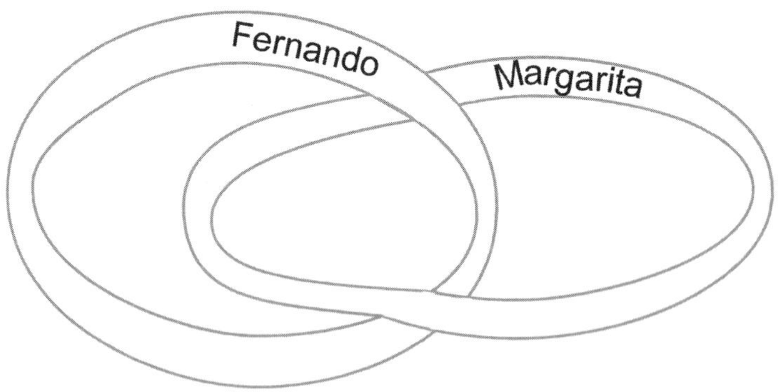

- En la tira de papel restante, escribir el nombre de la persona con la que se supone es infiel. En caso de no conocerlo, poner tres equis.
- Pasar la tira por la otra arandela de papel que se ha confeccionado. De este modo, quedarán armadas dos piezas como las que se muestran en la figura;

una con el nombre propio unido al de la pareja y otra, con el nombre de ésta unido a una tercera persona.

- Colocar la vela negra enlazándola con los dos eslabones que contienen los nombres de la relación paralela, tal como se muestra en la siguiente figura. Encender la vela y, a continuación, recitar la primera oración.

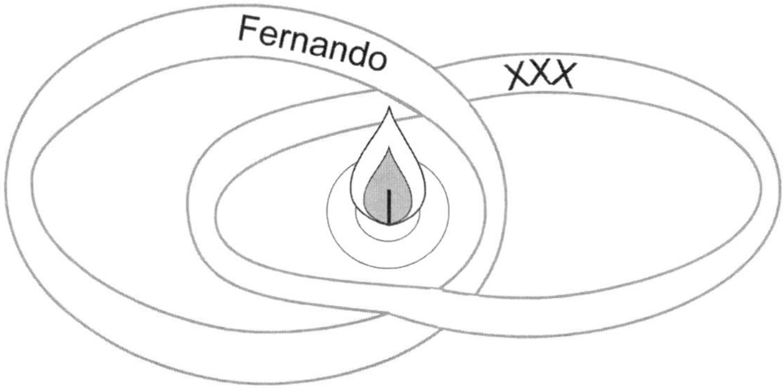

- Colocar la vela blanca como se ha indicado, pero enlazada por el juego de arandelas que tiene el nombre del oficiante. Encenderla y decir la segunda oración.
- Poner el puñado de sal en el vaso con agua y remover bien con el dedo índice de la mano izquierda.
- Apagar las dos velas y retirarlas.
- Sin despegarlas, echar el juego de arandelas de la pareja infiel dentro del vaso de agua.
- Guardar en lugar seguro las otras dos, tratando de mantener unida la cadena. Es conveniente ponerlas antes dentro de un sobre para que no se desunan.
- Guardar el vaso con el agua, la sal y las tiras de papel en un lugar oculto.
- Cuando el agua se haya evaporado totalmente, tomar lo que haya quedado de papel y de sal y enterrarlo.

La sal es un elemento que limpia y el agua, es un disolvente. Con este rito, lo que se intenta es que la pareja paralela se rompa, siempre y cuando el vínculo no sea importante y verdadero. Si así fuere, se exige, al menos, paz, sosiego y sinceridad por parte de la persona infiel, así como protección y un nuevo amor para la víctima.

Oración 1

Que el fuego de Saturno, dios de la sabiduría,
disuelva toda falsedad.
Que esta unión clandestina
se rompa o salga a la luz.
Que se diluyan las sombras
y triunfe el amor verdadero.

Oración 2

Poderoso Saturno:
he puesto en este vínculo
todo mi amor y mi sabiduría.
Si no han sido suficientes,
te ruego me ilumines, me guíes y me apoyes
para reconquistar a la persona que tanto amo.
Preserva nuestra unión de todo mal.

RITUALES PARA EVITAR LA TENTACIÓN DE SER INFIEL

Algunas personas que están en pareja pueden sentir, de golpe, una fuerte atracción por otra persona. A veces son directamente seducidos por ella y, a pesar de que quieren seguir manteniendo una actitud fiel hacia la persona con la que se han comprometido, terminan sucumbiendo a la tentación.

Una vez que esto ocurre, y si lo que empezó como aventura se mantiene, se suele pasar por un período muy doloroso en el cual el infiel tiene la sensación de amar por igual a dos personas y no poder vivir sin ninguna de ellas. Elegir le resulta imposible y tan pronto escoge a una de ellas como, a las pocas horas, la cambia por la otra.

Esta situación de desorden emocional puede traer graves consecuencias a cualquiera de las tres personas implicadas, ya que genera una ansiedad desmedida, fuertes sentimientos de culpabilidad y mucho resentimiento. A menudo estas emociones sobrepasan el plano afectivo afectando seriamente la salud.

Los rituales que se proponen en este capítulo tienen como objetivo adquirir la fuerza suficiente como para evitar las tentaciones o, si es que la segunda relación ha sido establecida, poder tomar la mejor decisión con respecto a qué relación cortar o cómo hacerlo causando el menor daño posible.

RITUAL DE LA MONEDA PARA EVITAR LA INFIDELIDAD

Esta ceremonia tiene por objeto adquirir la fuerza necesaria para rechazar las tentaciones de infidelidad que se pudieran presentar. Deberá llevarse a cabo en sábado, día consagrado al dios Saturno, quien confiere prudencia y sabiduría. Se hará, como siempre, a continuación del baño ritual de purificación.

OBJETOS NECESARIOS

Una moneda – Algún tipo de ropa interior – Una vela blanca

Ritual

- Después del baño, ponerse al menos una prenda interior del revés.
- Encender la vela blanca.
- Exponer la moneda al calor de la vela al tiempo que se recita la oración.
- Colocar la moneda dentro del zapato izquierdo que se vaya a usar. En caso de cambiar de calzado, ponerla en el nuevo.

Deberá llevarse la moneda en el zapato tanto tiempo como dure la tentación. En caso de separarse de la primera pareja y quedar libre, la moneda será enterrada.

Oración

Que el bondadoso e inocente Hahahiah
me ayude a librarme de esta tentación.
Que la sabiduría de Saturno
ilumine mi camino.

Como es natural, se recomienda no asistir a lugares donde esté la persona que resulta tan atractiva.

RITUAL DEL CACTUS PARA EVITAR LAS TENTACIONES

Este ritual tiene también la finalidad de conferir fuerzas para superar con éxito las tentaciones de infidelidad. Se llevará a cabo por la noche y en día sábado, dedicado a Saturno.

OBJETOS NECESARIOS

Un cactus – Una tira de papel – Un lápiz – Un trozo de plomo – Una vela negra
Un cuchillo – Una manzana – Una prenda negra de vestir

Ritual

- Ponerse al menos una prenda negra (puede ser un pañuelo para el cuello).
- Encender la vela negra.
- Escribir el nombre de la persona que provoque la tentación en la tira de papel.
- Dar nueve mordiscos a la manzana, pensando en esa persona.
- Enrollar la tira de papel y enterrarla, junto al trozo de plomo, en el tiesto donde está el cactus, mientras se recita la oración.

Oración

Poderoso Saturno, que todo lo ves y todo lo sabes:
a ti te ruego me alejes de la tentación,
me hagas sentir satisfecho con lo que tengo
y me des fuerzas para respetar mis compromisos.
Te hago esta humilde ofrenda
pidiéndote que me guíes y me protejas.

El resto de la manzana se podrá desechar. Cuando la vela se haya consumido totalmente, el ritual habrá terminado.

Rituales de reconciliación

Las razones por las cuales se presentan en las parejas períodos de conflicto, son muy variadas. Sin embargo, la mayoría de las veces éstos se producen por la falta de comunicación, por equívocos y malos entendidos.

Si estas diferencias no se reparan a tiempo, el desgaste que producen terminan deteriorando seriamente el vínculo y, cuando eso sucede, es muy probable que se precipite una ruptura definitiva.

La actitud más razonable que puede adoptar una persona para solventar los problemas que pueda tener con otra es la autocrítica.

Si bien a veces es difícil sobreponerse a la ira que puede despertar una disputa, es necesario controlar ésta y otras emociones negativas a fin de poder ponerse en la piel de la persona con la que se ha discutido para ver, desde sus ojos, qué puede haberle molestado o qué puede haber entendido observando nuestra conducta. Sólo así se podrá tener una idea cabal del verdadero origen del problema y las herramientas necesarias para solucionarlo y evitar que se vuelva a producir.

En este capítulo se presentarán varios rituales: algunos son apropiados para aplacar los ánimos, resolver conflictos recurrentes y lograr, con ello, una mayor armonía en la pareja.

Otros, deberán ser realizados en caso de que haya habido una ruptura de pareja, ya que tienen por objeto la reconciliación.

Ritual de los opuestos

Los conflictos surgen cuando los miembros de una relación tienen, o creen tener, intereses opuestos que se interfieren mutuamente. En lugar de hacerlos conciliar, de acercarlos entre sí de manera que nadie sienta que está perdiendo, se distancian aumentando la gravedad del problema.

A través de este rito se busca reconciliar posturas encontradas para así tener un vínculo más armonioso y feliz.

OBJETOS NECESARIOS

Pelos de gato – Pelos de perro – Un botón blanco y otro negro – Un trozo de papel de lija – Un trozo de algodón – Una vela negra y una blanca – Una piedra blanca – Los pétalos de una flor – Un incienso de rosa – Una caja pequeña

Como se habrá podido observar, los elementos que se utilizarán en este ritual son, en su mayoría, pares de opuestos.

Ritual

- Disponer sobre la mesa todos los elementos, dejando el cuenco con agua en el centro.
- Encender el incienso.
- Coger los pelos de gato y los de perro y sostenerlos en la misma mano. Sentir el calor que de ellos se desprende y luego guardarlos en la caja.
- Tomar los dos botones, y hacer otro tanto.
- Coger el algodón con la mano derecha y el papel de lija con la izquierda. Sentir el tacto de los dos elementos y luego guardarlos en la caja.
- Coger la piedra con la mano izquierda y la flor con la derecha. Percibir sus temperaturas diferentes. Guardar ambos objetos en la caja.
- Encender la vela blanca y luego la negra, pensando en la persona amada.
- Echar el puñado de sal en el agua y recitar la oración.

Oración

Lo que está abajo
es como lo que está arriba.
Lo que tiene calor, templa lo frío.
Lo suave alisa lo áspero. Lo blanco alegra lo negro.
Los rencores se disipan y la luz es una sola
aunque provenga de dos lados distintos.
Así como el agua y la sal son una sola,
también seamos uno
aunque seamos diferentes.

Este ritual se podrá hacer en cualquier momento, ya sea porque se haya producido alguna riña de enamorados o ante la sensación de que se han tomado posturas irreconciliables.

La caja con los elementos utilizados deberá guardarse en un lugar donde nadie la toque y allí deberá permanecer mientras dure la relación.

RITUAL DE LAS VELAS Y EL COBRE

Esta ceremonia sirve para disipar rencores entre dos enamorados. Si se tiene una disputa, cuanto menos tiempo pase antes de ejecutarse el ritual, mejor y más rápido efecto se conseguirá.

OBJETOS NECESARIOS

Una vela blanca, una azul y otra roja – Dos metros de alambre de cobre fino
Un cono o varilla de incienso de rosa – Una tira de papel – Un lápiz
Cuatro alfileres

El ritual deberá hacerse en viernes, día dedicado a Venus.

Ritual

- Encender el incienso de rosa.
- Escribir los nombres de ambos integrantes de la pareja en la tira de papel.
- Sujetarlos a las tres velas y enrollar alrededor de éstas la tira de papel, sujetándola con los alfileres y pinchando con dos en la vela roja y dos en la azul, mientras se recita la primera oración.
- Enrollar en las tres velas el alambre de cobre (ver figura en la página siguiente) comenzando por la base de las velas.
- Encender las tres velas; primero la azul, luego la roja y, finalmente, la blanca, recitando la segunda oración. Dejar que se consuman.

Para facilitar la tarea de enrollar el alambre de cobre, se recomienda sujetar las tres velas por su extremo superior con una banda de goma. También calentar la punta del alambre antes de clavarla en la vela en su parte inferior y, otro tanto, con el otro extremo del alambre. Si llegara a sobrar, debe ser cortado.

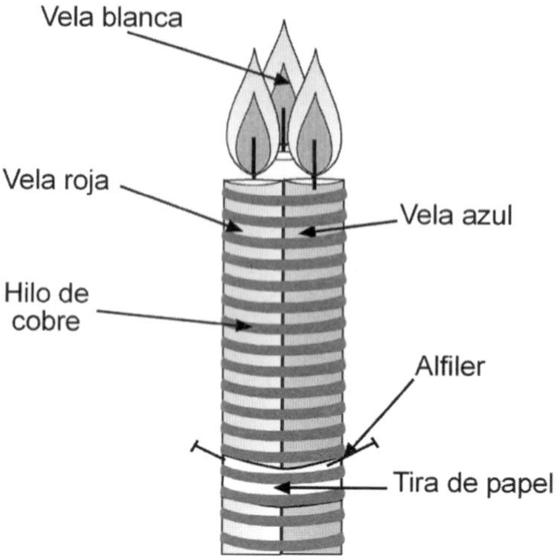

Oración 1

Que el poder del Agua lave las ofensas.
Que el poder del Aire avive el deseo.
Que el poder de la Tierra nos permita confiar.
Que el poder del Fuego nos enseñe a amar.

Oración 2

Nuestros nombres rodearon las velas,
y juntos recorreremos el camino.
Que Venus y Marte mantengan
enlazados nuestros destinos.

RITUAL DE LA ARENA PARA LOGRAR UNA RECONCILIACIÓN

Esta ceremonia es apropiada para que, tras una ruptura, se produzca un encuentro agradable que permita restaurar una relación de pareja.

Deberá efectuarse en miércoles, día dedicado al dios Mercurio, relacionado con la comunicación y con la palabra.

OBJETOS NECESARIOS

Un folio de papel blanco – Una plancha – Un recipiente con arena
Una vela roja – Un cono o varilla de sándalo
Un paño desechable

Ritual

- Enchufar la plancha.
- Encender la varilla de sándalo y la vela roja.
- Escribir sobre el papel el propio nombre y el de la persona amada.
- Poner el papel sobre el paño y colocar encima la plancha hasta que quede completamente quemado (esta es la razón por la que se pide que el paño sea desechable).
- Mientras el papel se quema, recitar la oración.
- Recoger lo que haya quedado de papel y colocarlo en un frasco u otro recipiente llenándolo a continuación de arena.
- Guardar el frasco en un lugar oscuro, donde nadie lo toque y, una vez que se cumpla el deseo, enterrarlo.

Oración

Amada Venus:
haz que no se aparte nunca más,
que vuelva a mí,
que reciba mis buenas intenciones.
Dame el poder de encontrar mi fuerza
y ser lo mejor para (nombre de la persona amada).

RITUAL DEL COCO PARA LOGRAR LA RECONCILIACIÓN

Esta ceremonia no la pueden hacer los hombres; es femenina y en ella se invoca a Oxún, diosa del río nigeriano que lleva su nombre, que está relacionada con el amor, la pasión y el matrimonio.

Dadas las características de esta divinidad, conviene hacer el trabajo poniendo música; es mejor que ésta sea alegre.

OBJETOS NECESARIOS

Un coco entero – Una vela amarilla – Una manzana, una naranja y un plátano
Una flor amarilla – Un frasco de perfume – Un cuchillo filoso y puntiagudo
Un plato pequeño

El ritual deberá hacerse en sábado, día dedicado a esta deidad.

Ritual

- Encender la vela amarilla.
- Con un clavo grueso, hacer dos agujeros en la cáscara del coco (la parte más blanda se encuentra en los tres círculos que hay en su parte superior. Se deberá clavar el clavo profundamente para que atraviese la pulpa).
- Vaciar el agua del coco y agrandar con el clavo o con un cuchillo uno de los agujeros que se haya hecho en el mismo.
- Pelar la naranja, la manzana y el plátano. Separar un gajo de la naranja y, en el plato, cortarlo en siete. Hacer otro tanto con la manzana y el plátano.
- Coger siete pétalos de la flor y ponerlos en el plato junto con los demás ingredientes.
- Introducir los trozos de naranja dentro del coco recitando la oración; hacer lo mismo, siempre recitando la oración, con los trozos de manzana, los de plátano y, por último, los siete pétalos.
- Echar dentro del coco siete gotas del perfume preferido.
- Enterrar el coco en un lugar al aire libre o en un tiesto repitiendo por quinta vez la oración.

Durante cinco días se deberá poner, a la misma hora en que se ha hecho el ritual, un poco de música en honor de Oxún.

Oración

¡Oh poderosa Oxún!,
haz que el hombre que amo vuelva a mí.
A ti te hago esta ofrenda,
segura de que me atenderás.
Propicia una reconciliación
y enséñame a mantenerlo a mi lado.

RITUAL DE LOS IMANES

Este rito tiene como fin propiciar la reconciliación después de haberse producido una ruptura.

Está especialmente indicado para aquellos casos en que haya transcurrido una semana o más desde el momento en que se ha decidido finalizar la relación.

OBJETOS NECESARIOS

Dos trozos de imán – Un cuenco de boca ancha – Un kilo de azúcar – Nueve velas rojas – Un cono o vara de incienso de rosa – Dos trozos de canela en rama Dos lápices de cera: uno azul y otro rojo

Si no se consiguen imanes fácilmente, pueden obtenerse de aquellos que se utilizan para sujetar papeles en la puerta de los frigoríficos. Habrá que despegarlos del objeto que los disimula.

Ritual

- Poner con el lápiz rojo la inicial de la mujer en uno de los imanes.
- Poner con el lápiz azul la inicial del nombre del varón en el otro.
- Unir ambos imanes y ponerlos dentro del cuenco, en el centro.
- Colocar los dos trozos de canela formando una V (ver imagen).

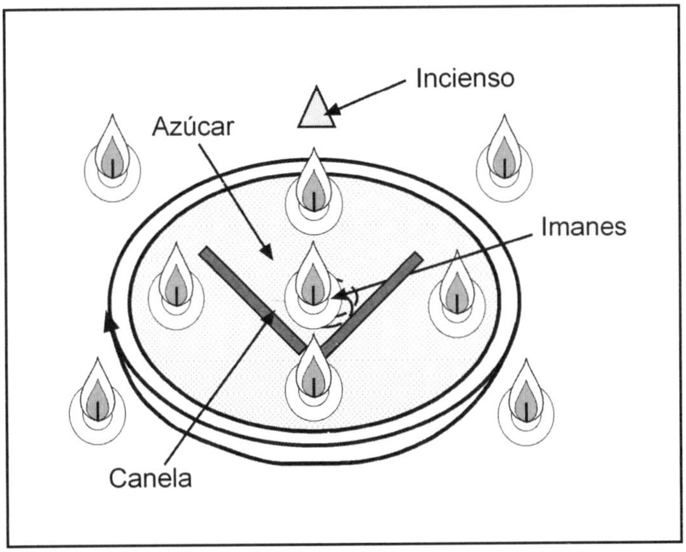

- Agregar el azúcar en el cuenco, tapando los elementos.
- Enterrar en el azúcar cinco velas formando una cruz.
- Encender todas las velas comenzando por las que están fuera del cuenco y, finalmente, el incienso.
- Dejar que las velas y el incienso se consuman y, mientras lo hacen, concentrarse en la persona amada recitando la oración y diciéndole mentalmente que regrese.

Guardar el cuenco con el azúcar y los elementos que se han puesto en su interior. Todos los viernes, encender en su centro una vela roja concentrándose, como se ha indicado, en la persona amada y recitando la oración.

Oración

La rueda gira y regresa a su sitio.
Las emociones, van y vienen.
Sé que mi amor es verdadero.
Si el tuyo lo ha sido, rescátalo y ven a mí.
Por el poder de las fuerzas que rigen el Universo.

Entre los elementos que se utilizan en este ritual están los imanes. Los antiguos magos europeos utilizaban un mineral de hierro llamado magnetita o piedra de imán. Si se tienen dos trozos de este mineral, utilizarlo en lugar de los imanes, ya que cuanto más naturales sean los elementos utilizados, mejor.

Rituales para olvidar un amor

La ruptura amorosa, sobre todo cuando ha sido provocada por el otro miembro de la pareja, es una de las situaciones más dolorosas que pueden sufrirse. Es frecuente que quienes tengan que pasar por ello entren en un período de depresión que abarque meses, que adelgacen o ganen peso, que sufran crisis de ansiedad y que no encuentren consuelo ni siquiera en actividades que antes les resultaban placenteras. Su pensamiento está centrado en la persona que las ha rechazado y nada hay que pueda aliviar ese dolor; es más, la decepción que se suele producir a veces es tan grande, que impide que se vuelva a formalizar otra pareja perdiéndose, con ello, toda posibilidad de dar y recibir amor.

Hay muchos rituales de magia que sirven para olvidar un amor y así abrir las puertas a otro, pero para que surtan efecto deben ser hechos por la persona interesada, ya que ésta deberá comprometerse interiormente a tomar distancia con el recuerdo de la persona que tanto ha querido.

También hay rituales para hacer que otra persona le olvide a uno y son especialmente útiles para los casos en que alguien se ve acosado por una ex pareja con la que no quiere seguir.

En este capítulo se mostrarán ampliamente rituales de ambos tipos, pero cabe aclarar que, si una ruptura no se ha superado en un año como mucho, lo adecuado es visitar a un psicólogo para que averigüe qué es lo que puede estar bloqueando la posible recuperación.

Ritual del enebro para olvidar

Con las bayas de este arbusto se fabrica la ginebra. Esta planta de Venus se utiliza para alejar las influencias negativas del ambiente, así como para aliviar los procesos melancólicos.

OBJETOS NECESARIOS

Diez bayas de enebro – Un ramillete de romero – Cinco velas negras, tres blancas y una roja – Una cinta negra y otra roja, de un metro de longitud – Un saquito de tela roja – Una foto de la persona con la que se haya roto la relación (mejor una fotocopia de la misma) – Un trozo de cartulina roja – Una tijera – Una piedra negra – Un recipiente metálico – Un carboncillo – Un cuenco con agua – Un lápiz

El ritual deberá ser efectuado en sábado, día correspondiente al dios Saturno, por la noche y después de haber tomado un baño purificador.

Si no se consigue el carboncillo para quemar el romero, puede utilizarse un poco de alcohol.

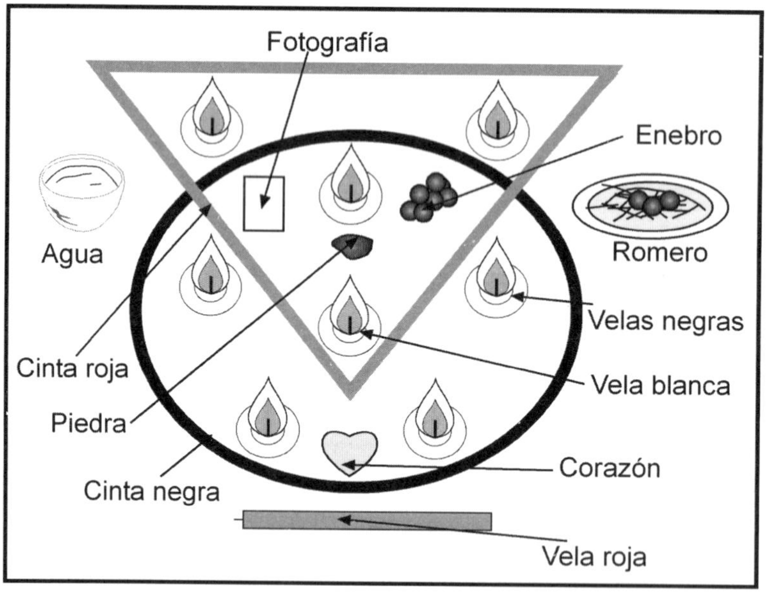

Ritual

- Disponer las cinco velas negras, rodearlas con la cinta negra como se indica en el dibujo y encenderlas.
- Colocar las velas blancas, rodearlas con la cinta roja formando un triángulo y encenderlas.

- Poner en el altar la foto (o fotocopia) de la persona amada, boca abajo.
- Colocar la piedra, y siete de las bayas de enebro dentro del triángulo, como se muestra en el dibujo.
- Recortar un corazón de cartulina roja.
- Colocar la vela roja y el recipiente con el romero. Dentro de este plato, también deberán ponerse tres bayas de enebro.
- Concentrarse en la persona amada y ver, mentalmente, cómo se aleja.
- Encender el romero. Si no arde fácilmente, echarle unas gotas de alcohol. Junto con el romero, deberán quemarse las tres bayas de enebro.
- Quemar la foto (o fotocopia) en la vela negra que está a su derecha en el dibujo.
- Quemar en la misma vela el corazón, al tiempo que se va recitando la primera oración.
- Coger esa vela, la que se ha utilizado para quemar la foto y el corazón, y apagarla sumergiéndola de cabeza en el cuenco con agua mientras se recita la segunda oración.
- Encender la vela roja y ponerla en el lugar que antes ocupara la vela negra.
- Guardar en el saquito las siete bayas de enebro que están dentro del triángulo, las cintas y la piedra negra.
- Apagar las velas blancas y negras y dejar sólo la roja, que se consuma.
- Llevar consigo el saquito con las bayas, las cintas y la piedra hasta que ya no se sienta dolor por el amor perdido.

Oración 1

Este amor se acabó.
Que los dioses me iluminen
y borren de mí toda su huella y todo dolor.
Que sólo quede un bonito recuerdo
como muestra de lo que puedo volver a vivir.

Oración 2

Así como el agua apaga esta vela,
que el poder de Saturno apague este amor
para que otro nuevo entre en mi vida.

El color negro corresponde a Saturno y representa la negación. El blanco, purifica y el rojo anuncia una nueva pasión.

RITUAL DE LA PATATA PARA OLVIDAR UN AMOR

Este ritual deberá hacerse si después de producirse una ruptura no se encuentra sosiego y se cree imposible poder vivir sin la persona amada.

OBJETOS NECESARIOS

Una patata mediana – Un cuchillo – Un incienso de pachuli – Un cabello del oficiante – Un tiesto con tierra – Un papel – Un lápiz

El ritual deberá ejecutarse en sábado por la noche y deberá prolongarse a lo largo de un mes.

Ritual

- Encender el incienso.
- Cortar una rodaja de la patata, sin pelar.
- Escribir el nombre de la persona en el papel y doblarlo de modo que ocupe el menor lugar posible.
- Pegar un pelo propio en la parte de la patata que no tenga cáscara.
- Hacer un hueco en la tierra del tiesto, echar ahí el papel y luego poner la patata, con la parte que tenga cáscara hacia abajo.
- Echar tierra encima, de modo que quede enterrada mientras se va recitando la oración.
- Regarla con un vaso de agua.
- Durante un mes como mínimo, regar el tiesto todos los días.

Oración

Que aquí queden mis recuerdos
y no vuelvan a molestarme más.
Por la gracia de Dios Padre,
Hijo y Espíritu Santo.
Amén.

La patata es una planta de Saturno, que es el que fomenta los finales. Al hacer este ritual debe tenerse la intención de olvidar realmente a la persona que se ha amado. El recuerdo afectuoso quedará siempre, pero atenuado y modificado, de manera que no cause dolor ni impida el encontrar otra relación.

RITUAL PARA DESPEDIRSE DE UN AMOR

Durante el sueño nuestra vida psíquica adquiere una gran importancia. Al no tener control consciente sobre ella, se generan procesos que, muchas veces, reparan trastornos y problemas que en la vigilia parecen irresolubles.

Como ejemplo se puede señalar que no son pocos los matemáticos y físicos que encontraron la solución a problemas que les tenían ocupados durante meses, en un sueño revelador.

Este ritual tiene por objeto despedirse, en sueños, de la persona que se ha amado. De este modo, se tomará distancia con la persona que se ha querido de manera que no impida seguir llevando una vida normal, plena y feliz.

OBJETOS NECESARIOS

Una cinta o cordón morado – Un cono o varilla de incienso de pachuli
Tres hojas de amapola – Una cucharadita de manzanilla – Una vela morada
Un saquito morado

La ceremonia deberá comenzarse un viernes por la noche.

Ritual

- Encender la vela morada.
- Atarse la cinta morada en la muñeca izquierda (no demasiado prieta) pensando en la persona que se ha amado.
- Guardar las tres hojas de amapola en el saquito, junto con la cucharada de manzanilla.

Por la noche, antes de entrar en la cama, encender el incienso y, una vez en ella, recitar la oración. Mentalizarse en que se hará en sueños una despedida, que eso dejará el alma en paz y que la vida proveerá otras cosas.

Oración

Me despido de (...)
me alejo de mi dolor.
Sé que Dios así lo quiere
porque viene un nuevo amor.

Todas las noches deberá encenderse el incienso y recitar la oración.

RITUAL PARA QUE LA ANTIGUA PAREJA OLVIDE

Saber que hay otra persona que sufre porque nuestro afecto no es suficiente o no tiene esa cualidad necesaria como para poder sustentar una pareja, es algo que provoca culpas, que provoca desasosiego.

En algunos casos, incluso, alguien con quien hemos roto una pareja puede tomar actitudes que rozan el acoso o volverse amenazador.

Este ritual es para que una persona con la que se ha estado en pareja, pueda olvidarnos, rehacer su vida y ser feliz.

OBJETOS NECESARIOS

Una foto de la persona a la que se quiere hacer olvidar – Una cartulina negra
Pegamento – Unas gotas de vinagre

La ceremonia deberá hacerse en sábado por la noche.

Ritual

- Recortar dos trozos de cartulina negra; han de ser un poco más grandes que la fotografía.
- Poner pegamento en todo el borde de uno de los trozos. Situar la fotografía en el medio y taparla con el otro trozo.
- Mojar el pulgar en vinagre y hacer tres cruces con él en el sobre que se ha confeccionado.
- Poner el sobre en el congelador, hasta que la persona tome definitivamente distancia.

Oración

Sólo puedo darte dolor.
Que Saturno te ilumine
y te haga encontrar tu propio camino.
Que Neptuno apague tu pasión por mí
y te ayude a encontrar la paz.

RITUAL PARA FACILITAR UNA RUPTURA

Vivir la experiencia de ser rechazado por la persona que se ama es algo doloroso y difícil de asimilar, pero la necesidad de poner fin a una relación porque el amor se ha acabado, porque no se está cómodo o porque se ha conocido a otra persona a la que se considera como posible pareja ideal, no es más fácil.

Cuando alguien deja de amar y quiere romper una relación, por lo general no sabe cómo transmitir esa noticia de forma que no haga daño o que, si lo hace, sea en la menor medida posible.

En la mayoría de los casos, se espera encontrar el momento propicio, se busca la oportunidad de hablar y ésta parece no llegar nunca. Mientras esto ocurre, el otro miembro de la pareja comienza a percibir que las cosas están mal y casi siempre se imagina lo peor.

Ante ello, muchos optan por enfrentarse a la realidad y preguntan qué es lo que ocurre, facilitando de esta manera la propuesta de ruptura, pero otros prefieren callar, actuar como si no pasara nada al tiempo que se hacen los más firmes propósitos de enmienda con la esperanza de recuperar el amor del compañero.

Los preludios de la ruptura, por todo ello, suelen ser dolorosos y difíciles para ambos: para el que no quiere seguir en pareja y para el que no quiere que ésta se termine. Este ritual ayuda a que la ruptura se efectúe; da valor a quien tiene que llevar a cabo el corte y fortaleza a la persona rechazada.

OBJETOS NECESARIOS

Un trozo de cadena metálica, de 5 cm de longitud – Medio kilo de carne de membrillo – Un trozo de papel de plata – Una cinta negra de 50 cm de longitud
Una varilla o cono de incienso de almizcle

La ceremonia deberá efectuarse en sábado, día consagrado a Saturno. Es conveniente que la cadena sea lo más delgada posible. Se puede conseguir en ferreterías.

Ritual

- Encender el incienso.
- Poner la cadena cerca del incienso de manera que le llegue su humo recitando, al mismo tiempo, la oración.
- Enterrar la cadena en la carne de membrillo.
- Envolver la carne de membrillo con el papel de plata y atarlo con la cinta negra.
- Enterrar el paquete al aire libre y, si esto no fuera posible, ponerlo en una maceta y cubrirlo con tierra.

Oración

Que el vínculo que me ata a (nombre de la pareja)
sea disuelto suave y dulcemente.
Le deseo toda la felicidad
pero pido a Saturno que le aparte de mí.

RITUAL DE LA MANZANILLA PARA QUEDAR COMO AMIGOS

Esta ceremonia es adecuada para lograr una ruptura amable; para evitar discusiones, recriminaciones y rencores.

No podrá realizarla una tercera persona, sino sólo uno de los integrantes de la pareja, en sábado y después de la caída del sol.

OBJETOS NECESARIOS

Un litro de agua mineral – Una cucharada de manzanilla – Una cucharadita de romero – Una cucharada de miel – Siete gotas de vinagre

Ritual

- Poner a hervir el agua mineral.
- Cuando rompa el hervor, agregar la manzanilla y bajar el fuego.

- Después de un minuto, apagar el fuego.
- Agregar el romero, la cucharada de miel y las siete gotas de vinagre.
- Revolver bien la mezcla recitando la oración.
- Cuando sea el momento de encontrarse con la persona que se quiera romper, empaparse las manos con la pócima y, con el pulgar humedecido, trazarse una cruz detrás de cada oreja, una en cada sien y otra en la nuca.

Oración

Que las cinco potencias
concedan mi deseo.
Mi corazón quede abierto a la amistad
y que el amor sea un buen recuerdo.

RITUAL A YEMANJÁ PARA OLVIDAR UN FRACASO MATRIMONIAL

La disolución del vínculo matrimonial es, casi siempre, el punto final a un largo período de discusiones, desamor, decepciones, frustraciones y dolor. Por esta razón, a muchos les cuesta recuperarse de un fracaso matrimonial y descartan toda posibilidad de tener una nueva relación. Este ritual sirve para olvidar los malos momentos vividos, para alejar recuerdos que han terminado por convertirse en bloqueos.

OBJETOS NECESARIOS

Una foto (o fotocopia) del ex cónyuge – Un trozo de papel viejo (de periódico, de una revista, etc.) – Tres o cuatro tazas de arena, muy seca – Un frasco de alcohol Un plato sopero blanco, nuevo – Un frasco de agua de colonia

Para que la arena esté bien seca, conviene dejarla durante dos o tres días al sol, guardándola cuando caiga la noche. Es mejor utilizar una fotocopia en lugar de la fotografía; ésta debe ser lo más pequeña posible.

Ritual

- Envolver bien la foto dentro del papel viejo.
- Poner el paquete sobre el plato, en el centro.

- Cubrirlo totalmente de arena, haciendo que ésta quede como una montaña, con el pico en el centro.
- Echar sobre la arena un poco de alcohol.
- Acercar una cerilla a la arena. Conviene hacer esta operación en un lugar al aire libre o, si esto no fuera posible, poner el plato dentro de una pila grande para eliminar el peligro de que el parqué o cualquier otro objeto puedan arder.
- Cuando la arena se apague por sí misma, dejar enfriar el plato y luego meterlo en una bolsa.
- Arrojar el plato en el mar, o en un río, pidiéndole a Yemanjá que ayude a olvidar el fracaso y permita la entrada de otro amor.
- Enterrar el plato cerca del lugar.
- Al día siguiente, llevar un frasco de colonia y vaciar su contenido en el río o en el mar, en el lugar donde se haya arrojado la arena y la foto.

Rituales de boda

Comprometerse ante la pareja y ante la sociedad a través de la celebración del matrimonio es algo que asusta a muchos ya que, a pesar de la existencia de leyes de divorcio, se vive como un paso irreversible. Por lo general, uno de los miembros de la pareja suele estar más decidido a darlo que el otro y no son pocas las discusiones y conflictos que acarrea este tema no sólo en el seno de la pareja, sino también dentro de las respectivas familias.

En este capítulo se ofrecen algunos rituales apropiados para acelerar una boda así como otros destinados a celebrar el aniversario de ese acontecimiento, para pedir que el vínculo se mantenga.

Ritual de la naranja para acelerar una boda

Esta ceremonia podrá realizarla uno de los miembros de la pareja siempre y cuando haya una relación formal entre ambos. No deberá hacerse pensando en una persona con la cual aún no se ha comenzado una relación sentimental.

Objetos necesarios

Dos arandelas que quepan en el dedo anular – Dos cintas blancas; una de 10 cm de longitud y otra de 50 cm – Una naranja – Una vela blanca – Un cuchillo

La ceremonia deberá ser ejecutada en viernes.

Ritual

- Atar las dos arandelas con la cinta blanca más corta.
- Cortar una rebanada de la parte superior de la naranja de manera que luego pueda utilizarse como tapa.

- Hincar el pulgar en la pulpa del fruto y, en el agujero que quede, enterrar las dos arandelas atadas con la cinta.
- Tapar la naranja con la rebanada que se le ha quitado previamente.
- Atar la naranja para que no se separe la tapa.
- Enterrarla al aire libre o en una maceta.

RITUAL DE VELAS PARA DECIDIR UNA BODA

Tiene por objeto convencer al otro miembro de la pareja para que acepte casarse. Deberá ser efectuado en viernes y a las doce de la noche.

OBJETOS NECESARIOS

Una vela blanca, una azul claro y otra rosa – Una cinta blanca de 50 cm de longitud – Una cucharada de azúcar moreno – Un incienso de sándalo – Una vaina de vainilla – Un trozo de papel de plata

Ritual

- Juntar las tres velas, poniendo en el centro la vaina de vainilla (ver dibujo).
- Rodearlas con la cinta blanca, dándole a ésta todas las vueltas posibles y luego hacerle siete nudos.
- Poner las velas, juntas, sobre el papel de plata y encenderlas.
- Echar en cada una de las velas, una pizca de azúcar moreno.
- Recitar la oración.

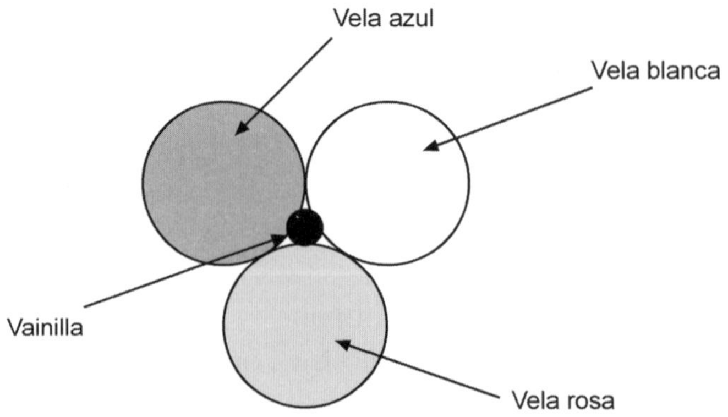

- Dejar que las tres velas se consuman y luego hacer con lo que ha quedado un paquete que deberá ser enterrado o dejado en un cruce de caminos.

Oración

Que la persona que amo,
(nombre de la persona amada),
pierda el miedo
y acepte formalizar la relación.
Por la gracia de san Antonio.
Amén.

RITUAL PARA CONTRAER MATRIMONIO DESPUÉS DE LOS 40 AÑOS

En Brasil, lugar de donde proviene este ritual, también se venera a san Antonio como patrón de los casamientos.

El rito deberá celebrase durante siete domingos seguidos.

OBJETOS NECESARIOS

Siete velas blancas cada domingo (hacen un total de cuarenta y nueve)

Ritual

- Cada uno de los siete domingos, a las siete de la mañana, asistir a misa en una iglesia que tenga, al menos, una imagen de san Antonio. Si fuera una iglesia dedicada a él, mejor.
- Al final de la misa, a la que mentalmente se dedicará a la Virgen María, se encenderán siete velas a los pies de la imagen de san Antonio pidiéndole el deseo de contraer matrimonio.

RITUAL PARA QUE LA PAREJA SE DECIDA A CASARSE

Podrá hacer este rito uno de los miembros de la relación.

OBJETOS NECESARIOS

Una cinta roja de 50 cm de largo – Una llave vieja – Una vela roja
Un trozo de papel de plata

Este rito deberá comenzarse en viernes por la mañana.

Ritual

- Al levantarse, atarse la cinta roja en el tobillo izquierdo. Llevarla ahí durante todo el día.
- Por la noche, una vez que el sol se haya puesto o antes de irse a dormir, hay que desatarse la cinta y ponerla sobre el papel de plata.
- Colocar al lado de la cinta la vela roja y, junto a éstas, la llave vieja.
- Encender la vela.
- Pedir a san Antonio el deseo de que la pareja acepte o proponga casarse en el menor tiempo posible.
- Cuando la vela se haya consumido, guardar los elementos en un lugar donde nadie los toque.
- Una vez que se fije la fecha de la boda, atar la cinta roja en la llave y tirar ésta, junto con los restos de la cera, en un lugar donde haya agua en movimiento (el mar, un río). Si esto no fuera posible, dejar ambas cosas en un cruce de caminos o de calles. En este caso no se podrá volver a pasar por ese lugar en el resto del día.

El uso de las llaves en los trabajos de magia se remonta muchos años, concretamente a la Edad Media en la que los magos usaban las llaves de las puertas de los jóvenes para hacer filtros amorosos.

Una vieja historia cuenta que una princesa pidió al bufón de la corte que robara la llave del capitán de la guardia, de la que estaba perdidamente enamorada, a fin de dársela a una bruja para que hiciera un hechizo de amor que le arrojara en sus brazos.

El bufón, lejos de hacer lo que la princesa le pidiera, le entregó la llave de su propia habitación.

Ésta se la dio al mago de la corte que hizo dos filtros amorosos: uno con la llave de la muchacha y otro con la del bufón.

El resultado de la operación fue que la princesa se enamoró perdidamente del bufón y éste de la princesa.

RITUAL DE SAN ALEJO PARA SUPERAR LOS OBSTÁCULOS A UNA BODA

Esta ceremonia deberá ser realizada si los dos miembros de la pareja están dispuestos a casarse. Mejor si tienen ya fijada la fecha para la boda.

Es especialmente útil para aquellos casos en que la familia se opone, cuando no es posible casarse por falta de trabajo o cuando cualquier problema se interponga al casamiento.

OBJETOS NECESARIOS

Cinco granos de avena – Un trozo de tul azul – Una cinta rosa – Una imagen de san Alejo – Cinco nueces – Cinco almendras – Cinco avellanas – Un cuenco

Ritual

- Poner los cinco trozos de avena en el tul y hacer con ello un paquete.
- Atar el paquete con la cinta rosa.
- Poner el envoltorio junto a una imagen o estampa de san Alejo.
- Colocar junto a la imagen o estampa del santo, el cuenco con las avellanas, las nueces y las almendras.
- Recitar el conjuro.

Oración

Por los cinco años de martirio
cinco años de reparación.
San Alejo, que el día que hemos elegido para casarnos
no se vea obstaculizado por nada ni por nadie.
Que (nombre de la pareja) y yo
quedemos unidos el (mencionar día de la boda)
en santo matrimonio.
Amén.

Hasta que llegue el momento de la boda, los días 17 de cada mes encender una vela junto a la estampa del santo y recitar la oración. Dejar allí el cuenco con los frutos secos.

San Alejo era hijo de un senador romano. Su padre decidió que él debía casarse con una muchacha a la cual no quería, pero el joven se escapó de su casa y dedicó su vida a dios.

RITUAL PARA ACELERAR LA FECHA DE LA BODA

Podrán efectuar este rito las personas que estén en pareja. Se realizará en viernes, día dedicado a Venus.

OBJETOS NECESARIOS

Siete granos de arroz que se hayan recogido en una boda – Una vela blanca
Un saquito de tela azul – Un trozo de una corbata (propia si el oficiante es hombre, o de su novio si es mujer) – Un trozo de una prenda femenina (propia si el oficiante es mujer, o de su novia si es hombre)

El trozo de la corbata puede ser la etiqueta de la misma. En cuanto a la prenda femenina, puede ser una cinta para el pelo; lo importante es que sea de tela.

Ritual

- Encender la vela.
- Poner en el saquito el trozo de corbata y el trozo de la prenda femenina.
- Agregar al saquito los siete granos de arroz, que deberán haber sido recogidos en una boda, cuando los novios salían de la iglesia.
- Rezar la oración.
- Guardar el saquito consigo hasta el día de la boda. Una vez celebrada ésta, deberá ser enterrado.

Oración

Glorioso san Antonio,
sé que me escuchas,
que harás lo necesario
para que mi boda se celebre.
Recibe mi humilde ofrenda
e intercede por nosotros.

Rituales sobre el trabajo

Las posibilidades de conseguir un trabajo agradable que no sólo permita sobrevivir sino también sentirse realizado, en gran medida depende de la capacidad que tenga una persona de explotar sus talentos, de las habilidades sociales que haya desarrollado y de lo afinada que tenga su percepción a la hora de detectar las oportunidades.

Aunque muchos crean que el factor suerte es el que desencadena el éxito laboral, no es así; hay personas que dedican parte de su vida a una actividad profesional con éxito hasta que un día se cansan de ella y empiezan otra. Lejos de irles mal, vuelven a destacar en el nuevo medio logrando conseguir posiciones más importantes que otros que han pasado en él la mitad de su vida. La razón es que su éxito se basa en su forma de ser y de ver el mundo, de relacionarse con los demás.

Los trabajos de magia, como se ha explicado a lo largo de este libro, no determinan que cambie el entorno pero sí que haya una transformación en el interior del oficiante de modo que pueda cumplir sus deseos utilizando sus propias habilidades.

El entorno laboral

La capacidad de trabajar de forma responsable y esforzada son cualidades básicas para conservar un empleo, sin embargo son insuficientes para lograr ascender en una empresa; como ha quedado claro, sobre todo a partir de los estudios realizados en los últimos años, además de esas virtudes se necesitan otros talentos que son los que permitirán acceder a puestos cada vez más importantes y de mayor responsabilidad.

Por muy eficaz que sea una persona en su puesto, pocas posibilidades de promoción tendrá si no cultiva otros talentos psicológicos:

- Capacidad para ganarse el respeto y simpatía de superiores e iguales.
- Habilidad para comunicarse con los demás.

- Buena disposición para realizar trabajos en equipo.
- Mostrar una actitud siempre justa y solidaria.
- Mantener el adecuado equilibrio emocional.

Estas cualidades a menudo son olvidadas por una excesiva obsesión por la productividad y, en algunos casos, hay quienes ni siquiera se han dado cuenta de lo importantes que son. A veces tiene más peso el dejar pasar ofensas que el entrar en polémica y, sin duda, está mejor considerado el que una persona sea capaz de levantar la cabeza de los papeles dedicando una sonrisa o palabra de aliento a sus compañeros que el hecho de trabajar incansablemente sin enterarse de a quiénes tiene a su alrededor. Como se ha dicho en múltiples ocasiones, la magia no produce una transformación directa del entorno o de la forma de pensar de los demás, sino del propio oficiante, y es éste, con sus cambios internos, quien propicia las modificaciones en las personas u objetos.

En este capítulo se ofrecen diferentes rituales para mejorar las relaciones laborales o para conseguir trabajo, en caso de estar en paro. Quien los ejecute deberá estar abierto a los cambios que se produzcan en su interior y será conveniente que haga un claro y sincero examen de conciencia para encontrar qué es lo que le impide el triunfo. Al respecto, es necesario aclarar que generalmente se tiende a echar la culpa al medio cuando, en realidad, sólo cada uno es el responsable de su propio destino.

RITUAL DE VELAS PARA CONSEGUIR TRABAJO

La ceremonia se debe realizar tres días por semana: miércoles, día dedicado a Mercurio, jueves, dedicado a Júpiter, y sábado, dedicado a Saturno. Estos tres dioses tienen, como atribuciones, el trabajo, el éxito social y la sabiduría. Con este ritual, la persona que lo lleve a cabo tendrá en su mano la posibilidad de aumentar al máximo sus capacidades de modo que pueda, con ellas, convencer y entusiasmar a quien le haga una entrevista de trabajo.

OBJETOS NECESARIOS

Una vela azul – Una vela negra – Una vela púrpura – Una herramienta o elemento que simbolice el tipo de trabajo que se quiere desempeñar – Una vara o cono de incienso de pino

Ritual

- Comenzar en miércoles. Poner las tres velas formando un triángulo, tal como se muestra en el dibujo y, en el centro, el objeto que simbolice el trabajo que se quiera desempeñar.
- Colocar el incienso entre las velas azul y negra y encenderlo.
- Encender la vela azul, la púrpura y la negra.
- Recitar la oración.
- Al día siguiente, jueves, disponer las velas, el objeto simbólico y el incienso. Encender éste y luego las velas, pero esta vez, empezando por la púrpura, luego la negra y finalmente la azul. Repetir la oración.
- El sábado, repetir el ritual pero encendiendo las velas en el siguiente orden: negra, azul y púrpura. Repetir la oración.

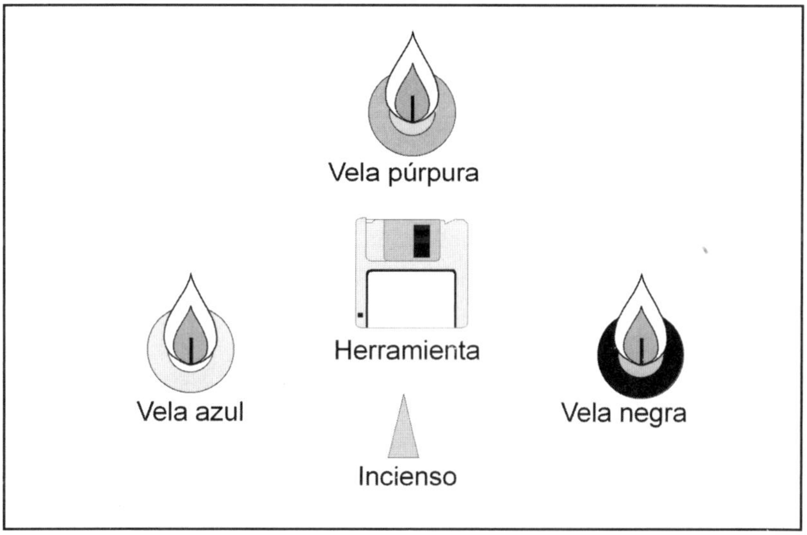

Como ejemplos de objetos simbólicos del trabajo que se quiera conseguir, se pueden citar: papel o lápiz, si se quiere conseguir empleo en una oficina, un trozo de plomo para fontanería, una tiza para magisterio, un disquete para informática, etc. Si no se tiene muy claro en qué se quiere trabajar, se pueden poner hasta tres objetos representativos. A la hora de tener una entrevista para conseguir empleo, el poder de este ritual aumentará si se lleva consigo el objeto simbólico que se ha utilizado (en el ejemplo utilizado en el dibujo, un disquete).

No debe temerse que las cosas no resulten: cuanto más confianza se tenga en los efectos del ritual y en uno mismo, más posibilidades habrá de conseguir lo solicitado. Como se ha dicho muchas veces a lo largo de este libro, la fe es un ingrediente esencial para que la magia surta efecto.

Si el puesto que se ofrece no fuera exactamente lo que se ha pedido, repetir el ritual o hacer cualquiera de los que se proponen a continuación, pero no rechazar el trabajo conseguido; más bien, aceptarlo como algo temporal y, posteriormente, cuando salga otro más conveniente, dejarlo.

Oración

Confío en los poderes del cielo y de la tierra.
Todo estará de mi parte.
El trabajo vendrá a mí
porque lo estoy esperando.

RITUAL DEL LAUREL PARA CONSEGUIR TRABAJO

Con este trabajo de magia se resolverá la situación laboral de todas las personas que convivan en una misma casa (si hay menores, éstos se verán favorecidos en los estudios).

OBJETOS NECESARIOS

Un ramo de laurel (o un paquete de hojas de esta planta) – Un cuadrado de tela púrpura de 50 x 50 cm aproximadamente – Una vela púrpura y una azul
Una varilla o cono de incienso de vainilla – Un trozo de madera
Un carrete de hilo de coser – Cuatro chinchetas – Un lápiz

El ritual deberá hacerse en miércoles. Si no se consigue un trozo de madera, puede servir, por ejemplo, la mitad de una pinza para colgar la ropa de madera.

Ritual

- Trazar un círculo grande la tela.
- Coger dos hojas de laurel y unirlas con el hilo por el cabito.

- Coser con unas puntadas el par de hojas a la tela en algún lugar del círculo.
- Repetir la operación hasta que el círculo esté completo.
- Poner el paño sobre la mesa y disponer las velas, el incienso y el trozo de madera como se muestra en el dibujo.
- Encender, en este orden, el incienso, la vela púrpura y la vela azul.
- Recitar la oración.
- Quitar las velas y el incienso de arriba del paño y dejar que se consuman sobre alguna otra superficie.
- Colgar el paño detrás de la puerta de entrada (o del dormitorio de la persona que necesite encontrar trabajo).
- El trozo de madera deberá llevarse consigo. Por la noche, colocarlo debajo de la almohada o del colchón.

Una vez que se consiga el propósito de este ritual, enterrar el paño junto con el laurel y el trozo de madera.

Oración

El Señor dijo:
«ganarás el pan con el sudor de tu frente»
y nada hay que yo más quiera
que cumplir con su precepto.
A san José Obrero pido
que se cumpla mi deseo.

Ritual del los garbanzos para cambiar de trabajo

Esta ceremonia mágica es apropiada para que la realice cualquier persona que, aun teniendo empleo, desee conseguir uno mejor.

Se podrá comenzar este ritual en cualquier día del año y la preparación inicial se hará por la noche.

Objetos necesarios

Dos vasos, uno lleno hasta sus tres cuartas partes de garbanzos – Una estampa de san Isidro Labrador – Una cucharada de alpiste

Ritual

- Poner en el vaso vacío la cucharada de alpiste.
- Agregar los garbanzos.
- Dejar ambos recipientes, uno al lado del otro, en un lugar donde nadie los vaya a tocar.
- Todos los días, antes de salir para el trabajo, quitar uno de los garbanzos del vaso que contiene el alpiste y ponerlo en el otro vaso mientras se recita la oración.
- Una vez que se cambie de trabajo, dejar todos los garbanzos y el alpiste en un parque o en cualquier lugar donde haya pájaros.

Oración

Bondadoso san Isidro,
consígueme otro trabajo.
Si lo logras, lo prometo,
yo a tus aves alimento.

Entre los muchos milagros de san Isidro Labrador, se cuenta que cierto día de invierno iba con un saco de granos dispuesto a cumplir con su trabajo cuando vio una bandada de pájaros que, ateridos en sus ramas, piaban tristemente porque no tenían alimento. El santo se apiadó de ellos y, sin pensarlo dos veces, les echó la mitad de las semillas que llevaba para dejar en los surcos sin pensar siquiera que eso podría despertar la ira de su amo. Su compañero se burló de él, pero san Isidro no le hizo caso.

Al llegar al lugar donde debía hacerse la siembra, ambos comprobaron con sorpresa que la bolsa de san Isidro estaba nuevamente llena. Se sabe que las semillas que plantó ese buen hombre ese día, duplicaron la cosecha.

RITUAL PARA EVITAR LAS ENVIDIAS EN EL TRABAJO

El entorno laboral es, a menudo, muy competitivo y en él se generan no pocas envidias. Estos sentimientos deterioran no sólo a quienes los padecen, sino también a la persona que es blanco de ellos.

Este es un ritual de protección para preservarse de los efectos de estas emociones negativas en caso de que se sospeche que las pueda padecer algún compañero. Conviene llevarlo a cabo cuando se observe que las cosas en el trabajo no van todo lo bien que debieran.

Si se tiene constancia de quién es el envidioso, no estará de más tomar otro tipo de precauciones: no comentar proyectos y planes con él, alabarle siempre su trabajo, hacer que se sienta lo mejor posible consigo mismo y pedirle ayuda pero no ofrecérsela (las personas envidiosas suelen ser, a la vez, muy orgullosas y se molestan cuando tienen que admitir que necesitan de los demás o si perciben que otros pueden hacer mejor las cosas que ellas).

OBJETOS NECESARIOS

Un frasco pequeño, de boca ancha – Una nuez moscada – Una cucharada de miel
Un trozo de canela en rama – Un trozo de vainilla – Una vela negra y cuatro velas blancas – Un espejo pequeño – Un incienso de sándalo – Cinco cordones o cintas blancas del mismo largo (unos 65 cm) – Dos trozos de papel
Un lápiz o bolígrafo

Ritual

- Utilizando las cinco cintas o cordones, trazar una estrella de cinco puntas como la que se muestra en el dibujo.
- Disponer las velas en los lugares correspondientes: entre las dos puntas inferiores, la vela negra, y en los espacios restantes, las blancas.

- Colocar en el centro de la estrella el espejo y, sobre éste, el frasco vacío.
- Disponer la nuez moscada, la canela y la vainilla tal y como se indica en el dibujo.
- En las dos puntas inferiores, colocar dos papeles donde se haya escrito las palabras «Resentimiento», a la izquierda, y «Envidia» a la derecha. La cucharada de miel no queda incluida en este altar; debe ser situada aparte.

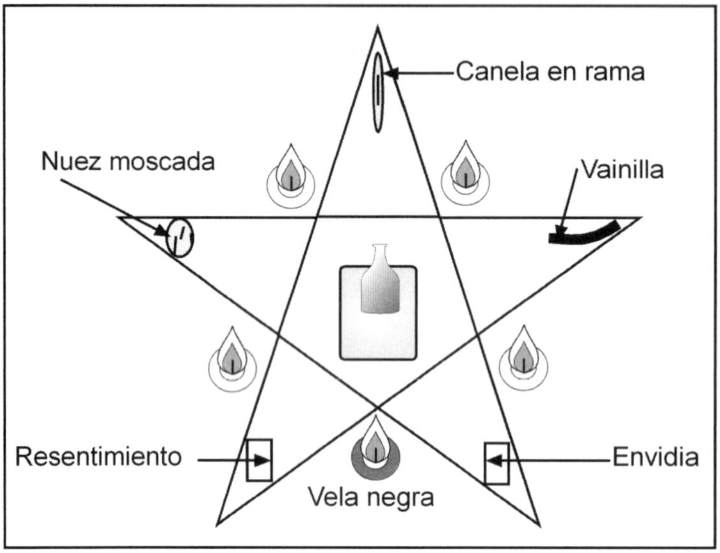

- Encender las velas; primero las cuatro blancas y, por último, la negra.
- Encender el cono o vara de incienso.
- A partir de este momento, si se conoce a la persona que está siendo envidiosa, pensar en ella hasta el final del ritual, no con sentimientos hostiles, sino auténtica piedad por el sufrimiento que experimenta el otro.
- A continuación, recitar la primera oración echando los ingredientes que en ella se indiquen.
- Quemar en la vela negra el papel que dice «Resentimiento», diciendo la primera frase de la segunda oración.
- Quemar en la vela negra el papel que dice «Envidia», diciendo la segunda frase de la segunda oración.
- Tapar el frasco, atar las cinco cintas con un solo nudo en su parte media (como si fuera una sola).

- Llevar consigo, al trabajo, el frasco y las cintas (se pueden dejar en un cajón del escritorio).

Oración 1

(Echando la cucharada de miel)
Que el poder del Aire dulcifique tu carácter.
(Echando la vainilla)
Que el poder del Agua te dé amor.
(Echando la canela)
Que el poder del Fuego te dé alegría.
(Echando la nuez moscada)
Que el poder de la Tierra te dé confianza.

Oración 2

Por la fuerza de los cuatro elementos,
elimina el resentimiento.
Por mi deseo y mi voluntad,
que la felicidad cure tu envidia.

Cuando la situación mejore, se podrán dejar los elementos utilizados en el ritual en un lugar donde se crucen dos caminos o calles.

Una vez puestos ahí, alejarse del lugar sin volver la cabeza y sin pasar por el mismo sitio durante el resto del día.

RITUAL DEL ARCÁNGEL RAFAEL CONTRA LAS FALSEDADES Y CALUMNIAS

Los estudios efectuados en los últimos años sobre el fenómeno del acoso moral en el trabajo, llamado *mobbing*, han puesto de manifiesto que las calumnias, chismes y falsedades son, en los ambientes laborales, el pan de cada día.

Basta que alguien sienta peligrar su puesto de trabajo para que desate una auténtica campaña de intoxicación en contra del competidor más próximo y esas campañas, generalmente basadas en las calumnias, tienen generalmente consecuencias muy desagradables para la víctima. Este ritual sirve para prevenir estas situaciones y poder combatir cualquier amenaza contra la propia imagen.

OBJETOS NECESARIOS

Tres velas: una azul, una púrpura y una violeta – Una estampa de san Miguel Arcángel – Un plato hondo con agua – Una cucharada de sal

Ritual

- Encender las tres velas: la azul, la púrpura y la violeta.
- Poner el plato con agua sobre la imagen de san Miguel Arcángel.
- Echar la sal en el agua y removerla con el dedo índice.
- Quitar la estampa de debajo del plato, mojar el pulgar en el agua y, haciendo tres cruces en la estampa, recitar la oración.
- Tirar el resto del agua en un lugar donde corra en la pila, con el grifo abierto, y dejar la imagen de san Miguel en el lugar de trabajo.

Oración

San Miguel Arcángel,
defiéndeme en la batalla.
Ampárame contra la adversidad
y contra mis enemigos.
Príncipe de la Milicia Celestial,
calla las lenguas que quieren hacerme mal.
Amén.

Según estableció la Iglesia ortodoxa en el siglo III d. C., a los arcángeles se les había conferido el control de cada uno de los siete planetas, relacionados a su vez con los siete pecados capitales (en aquel tiempo aún no se habían descubierto Urano, Neptuno y Plutón y la Luna era considerada un planeta más, de ahí que los planetas fueran sólo siete).

El Arcángel san Miguel controla el planeta Mercurio que, en astrología, está vinculado con la palabra, la comunicación y también la falsedad y la calumnia; de ahí que en este antiguo ritual se apele a dicha entidad para que proteja de todo ataque dirigido a la propia imagen.

RITUAL PARA AUMENTAR LA PRODUCTIVIDAD FÍSICA

Hay momentos en que el trabajo se acumula o, por la razón que sea, se hace necesario un esfuerzo extra (por ejemplo en épocas de balance, antes de una convención, cuando se aproxima una feria, etc.). Es entonces cuando es recomendable ejecutar este ritual, a fin de conseguir las energías y el vigor necesarios para llegar a tiempo o superar el estrés.

OBJETOS NECESARIOS

Aceite activo (ver capítulo «Los aceites») – Una prenda exterior roja
Una vara o cono de incienso de canela – Un almanaque – Una vela roja
Una cinta o cordón rojo

Ritual

- Recortar del almanaque los días durante los cuales se tendrá que hacer el esfuerzo. Si no se sabe cuándo habrá de terminar, recortar 30 días.
- Encender la vela roja.
- Encender el incienso de canela.
- Pasar la cinta y la prenda que vayan a utilizarse sobre el incienso, de manera que se impregnen con el humo. Los hombres que no usen este tipo de vestimenta sí pueden utilizar calcetines o corbata burdeos o berenjena para realizar este rito ya que esos colores contienen grandes cantidades de rojo.
- Quemar el almanaque en la vela roja, recitando la oración.
- Atarse a la cintura la cinta roja, sobre la piel.
- En el lugar de trabajo deberá utilizarse la prenda preparada.
- Antes de salir de casa, diariamente, ponerse en las sienes y en las manos una gotita de aceite activo extendiéndolas bien.
- Cuando se sienta mucho cansancio, relajarse un instante, respirar hondo y repetir la oración.

Oración

Recibo energías de los cuatro elementos.
Las fuerzas están conmigo.
Puedo, puedo, puedo y llegaré.

La cinta deberá llevarse puesta hasta que el trabajo se normalice.

El rojo es un color adjudicado a Marte y éste, a la vez que representa agresividad, encarna también la fuerza y la actividad.

RITUAL PARA MEJORAR EL RENDIMIENTO INTELECTUAL

Este rito puede ser especialmente útil para los estudiantes en vísperas de examen o para toda persona que tenga que hacer un esfuerzo mental prolongado.

Es recomendable que quienes deban mostrar un altísimo rendimiento intelectual durante un período determinado, consuman azúcar, si es que no lo tienen prohibido por razones médicas, porque se sabe que el cerebro se alimenta de esta sustancia.

También deben tener en cuenta que la digestión de comidas copiosas hace que la sangre se concentre en el tracto digestivo con lo cual el cerebro se oxigena menos. Esta es la razón por la que después de comer aparece la somnolencia, la modorra. A la hora de mostrar el máximo rendimiento intelectual, es preferible hacer un almuerzo ligero y fácilmente digerible (evitando las carnes y otros alimentos que exigen una digestión más laboriosa); de este modo se estará en mejores condiciones para el reto.

OBJETOS NECESARIOS

Una vela azul, una vela violeta y una vela roja – Una cucharada de romero
Un incienso de sándalo – Un trozo de tela azul de unos 10 x 10 cm – Quince o
veinte centímetros de alambre de cobre – Una aguja – Una hebra de hilo azul

Este ritual es preferible, aunque no indispensable, que se realice en miércoles.

Ritual

- Encender la vela roja, la azul y la violeta, en ese orden.
- Encender el incienso de sándalo.
- Echar en la vela violeta una pizca del romero.
- Poner el resto del romero en la tela azul y envolverlo, cosiéndolo para que no se salga su contenido.
- Juntar los extremos del alambre de cobre de modo que quede formado un aro que servirá de pulsera.
- Ponerse la pulsera en el brazo izquierdo y recitar la oración.

El paquete que se ha hecho con el romero y la tela azul, así como la pulsera de cobre, deberá llevarse consigo hasta que la situación se normalice. Cuando se sienta cansancio o ganas de abandonar el trabajo, oler el paquete de romero y recitar nuevamente la oración.

Oración

Que Mercurio me ilumine
y Marte me dé fuerzas.
Sé que puedo, que lo voy a conseguir.

Uno de los primeros metales que ha utilizado el hombre ha sido el cobre; no sólo para la construcción de herramientas y recipientes, sino también con fines curativos.

En las guerras, los soldados que iban al frente con armaduras de cobre se curaban más rápidamente de sus heridas, se infectaban menos y resistían mucho más la fatiga. Eso hizo que este mineral fuera alabado por sus propiedades para restablecer el organismo.

Muchos pueblos han utilizado pulseras de cobre no sólo por los beneficios que otorga este metal a la salud, sino también porque se aseguraba que traía suerte a su portador.

Los antiguos magos ya decían que las propiedades de este mineral regulan el metabolismo y hoy los científicos lo han comprobado y aceptado.

Esta regulación, incide directamente en el rendimiento de un sujeto frente a un esfuerzo prolongado, de ahí que se encuentren fórmulas mágicas que incluyan el cobre con este propósito.

Ritual para mejorar las relaciones con un superior

En los trabajos, muchas veces los empleados tienen que establecer trato con jefes inabordables, con personas cuya inseguridad o soberbia les vuelve déspotas, despiadadas y poco comprensivas.

Cuando se tiene que trabajar bajo las órdenes de alguien con estas características, es difícil mantener la calma y sentirse a gusto, de ahí que se hayan hecho rituales como este, destinados a poner remedio a esas situaciones.

Su objetivo primordial es inspirar al oficiante para que, cuando trate con su jefe, sepa en todo momento cuál es la mejor manera de dirigirse a él para evitar que se originen conflictos.

OBJETOS NECESARIOS

Siete púas de cactus (preferiblemente grandes) – Una naranja – Una tijera – Un trozo de tela color púrpura de unos 10 x 10 cm – Una vela púrpura y una vela celeste – Aguja e hilo

El ritual se podrá comenzar en cualquier momento, preferiblemente de noche, y se efectuará a lo largo de siete días.

Ritual

- Encender la vela púrpura y luego la celeste.
- Enterrar una de las púas de cactus en la naranja pensando en el jefe.
- Recitar la oración.
- Retirar la púa de la naranja y cortarle la punta.
- Envolver la púa en el trozo de tela.
- Apagar las velas, guardar el resto de las púas y la naranja.
- Al día siguiente, hay que realizar la misma operación, con otra púa y la misma naranja.
- Una vez que se le haya cortado la punta, deberemos envolverla junto con la del día anterior.
- Una vez reunidas las siete púas despuntadas, cerrar el trozo de tela con una costura para que no se pierdan.

El paquete así confeccionado, deberá dejarse en el lugar de trabajo, siempre bien escondido.

Oración

Prueba lo dulce,
escupe lo amargo.
Que tu alma cure
a San Blas le encargo.

San Blas, obispo de la ciudad armenia de Sebaste, era un médico que hacía grandes milagros.

Se cuenta que durante un tiempo que pasó viviendo en una cueva, no sólo acostumbraba a ir a la ciudad para curar a los fieles que solicitaban sus servicios, arriesgándose a ser perseguido, sino que también solía curar a los animales y bestias, muchas de ellas salvajes e inabordables, que según esta historia, jamás le hicieron el menor daño.

RITUAL PARA AUMENTAR EL TRABAJO EN TIEMPO DE CRISIS

En las épocas de recesión el trabajo decae y eso incide negativamente en la economía general de un país; sube el índice de paro, las empresas reducen su personal y, algunas, incluso, se ven obligadas a cerrar.

Este ritual tiene por objeto servir de protección en las épocas en las que el trabajo decae, hay una menor clientela en el negocio o se presentan amenazas de cierre o de despido.

También es apropiado para momentos en los cuales, por haberse hecho un gasto importante (como por ejemplo la compra de una casa), se haga necesario aumentar los ingresos.

No es apropiado para una simple mejora; sólo deberá realizarse ante una emergencia económica.

Deberá comenzarse un domingo por la noche o en la madrugada del lunes, antes de la salida del sol.

OBJETOS NECESARIOS

Seis cintas de igual longitud y seis velas de los siguientes colores: amarillo, púrpura, verde, naranja, rojo y azul – Seis hojas o flores de madreselva
Seis monedas del mismo valor y de curso legal – Tres nueces enteras
Una vela blanca – Un cuchillo – Un paño de color púrpura
Una vara o cono de incienso de canela

Preparación de la mesa del ritual

Antes de comenzar la ceremonia propiamente dicha, deberá prepararse la mesa del ritual o altar, siguiendo las indicaciones del siguiente esquema.

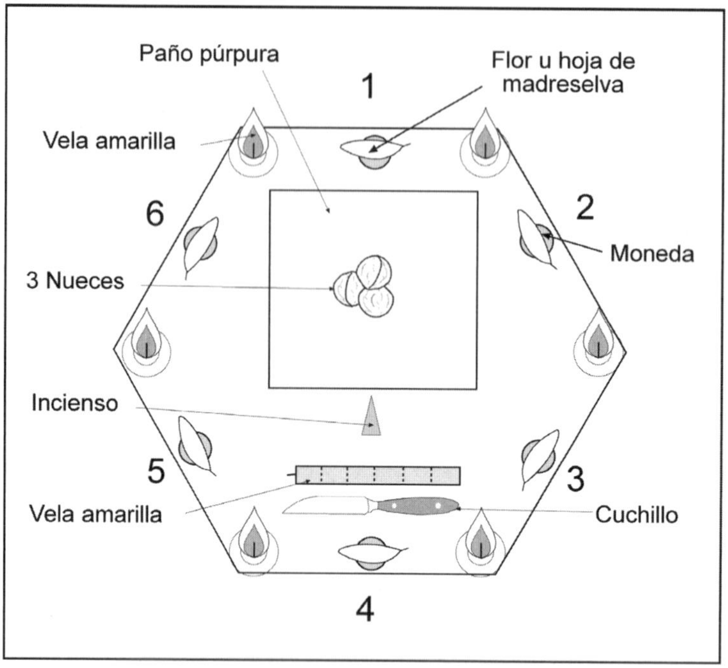

- Trazar con las cintas (que deben tener todas la misma longitud), el hexágono. Los colores están indicados por los números del 1 al 6:
    1. Cinta amarilla.
    2. Cinta naranja.
    3. Cinta roja.
    4. Cinta púrpura.
    5. Cinta azul.
    6. Cinta verde.
- Colocar la vela amarilla que está junto a la cinta del mismo color (ver dibujo) y luego, las restantes, siguiendo el sentido de las agujas del reloj: naranja, roja, púrpura, azul y verde.
- En el centro, colocar el paño púrpura y dentro poner las tres nueces.
- Delante de cada una de las cintas, poner una moneda y, sobre ésta, una hoja o flor de madreselva.
- Colocar el incienso, la vela blanca y el cuchillo.

Una vez que se ha preparado la mesa, hay que relajarse, concentrarse y comenzar la ceremonia.

Ritual

- Primeramente, encender todas las velas que están en los vértices del hexágono, comenzando por la vela amarilla y siguiendo el sentido de las agujas del reloj.
- Encender el cono o varilla de incienso.
- Tomando la moneda y la hoja o flor de madreselva que está junto a la cinta amarilla, pasarla por el humo del incienso para que se impregne de éste y recitar la primera oración.
- Echar la moneda y la hoja o la madreselva dentro del paño púrpura, junto a las nueces.
- Siguiendo siempre el sentido de las agujas del reloj, este es un detalle muy importante, hacer lo mismo con el resto de las monedas y la hoja o la madreselva, una a una.
- Con el cuchillo, dividir la vela amarilla que está a su lado en seis partes aproximadamente iguales. No es necesario separarlas, bastará con que queden lo suficientemente marcadas, a la vez que se va recitando la segunda oración.
- Apagar las velas y recoger las cintas.
- Atar fuertemente las cuatro puntas del paño con las seis cintas, de modo que quede formado un paquete.
- Encender la vela blanca y recitar la tercera oración.
- Esta vela deberá quemarse sólo hasta la primera marca.

En los cinco días siguientes, por la mañana y antes de salir de casa, deberá encenderse la vela junto al paquete mientras se recita la tercera oración. Se dejará quemar sólo hasta la marca siguiente.

Este paquete se podrá guardar en la casa o en el lugar de trabajo y el rito no se deberá repetir hasta que no haya pasado un año. Cuando se cumpla esta fecha, se podrá enterrar el paquete.

Oración 1

Por el fuego y por el aire
propaga mi ruego.
Nada pido que no merezca;
tan solo trabajo honrado.

Oración 2

Seis días trabajó el Señor
y el séptimo descansó.
Yo te pido mis seis días de trabajo
y el domingo descansaré en tu honor.

Oración 3

Así como esta vela da luz y calor,
que mi trabajo dé sus frutos.
A san Pancracio le pido
que por mí interceda ante el Señor.
Amén.

Los colores de las cintas aluden a diferentes cualidades o aspectos de la vida (dinero, afectos, salud, etc.). La madreselva es una planta directamente relacionada con la prosperidad, al igual que las nueces. Estas últimas también se relacionan con reservas o fuerzas que se guardan para los momentos más críticos. La canela es un potente armonizador y las monedas se vinculan claramente con los aspectos económicos del trabajo y de la situación general.

RITUAL PARA CONSEGUIR MÁS CLIENTES

Esta ceremonia podrá ser efectuada por personas que tengan negocio propio o por aquellas que, trabajando para otra empresa, consigan comisión por cada cliente al que le vendan los productos. Deberá iniciarse en miércoles, día dedicado a Mercurio, que es la deidad que se relaciona con el comercio y las transacciones en general. Conviene empezarlo por la noche.

OBJETOS NECESARIOS

Un puñado de escaramujo (puede ser reemplazado por tres bolsitas de este té)
Una vela amarilla – Una botella – Medio litro de alcohol – Una estampa de san Jorge – Un cordón amarillo

Ritual

- Poner los escaramujos o el contenido de las bolsitas dentro de la botella.
- Agregarle el medio litro de alcohol y agitar bien.
- Rodear el cuello de la botella con el cordón o cinta amarilla dándole varias vueltas y atándolo finalmente con siete nudos.
- Poner delante de la botella la estampa de san Jorge.
- Encender la vela amarilla y rezar la oración.

Todos los días, si se tiene negocio propio o si se trabaja en un lugar fijo, salpicar unas gotas de este preparado en todos los rincones del local recitando nuevamente la oración.

Si el trabajo es en la calle o yendo de puerta a puerta, salpicar el maletín o alguna de las herramientas que se utilicen.

Oración

Poderoso san Jorge,
tú que venciste al dragón
y que saliste victorioso de mil batallas,
haz que yo salga airoso de la mía,
que mi negocio prospere.
Amén.

RITUAL PARA MEJORAR EL RENDIMIENTO DE UN COMERCIO

Este ritual tiene por principal objeto el lograr que una tienda tenga una mayor afluencia de clientes que la que hasta entonces ha tenido. Podrán hacer este trabajo tanto el dueño de la misma como cualquier otra persona que trabaje en dicho establecimiento.

La cantidad de conos o varillas de incienso y de velas será igual a la cantidad de rincones que tenga la tienda en la zona de atención al público. Se entiende por rincón, la unión de dos paredes.

Para que nos sirva de ejemplo nosotros utilizaremos un negocio que tenga sólo cuatro rincones.

OBJETOS NECESARIOS

Cuatro varas o conos de incienso de sándalo – Cuatro velas amarillas, dos velas blancas y cuatro de color púrpura – Un coco – Medio litro de cerveza
Dos cucharadas de miel – Un litro de agua de lluvia (en su defecto puede usarse agua mineral) – Un puñado de sal gorda – Cuatro trozos de cinta color púrpura, de unos 5 cm de longitud – Un cuenco vacío – Un embudo

La ceremonia se deberá comenzar en día de luna llena.

Primera parte del ritual

- Dejar la botella con agua, destapada, al menos tres horas a la luz de la luna, y retirarla antes de la salida del sol, envolviéndola en un paño para que no le dé la luz artificial ni la solar.
- Al día siguiente, por la noche, encender las dos velas blancas y apagar la luz eléctrica.
- Verter en el cuenco el agua mineral y a ésta, agregar la cerveza y la miel. Remover bien.
- Utilizar el embudo para llenar nuevamente la botella con el líquido que se ha preparado.
- Volcar lo que no quepa en la botella en la tierra, a modo de ofrenda (puede ser en un parque o en cualquier otro lugar al aire libre).

Con el agua que se ha guardado, ejecutar la segunda parte del ritual. Esto podrá hacerse en el momento que se considere más conveniente.

Segunda parte del ritual

- Atar un trozo de cinta púrpura a cada vela amarilla, lo más cerca posible de la parte superior, y hacerle siete nudos mientras se recita la primera oración.
- Encender en cada una de las esquinas o rincones de la tienda (de la zona donde se atiende a los clientes), una vela amarilla, otra púrpura y un cono de incienso.
- Mojarse la mano con un poco del agua que se ha preparado y salpicar el local, recitando la segunda oración. Hacerlo primero en la puerta y luego en todos los rincones.
- Dejar consumir las velas.

Esta segunda parte del ritual podrá efectuarse cuantas veces se desee. La botella con agua deberá guardarse envuelta en un paño, en un lugar oscuro.

Ritual del pan y el carbón para comenzar un negocio

La ceremonia deberá realizarse antes de que el negocio sea inaugurado.

Objetos necesarios

Un saquito de tela amarilla – Un trozo de pan – Un trozo de carbón vegetal
Dos hojas de ruda – Siete monedas de curso legal – Un diente de ajo – Una vela verde y otra naranja – Un trozo de papel – Un lápiz

La ceremonia deberá realizarse en miércoles y habrá que completarla el día que se abra el negocio.

Ritual

- Encender la vela naranja.
- Escribir en el trozo de papel el nombre del nuevo negocio.
- En el saquito amarillo, guardar el trozo de pan, el carbón vegetal, las dos hojas de ruda, el diente de ajo, las monedas y el papel.
- Dejarlo junto a la vela hasta que ésta se consuma y luego guardarlo en un lugar en el que nadie lo toque.
- El día de la inauguración, ocultar el saquito en un lugar cercano a la caja registradora o donde se guarde el dinero.
- Encender en el local la vela amarilla.

Ritual de san Cayetano para iniciar con suerte un negocio

Este rito es apropiado para ser realizado por cualquier persona que quiera poner un comercio, iniciar una nueva profesión liberal o cualquier actividad por cuenta propia. Se debe llevar a cabo cuando la fecha de inicio del negocio esté próxima, pero no una vez que se haya comenzado (si se trata de un comercio, será antes de su apertura al público).

OBJETOS NECESARIOS

Un cuenco pequeño lleno de monedas de curso legal – Una imagen de san Cayetano – Siete espigas de trigo – Una vela amarilla – Un cono o varilla de incienso de canela

Las monedas que se consigan pueden ser del valor más bajo. Como el cuenco que se elija debe estar lleno, cuanto más pequeño sea éste menos monedas serán necesarias. También es necesario recordar que los recipientes que se utilizan en los ritos es mejor que sean de cristal, barro o loza.

Conviene hacer este ritual en día 7 del mes, ya que la festividad de san Cayetano se celebra el 7 de agosto.

Ritual

- Encender el incienso.
- Poner de pie, en el cuenco, la estampa de san Cayetano.
- Sujetándola con las manos, echar en el cuenco las monedas (ver figura).
- Clavar o acomodar en las monedas, rodeando la estampa, las espigas de trigo.
- Encender junto al cuenco la vela.
- Recitar la oración.

Es conveniente poner el cuenco, con la estampa y las espigas de trigo, en el lugar donde vaya a realizarse la actividad comercial o profesional. El día 7 de cada mes, encender una vela a su lado y recitar nuevamente la oración.

Si fuera imposible conseguir las espigas, éstas podrán reemplazarse con siete cucharaditas de harina que se dispondrán sobre las monedas, alrededor de la imagen.

Oración

A Dios le pido,
por intercesión de san Cayetano,
que me ayude a ser cada día mejor
y que me otorgue la gracia
de que no me falte el pan
y el trabajo de cada día.
Que san Cayetano me guíe en este nuevo camino.

Ritual para lograr la renovación de un contrato

Quienes tengan un contrato de trabajo temporal y estén pendientes de que la empresa se los renueve, pueden ejecutar este ritual.

Objetos necesarios

Una fotocopia del contrato o algún papel que lo represente – Una moneda del valor más alto de las que normalmente se utilicen – Una cucharadita de agujas de pino – Una cucharadita de arroz – Una cucharadita de miel – Una cinta amarilla y una verde – Un cono o varilla de incienso de pino

La ceremonia se realizará unos 15 días antes de que se cumpla la fecha en que se deba renovar el contrato, en miércoles, día consagrado a Mercurio, y de noche.

Ritual

- Encender el incienso de pino.
- Poner en el centro de la fotocopia del contrato o del papel que lo represente una cucharadita de miel.
- Agregar las agujas de pino y el arroz.
- Plegar el papel, de modo que estos ingredientes no se caigan.
- En la cinta amarilla escribir el propio nombre y en la verde el de la empresa.

- Atar el paquete formado con el contrato primero con la cinta verde y luego con la cinta blanca.
- Recitar la oración.
- Guardar ese paquete en algún lugar donde no sea tocado por nadie y cuando el contrato sea renovado, enterrarlo al aire libre o en un tiesto.

Oración

Poderoso Mercurio:
a ti que tienes el don de la palabra,
ruego que hables en mi nombre.

RITUAL PARA UNA ENTREVISTA DE TRABAJO

Presentarse a una entrevista de trabajo es, para muchos, una situación tan estresante como hacer un examen. Es cierto que el entrevistador evaluará a quien solicite el empleo, pero casi nadie piensa que, asimismo, quien se presente al puesto deberá evaluar si las condiciones que la empresa le ofrece le convienen, si el ambiente le gusta o si, en definitiva, le interesa trabajar allí.

Lo primero que hay que pensar a fin de tener la disposición de ánimo correcta en una entrevista de esta naturaleza es que el examen siempre es mutuo; que es posible, incluso, que la compañía que solicita un nuevo empleado tenga tanta o más urgencia en conseguirlo de la que tiene uno en trabajar de inmediato. Este es un ritual cuyo objeto es hacer que quien deba pasar por este trámite tenga todas las posibilidades de ser aceptado. Si se tiene fe en él y se mantiene la calma, se causará una impresión altamente favorable y las probabilidades de conseguir el empleo serán muy altas.

OBJETOS NECESARIOS

Los zapatos que se lleven puestos en el momento de la entrevista
Una vela verde – Una vara o cono de incienso de mirra – Dos lentejas
Dos hojas de perejil

Es preferible hacer el ritual la noche anterior a la entrevista, pero si esto no es posible, bastará con que se lleve a cabo unos minutos antes de salir de casa.

Ritual

- Encender la vela verde y el cono de incienso.
- Pasar las lentejas, una a una, por el incienso y luego poner una en cada zapato. En caso de que se utilizaran sandalias, deberán fijarse con un pequeño trozo de cinta adhesiva.
- Dejar caer dentro de cada zapato tres gotas de cera de la vela mientras se recita la oración.

Oración

San Cayetano bendito,
tú que proteges a los trabajadores,
haz que sea uno de tus devotos.
Ayúdame a entrar con buen pie.

En el momento de entrar en la entrevista o en la empresa, repetir la oración mentalmente. Si fuera posible, llevar consigo una medalla de san Cayetano.

RITUAL PARA GANAR UN JUICIO LABORAL

Este rito es adecuado para que lo realicen aquellas personas que están pendientes de una resolución judicial laboral, ya sean empleadores o empleados.

Deberá iniciarse en jueves, día dedicado al dios Júpiter, a quien se atribuyen todo tipo de asuntos en los cuales intervengan las autoridades.

OBJETOS NECESARIOS

Una estampa de san Raimundo de Peñafort – Una vela azul – Una vela amarilla
Un vaso con agua – Un platito con sal

Ritual

- Poner el plato con sal y el vaso con agua junto a la estampa de san Raimundo de Peñafort.
- Hasta que salga la sentencia del juicio, diariamente, encender una vela pequeña al santo y recitar la oración.

- Cuando el agua se evapore, poner agua nueva.

> **Oración**
> *Oh, bondadoso san Raimundo,*
> *tú que impartiste justicia en la tierra*
> *y hoy estás junto al Altísimo,*
> *ilumina a quienes me juzguen*
> *y apártame de todo mal.*
> *Amén.*

Posiblemente la costumbre de poner el plato y el agua provenga del hecho de que este santo se hizo muy famoso por la cantidad de conversiones que lograba, para lo cual necesitaba el agua bautismal.

Según dice su historia, además de abogado era experto en aclarar todo tipo de conflictos con una sabiduría y equidad ejemplares.

RITUAL PARA QUE UNA PERSONA HOLGAZANA SE PONGA A TRABAJAR

En muchas familias hay personas adultas que, por la razón que sea, no colaboran económicamente en el mantenimiento del grupo.

Por lo general estas personas no se dan cuenta del esfuerzo que tienen que hacer otros miembros de la familia para que ésta salga adelante; viven egoístamente, para sí mismos, gozando sin ningún sentimiento de culpabilidad del trabajo y el esfuerzo de los demás.

Pero no tiene necesariamente que haber maldad en esta actitud; la mayoría de las veces se trata más de inconsciencia y de falta de madurez que de una intención de aprovecharse de otros.

Este ritual está orientado a conseguir que una persona de estas características cambie su actitud.

OBJETOS NECESARIOS

Una prenda de la persona a la que se quiera hacer cambiar – Tres granos de pimienta – Una vela – Una tira de papel – Dos alfileres

Ritual

- Escribir en el papel el nombre de la persona a la que se quiera hacer cambiar.
- Pincharlo, con lo escrito hacia la vela, alrededor de ésta con los dos alfileres, formando una cruz.
- Poner los siete granos de pimienta en alguna parte de la prenda (en el forro de la chaqueta, en la pernera del pantalón, etc.), donde la persona no los vea.
- Encender la vela del revés (por el lado opuesto al que tiene el cabo).
- Recitar la oración.

Oración

Quiero que sepas (nombre de la persona),
que mi propósito es ayudarte.
Tú eres libre y no te impongo nada;
sólo pido a Dios que te ilumine
para que seas una persona de bien.

A partir de este momento, no deberá decírsele nada con respecto al trabajo, sino dejar que el ritual haga su efecto. Se podrá recitar la oración cuantas veces se quiera.

RITUAL DE SAN MARTÍN DE PORRES

Este rito tiene dos finalidades: por un lado, conseguir trabajo si se está en paro; por otro, conseguir más clientes, aumento de sueldo o un cambio de empresa.

OBJETOS NECESARIOS

Una escoba – Una vara de madera del tamaño de un lápiz – Una cinta amarilla de unos 20 cm de longitud – Una estampa de san Martín de Porres – Una cinta blanca – Dos chinchetas – Una vela blanca, pequeña

Ritual

- Quitar unas cuantas pajas de la escoba.
- Reunirlas en uno de los extremos de la varilla de madera, para formar una escoba pequeña.

- Atar la paja con la cinta amarilla, dándole varias vueltas para que así quede sujeta.
- Fijar la estampa a la pared con una chincheta y, a su derecha, colgar la escoba que se ha fabricado por medio de la cinta blanca y boca abajo (es decir, con la paja hacia arriba).
- Encender la vela.
- Recitar la oración.

Oración

Con la escoba boca abajo,
barres mal y barres poco.
Si no cambio de trabajo,
no trabajas tu tampoco.

La escoba es el atributo que se adjudica a este santo, que fue ejemplo de humildad y sabiduría.

En el caso de que este rirual se realice orientado a las mejoras en el trabajo y se pida sólo con fin de que la familia de la persona oficiante viva un poco mejor o en el caso de poder desempeñar otras tareas más complejas, el santo sin ninguna duda lo concederá.

Si lo que mueve a pedir esta gracia es el ser más que otros o la satisfacción de la vanidad, lo más posible es que el santo no lo conceda.

RITUAL DEL AGUA DE ROSAS PARA HACER PROSPERAR UN NEGOCIO

Este rito podrán hacerlo todas aquellas personas que tengan un negocio propio pero no quienes trabajen para otras personas. Deberá efectuarse en día de cuarto creciente y, preferiblemente, en jueves.

OBJETOS NECESARIOS

Agua de rosas – Harina – Azúcar – Miel – Miga de pan – Dos monedas de cobre
Una bolsa de tela amarilla – Una caja de madera – Una vela amarilla
Un incienso de sándalo – Una tira de papel – Un lápiz – Una cinta amarilla

Ritual

- Encender la vela y el incienso.
- Preparar una bola del tamaño de una nuez con harina y agua de rosas.
- Hacer otra bola con la miga de pan, la miel y el azúcar. Poner dentro de cada una de las bolas una moneda de cobre y volver a darles la forma esférica.
- Escribir en la tira de papel el nombre del negocio o la empresa.
- Guardar las dos bolas dentro de la bolsa de tela amarilla.
- Cortar la tira de papel en siete trozos y ponerlos en la bolsa, junto a las bolas.
- Guardar la bolsa en una caja de madera (puede ser de las de los puros).
- Atar la caja con la cinta amarilla y dejarla en el negocio en un lugar donde nadie vaya a abrirla ni tocarla.

Este ritual podrá hacerse una vez al año.

RITUAL PARA SALIR AIROSO DE UNA ENTREVISTA DIFÍCIL

En el ámbito laboral las entrevistas son constantes y, en muchas de ellas, es necesario hacer difíciles negociaciones. Este ritual está indicado para favorecer un mayor entendimiento en cualquier entrevista complicada y para lograr en la misma el máximo beneficio.

OBJETOS NECESARIOS

Una cinta blanca de medio metro de longitud y tantas cintas como personas participen en la entrevista. Si son hombres, las cintas serán celestes y si son mujeres, rosas – Una vela blanca – Un vaso – Una tira de papel – Un lápiz
Una piedra blanca

El ritual deberá hacerse en jueves por la noche, pero si la entrevista fuera fijada para antes de este día, se hará la noche anterior o antes de salir de casa.

Ritual

- Escribir el propio nombre en la cinta blanca y en cada una de las rosas, escribir el nombre de una mujer que vaya a participar en la reunión. Si no se supiera, poner el cargo que tenga o alguna referencia que la identifique.

- En cada una de las cintas celestes, escribir, del mismo modo, el nombre de un hombre que haya de participar en la reunión.
- Juntar todas las cintas y atarlas a la vela blanca, cerca de su base, con un solo nudo.
- Poner un vaso boca abajo tapando la piedra blanca.
- Colocar la vela sobre el vaso y encenderla.
- Recitar la oración.
- Apagar la vela poco antes de que la llama llegue al punto donde estén colocadas las cintas.

Acudir a la reunión llevando la piedra en el bolsillo derecho o en el bolso. Una vez que se haya celebrado la entrevista, enterrar la vela con las cintas atadas bien en un lugar al aire libre o bien en una maceta. La piedra podrá utilizarse para asistir a otras reuniones.

Oración

Santo Ángel de la Guarda,
a ti que velas por mí,
ruego que hagas lo posible
por poner en mi boca las palabras adecuadas.
Ruega por mí al Señor.
Amén.

Rituales para el dinero

Los rituales que crearon las tribus primitivas para tener abundancia de bienes materiales, lógicamente no se relacionaban con el dinero, ya que este objeto de intercambio no existía; así pues, en ellos se pedía buena caza o buenas cosechas, para poder cambiar el exceso con otras tribus por pieles, vasijas u otros elementos que se pudieran necesitar.

Hay muy pocas ceremonias mágicas primitivas que sigan intactas y que se practiquen de la misma manera que hace milenios; a medida que el hombre se fue civilizando, los rituales también fueron cambiando a fin de adaptarse a los tiempos.

Los ritos relacionados con la abundancia fueron, seguramente, los primeros que se han ejecutado porque la falta de alimento significaba la extinción del grupo. En un medio hostil, lleno de animales amenazantes y a merced de fenómenos atmosféricos o geológicos que les resultaban incomprensibles, los primeros humanos dirigieron su mirada a los dioses encarnados por el sol, el viento o el río para pedir protección y ayuda en la difícil tarea de la supervivencia.

Hoy el alimento y el cobijo se mide en dinero, de manera que la prosperidad se pide más por el saneamiento de la cuenta bancaria que por una alacena bien provista.

Sin embargo, cn su base simbólica las ceremonias siguen siendo las mismas y los resortes internos que despiertan en los oficiantes las representaciones del bienestar, también.

El dinero que se pide en casi todos los rituales que integran este capítulo no es sólo para la persona que lo ejecuta, sino para el grupo en el que está integrada (es decir, para la familia), justamente porque las ceremonias que les dan origen datan de una época en que la vida grupal era mucho más importante que la individual.

Por esta razón, quien los realice, no sólo verá mejorar sus finanzas, sino también las de las personas de su entorno.

Es importante aclarar que no se debe pedir un exceso de bienes, sino, más que nada, lo esencial para tener una vida agradable y modesta. La idea de enriquecimiento material está alejada por completo del desarrollo espiritual al que aspira todo buen mago.

RITUAL DE LOS POTES DE MIEL

Casi todos los rituales se basan en analogías y en simbolismos y en éste, la miel se utiliza como representación de todo lo que atrae (en este caso, al dinero).

Se deberá iniciar en jueves, día dedicado al dios Júpiter, al que los antiguos romanos relacionaron con los beneficios materiales así como con las posiciones sociales privilegiadas.

OBJETOS NECESARIOS

Siete recipientes pequeños de barro – Un tarro de miel – Siete monedas doradas
Una vela color púrpura, una amarilla, una azul y una violeta – Siete cintas o cordones amarillos de una longitud un poco mayor que el perímetro de los recipientes – Un incienso de pino – Un puñado de hojas de menta

Aunque no es imprescindible, es mejor que los recipientes de barro tengan tapa. Cuanto más estrechos sean, mejor. Las monedas, deben ser de curso legal. En caso de que en el lugar donde resida el oficiante no hubiese monedas doradas, éstas podrán ser reemplazadas por otras plateadas o por monedas de cobre.

La menta puede ser sustituida por siete saquitos de este té y, si no fuera posible, por hierbabuena.

Ritual

- Encender el incienso de pino y las velas.
- Poner en cada uno de los recipientes una moneda dorada.
- Repartir la menta entre los siete cuencos.
- Echar miel encima de las monedas y la menta mientras se recita la oración.
- Dejar caer en cada uno de los recipientes la cera de las velas (no importa cuánta cantidad de cada una pero sí que haya, al menos, una gota de cada color) hasta tapar completamente la miel.
- Poner los recipientes de esta manera sellados en siete rincones diferentes de la casa.

Los días jueves se recomienda encender una vela púrpura y dejar caer unas gotas de su cera en cada uno de los recipientes mientras se recita la oración en todos ellos.

Oración

A Dios pido que así como la miel endulza este cuenco,
Él endulce nuestras vidas con sus bendiciones.
Por el poder de los cuatro elementos,
Tierra, Agua, Aire y Fuego,
que en esta casa nunca falte el dinero.

RITUAL DEL LAUREL Y EL AJO PARA ATRAER DINERO

El rito del laurel y el ajo tiene como objeto el que en la casa nunca falte el dinero. Es especialmente conveniente ejecutarlo cuando sea necesario realizar pagos extra, en caso de que alguna persona de la familia se haya quedado sin trabajo, cuando sea necesario hacer un gasto especial o, simplemente, para que nunca haya problemas económicos.

OBJETOS NECESARIOS

Una botella pequeña con corcho – Siete dientes de ajo – Siete hojas de laurel
Una vela púrpura y otra amarilla – Un cono o varilla de incienso de sándalo
Una piedra blanca, pequeña, que quepa por la boca de la botella – Un litro de agua de lluvia o, si esto no se consigue, de agua mineral – Un embudo

Ritual

- Encender el incienso de sándalo.
- Encender la vela púrpura y luego, la amarilla.
- Echar en la botella pequeña el agua mineral.
- Agregar, uno a uno, los siete ajos.
- Agregar de la misma manera las hojas de laurel.
- Tapar la botella con el corcho.
- Dejar caer gotas de cera de la vela amarilla alrededor de la boca de la botella, en el lugar donde se une al corcho, a fin de sellarla.

- Ocultar la botella en algún rincón de la casa, poner a su lado las dos velas que se han encendido, hasta que éstas se consuman totalmente, y recitar la oración.

Todos los jueves encender junto a la botella una vela amarilla y otra púrpura y recitar nuevamente la oración.

Oración

Que el poder del ajo aleje las energías negativas.
Que el poder del laurel traiga a esta casa dinero.
Que el poder de mi fe proteja a toda mi familia.
Amén.

El laurel y el ajo son dos plantas que siempre han sido muy utilizadas por los pueblos que rodean el mar Mediterráneo como símbolos del éxito y de la prosperidad económica.

RITUAL DE LA BOLSA DE LA FORTUNA

Este rito es preferible hacerlo en cuarto creciente, pero valdrá cualquier momento comprendido entre el comienzo de la luna nueva y la luna llena. Si se hace en jueves, tanto mejor.

OBJETOS NECESARIOS

Una bolsa pequeña, de tela amarilla – Una vela amarilla
Una moneda del valor más alto de las que normalmente utiliza
Una moneda del menor valor de las que normalmente utiliza
Un billete de curso legal – Un trozo de oro (puede ser el eslabón de una cadena, una pequeña medalla, etc.) – Un trozo de estaño
Un mechón de los cabellos del oficiante (bastará un mechón pequeño)
Una cucharadita de granos de trigo, otra de arroz, cinco garbanzos y cinco lentejas – Una ramita de romero seco – Un plato pequeño de metal – Un cordón o cinta amarilla – Una cruz de Caravaca

Ritual

- Encender la vela amarilla.
- Poner el romero en el platito (o en el recipiente de metal que se haya elegido) y encenderlo con la vela.
- Colocar dentro de la bolsa las monedas, el billete, el oro, el estaño, el trigo, el arroz, los garbanzos, las lentejas y la cruz.
- Cerrar la bolsa con la cinta amarilla, atándola fuertemente.
- Pasar la bolsa sobre el humo que desprenda el romero rezando la oración.
- Guardar la bolsa debajo de la almohada o del colchón.

Si se tuviese que hacer una transacción comercial importante, que se espere cobrar una deuda o negociar un crédito, podrá llevarse esta bolsa en un bolsillo.

Oración

Por el Santo Poder de la cruz de Caravaca
y la bondad de los ángeles que la custodian,
que todo lo que encierra esta bolsa
se multiplique en mi casa.

RITUAL DE LA VELA PARA COMPRAR UNA CASA

Esta ceremonia no está destinada a encontrar la casa que se quiera comprar, sino, más bien, a conseguir el dinero y la oportunidad de adquirirla.

El ritual deberá hacerse el día viernes, por la noche.

OBJETOS NECESARIOS

Un cuenco, preferentemente de barro, chato – Una cinta blanca y otra verde
Cuatro hojas de limonero – Arena suficiente para llenar el cuenco
Una moneda de curso legal, del mayor valor que se utilice habitualmente
Un cono o varilla de incienso de pino – Una vela blanca
Cuatro conchillas o caracoles (por ejemplo, de un mejillón)

La longitud de las cintas o los cordones debe ser igual al diámetro del cuenco.

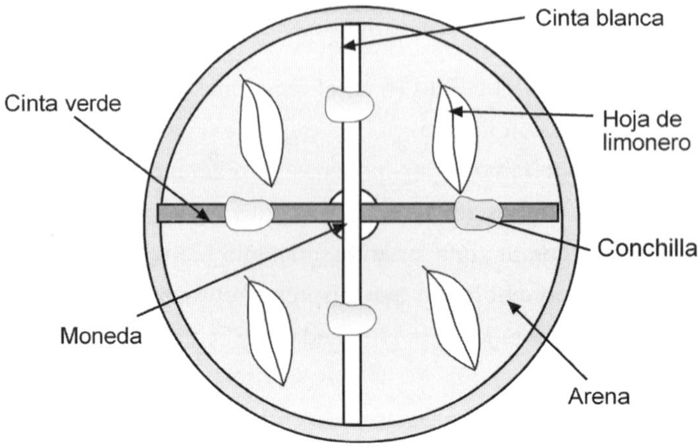

Ritual

- Poner una moneda en el centro del cuenco vacío.
- Situar las cuatro hojas de limonero en el cuenco tal y como se muestra en la figura superior.
- Colocar la cinta verde cruzando la moneda y, cruzando ésta, la cinta blanca.
- Poner sobre cada mitad de la cinta, una conchilla.
- Cubrir todo de arena, procurando que no se mueva. Llenar el cuenco hasta arriba.
- Colocar en el centro del cuenco, enterrándola un poco en la arena, la vela blanca. A su derecha, poner el incienso y encender ambos.
- Recitar la oración.

Oración

Cuatro casas animales
a Vesta ofrendo,
para que gracias a ella,
sea concedido mi deseo.

El color blanco de la cinta corresponde a la Luna y el verde a Venus; ambos planetas están relacionadas con el hogar al igual que la diosa Vesta. Las hojas del limonero aluden a la familia y la moneda, al dinero necesario para la compra de una casa.

Cada vez que se quiera, se podrá encender un cono o varilla de incienso de pino y una vela recitando la oración.

RITUAL PARA ACELERAR LA VENTA DE UN INMUEBLE

Cuando se pone una casa o un solar en venta, pueden pasar muchos meses antes de que aparezca el cliente que quiera comprarla o pagar el precio que por ella se pide. Este ritual sirve para que la transacción se realice en el menor tiempo y con el mayor beneficio posibles.

OBJETOS NECESARIOS

La copia de una llave de la casa (si se tratara de un solar, utilizar cualquier llave)
Una cinta amarilla – Una estampa de santa Teresa de Ávila – Una vela blanca
Una pluma de ave

El ritual podrá llevarse a cabo en cualquier momento del día o de la noche, siempre que la propiedad ya haya sido puesta en venta.

Ritual

- Encender la vela blanca.
- Pasar la cinta amarilla por el agujero de la llave.
- Hacer siete nudos.
- Atar, con la cinta que tiene la llave, la pluma de ave. Hacer siete nudos.
- Hacer un pequeño agujero en la estampa de santa Teresa, en una esquina que no dañe su imagen, y pasar por ella uno de los lazos de la cinta.
- Hacer siete nudos más para que la llave, la pluma y la cinta queden sujetas a la estampa.
- Apoyarla contra una superficie vertical para que se mantenga en pie y poner la vela delante. Recitar la oración.
- Dejar la estampa tal y como se ha preparado en un lugar donde nadie la toque hasta que la propiedad sea vendida.

La oración se podrá recitar todos los días y es mejor hacerlo encendiéndole una vela a santa Teresa para acelerar aún más la venta.

Una vez que ésta se consiga, quitar la pluma, la llave y la cinta que deberán enterrarse. La estampa, será necesario ponerla dentro de un libro religioso (una Biblia, un misal, etc.).

Oración

Santa Teresa, doctora de la Iglesia,
a ti te pido que mi deseo se cumpla.
Tú que estás a la vera del Señor,
intercede por mí.

Santa Teresa de Ávila, mujer de letras y fundadora de la orden de las carmelitas, es la patrona de los agentes de la propiedad; de ahí que en este ritual se utilice su estampa. La pluma es la herramienta que santa Teresa utilizó para sus célebres escritos y un símbolo que la representa.

RITUAL DEL AJO Y EL GIRASOL PARA ATRAER EL DINERO

Esta ceremonia se realizará para que en la casa nunca falte el dinero. Es conveniente comenzarla en jueves.

OBJETOS NECESARIOS

Tantos dientes de ajo y semillas de girasol como rincones haya en la casa – Un plato, cuenco o recipiente de metal – Un carboncillo para encender incienso Un ramillete de hojas de romero

Se puede conseguir el carboncillo en santerías o donde vendan incienso litúrgico.

Ritual

- Poner en el plato el carboncillo y encenderlo.
- Echar el romero sobre el carbón, de modo que se queme.
- Ir colocando en cada esquina de la casa un diente de ajo, sin pelar así como una semilla de girasol. Ahumar el rincón con el romero mientras se recita la oración.

Oración

San José y Santa Ana:
que podamos comer
toda la semana.

Todos los jueves se encenderá un carboncillo con romero, planta que purifica los ambientes, y se paseará por toda la casa ahumando los rincones mientras se recita nuevamente la oración.

Los santos que se invocan son los padres de la Virgen María; representan el modelo de familia.

El ajo se ha utilizado tradicionalmente para atraer la suerte y el dinero, así como para preservar de todas las energías negativas. El girasol, por otra parte, es símbolo de abundancia y una planta dedicada al Sol.

RITUAL DEL BILLETE Y LA UVA PARA ATRAER LA PROSPERIDAD

Este rito sirve para conseguir una mejora permanente en la economía de la familia y deberá hacerse siempre que cambie la estación, mejor al inicio de cada una (es decir, un máximo de cuatro veces al año), pudiéndose empezar en cualquiera de esas fechas.

Si alguien quisiera no volver a realizar este rito, no debe temer que ocurra ningún tipo de problema.

OBJETOS NECESARIOS

Un vaso con agua – Un billete de curso legal – Azúcar – Una uva – Un paño blanco, de unos 10 x 10 cm – Una vela amarilla

Se puede utilizar el billete de menor valor ya que esto no influirá en el resultado del trabajo.

Ritual

- Llenar el vaso con agua.
- Echar una uva dentro del vaso.

- Agregarle el billete.
- Encender a su lado la vela amarilla.
- En el primer día de luna llena, poner el vaso en la ventana o en un lugar al aire libre.
- En ese momento y en las dos noches posteriores, agregar al agua una cucharadita de azúcar.
- El cuarto día, tomar el billete, dejarlo secar al sol y luego envolverlo con un paño.
- Guardarlo así envuelto dentro de la billetera.
- Enterrar la uva y regarla con el agua que haya quedado en el vaso.
- Repetir todos los puntos en el próximo cambio de estación.

Los billetes que se utilicen las siguientes veces que se ejecute el rito, deberán ser envueltos en el paño junto con los anteriores.

RITUAL DEL LIMÓN PARA MEJORAR ECONÓMICAMENTE

En este ritual se preparan unos polvos que podrán utilizarse en la casa o en el lugar de trabajo, en el caso de que los ingresos dependan de la cantidad de clientes. Con ellos se atraerá la prosperidad.

OBJETOS NECESARIOS

Un limón – Una cucharadita de canela – Siete hojas de menta – Una pizca de sal
Un frasco – Un manojo pequeño de romero seco – Un carboncillo litúrgico
Un plato o recipiente de metal, resistente al calor

Los polvos deberán prepararse en la madrugada de un jueves y se podrán utilizar los días miércoles. El carboncillo litúrgico se usará para encender el romero. Si no se consiguiera, pueden utilizarse unas gotas de alcohol.

Ritual

- Encender el carboncillo en el recipiente de metal y poner encima el romero para que arda. Si no se utilizara el carbón, se pueden poner las ramas en el plato echándoles encima unas gotas de alcohol.

- Cuando el romero se haya convertido en cenizas, triturarlo bien.
- Rallar la cáscara de limón y agregarlo a las cenizas de romero.
- Agregar la canela y la menta muy picada. Conviene que sea seca pues así es más fácil de triturar.
- Mezclar bien todos los ingredientes.

Todos los miércoles esparcir un poco de estos polvos en los rincones de la casa o en el negocio.

RITUAL DE LA CASA DEL DINERO

Este ritual toma como elemento primordial al regente de la Casa Astrológica del Dinero.

Los astrólogos de todos los tiempos han considerado que el planeta que se relaciona con los bienes materiales, así como con el éxito social, es Júpiter, también llamado el Gran Benéfico. Con su tránsito por los diferentes puntos sensibles de la carta astral de cada persona, favorece la adquisición de bienes o, por el contrario, la malogra. Otro de los planetas que indirectamente se vincula a la prosperidad es Mercurio, ya que es el que favorece el comercio y la realización de contratos. En cualquier transacción que se lleve a cabo, este planeta está presente, de un modo o de otro, sobre todo si ésta exige la firma de papeles.

Pero además de estos cuerpos celestes, hay otros que influyen en nuestro bienestar económico: una persona que se dedique a pintar o a esculpir ganándose con ello su sustento, también puede considerar a Venus, patrona de las artes, a la hora de hacer rituales que aumenten su fortuna.

Pero en una carta natal, además de estudiarse la posición de los planetas en los signos, también se observa la ubicación de las llamadas Doce Casas; este es un dato importantísimo pues se representan las diferentes esferas en las que transcurre la vida de una persona. Una de ellas, la Segunda, es la que se asocia al dinero y es su planeta regente el que determinará, en gran medida, cómo hayan de ir las finanzas.

Para saber qué planeta rige la Segunda Casa de una persona, lo mejor es conocer su hora de nacimiento. En caso de que eso no sea posible, se podrá tomar como base la posición solar que corresponda a las seis de la mañana. Con la tabla que se adjunta se encontrará el planeta regente de la Casa II según el signo al cual se pertenezca.

A la hora de nacimiento habrá que descontar el horario de verano. En la primera columna figuran las horas de nacimiento; en las siguientes, los signo zodiacales. Si no se conoce la hora de nacimiento, tomar las 6.00.

Ejemplo: El regente del dinero de quien haya nacido entre las 10.00 y las 12.00 de Tauro, por ejemplo, será el Sol.

TABLAS PARA BUSCAR EL REGENTE DE LA CASA II

Hora	Aries	Tauro	Géminis	Cáncer	Leo	Virgo
6.00-8.01	Venus	Mercurio	Luna	Sol	Mercurio	Venus
8.00-10.01	Mercurio	Luna	Sol	Mercurio	Venus	Plutón
10.00-12.01	Luna	Sol	Mercurio	Venus	Plutón	Júpiter
12.00-14.01	Sol	Mercurio	Venus	Plutón	Júpiter	Saturno
14.00-16.01	Mercurio	Venus	Plutón	Júpiter	Saturno	Urano
16.00-18.01	Venus	Plutón	Júpiter	Saturno	Urano	Neptuno
18.00-20.01	Plutón	Júpiter	Saturno	Urano	Neptuno	Marte
20.00-22.01	Júpiter	Saturno	Urano	Neptuno	Marte	Venus
22.00-24.01	Saturno	Urano	Neptuno	Marte	Venus	Mercurio
0.00-2.01	Urano	Neptuno	Marte	Venus	Mercurio	Luna
2.00-4.01	Neptuno	Marte	Venus	Mercurio	Luna	Sol
4.00-6.01	Marte	Venus	Mercurio	Luna	Sol	Mercurio

Hora	Libra	Escorpio	Sagitario	Capricornio	Acuario	Piscis
6.00-8.01	Plutón	Júpiter	Saturno	Urano	Neptuno	Marte
8.00-10.01	Júpiter	Saturno	Urano	Neptuno	Marte	Venus
10.00-12.01	Saturno	Urano	Neptuno	Marte	Venus	Mercurio
12.00-14.01	Urano	Neptuno	Marte	Venus	Mercurio	Luna
14.00-16.01	Neptuno	Marte	Venus	Mercurio	Luna	Sol
16.00-18.01	Marte	Venus	Mercurio	Luna	Sol	Mercurio
18.00-20.01	Venus	Mercurio	Luna	Sol	Mercurio	Venus
20.00-22.01	Mercurio	Luna	Sol	Mercurio	Venus	Plutón
22.00-24.01	Luna	Sol	Mercurio	Venus	Plutón	Júpiter
0.00-2.01	Sol	Mercurio	Venus	Plutón	Júpiter	Saturno
2.00-4.01	Mercurio	Venus	Plutón	Júpiter	Saturno	Urano
4.00-6.01	Venus	Plutón	Júpiter	Saturno	Urano	Neptuno

OBJETOS NECESARIOS

Un trozo de pergamino pequeño – Una flor o varias hojas – Una vela – Un cono o varilla de incienso – Un trozo de tela de 10 x 10 cm aproximadamente
La cáscara de un diente de ajo – Un frasco de tinta – Una pluma o pincel
Tres monedas: una plateada, otra dorada y una tercera color cobre (no es necesario que sean del mismo país, pero al menos una debe ser de curso legal

Durante el ritual deberá hacerse el signo del planeta regente (ver ilustración).

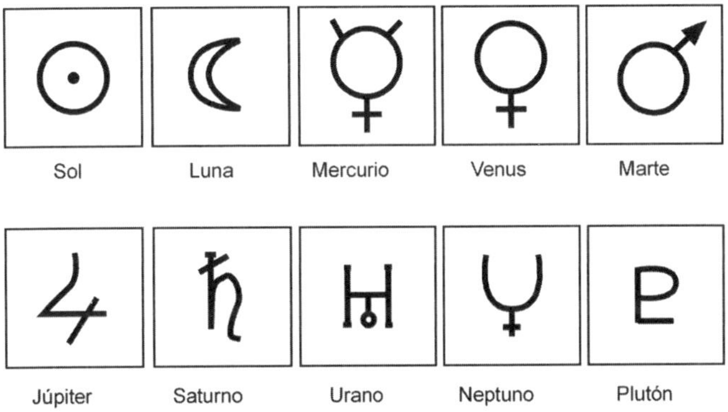

El próximo paso será saber qué día deberá hacer el rito, así como el color de las velas, el incienso y las flores que tendrá que utilizar.

TABLA DE CORRESPONDENCIAS PLANETARIAS

Planeta	Día propicio	Color de vela y trozo de tela	Flor	Incienso
Sol	Domingo	Amarilla	Manzanilla	Almizcle
Luna	Lunes	Blanca	Eucalipto	Eucalipto
Mercurio	Martes	Naranja	Jazmín	Jazmín
Venus	Miércoles	Verde	Rosa	Rosa
Marte	Jueves	Rojo	Clavel	Benjuí
Júpiter	Viernes	Púrpura	Gladiolo	Canela
Saturno	Sábado	Negra	Madreselva	Lavanda
Urano	Sábado	Azul	Nardo	Pachuli
Neptuno	Viernes	Violeta	Violeta	Violeta
Plutón	Martes	Rojo oscuro	Geranio	Sándalo

Si algunas flores, como la de manzanilla, no se consiguen frescas, se pueden utilizar secas. En el caso de los aromas, si no se pudiera encontrar el adecuado, se puede sustituir por incienso litúrgico, que se vende en las santerías.

Ritual

- El día que corresponda al planeta regente, por la noche o de madrugada, encender la vela.
- Poner el incienso sobre un trozo de papel de plata o de alguna superficie de la que luego se puedan recoger sus cenizas.
- En un trozo de pergamino de, aproximadamente, 4 x 4 cm, dibujar el signo del planeta correspondiente.
- Dejar secar la tinta y luego ponerlo sobre la tela.
- Cortar en trozos muy pequeños la flor o las hojas de la planta correspondiente y colocarlos también sobre el paño.
- Triturar las cáscaras de ajo y agregarlas.
- Pasar cada una de las monedas por el humo del incienso haciendo una cruz imaginaria y ponerlas con los demás ingredientes.
- Cuando el incienso se haya consumido, recoger sus cenizas y esparcirlas sobre los elementos que se han puesto sobre la tela.
- Dejar caer algunas gotas de cera sobre los ingredientes mencionados.
- Cerrar el paño como si fuera un paquete y coserlo para que no se pierda su contenido.
- Dejar que la vela se consuma junto al paquete.

El paño con todos los ingredientes que se han guardado en él, deberá llevarse consigo o, si esto no fuera posible, ponerlo debajo del colchón o de la almohada. El día de la semana que corresponda al planeta regente, encender una vela del color apropiado junto al paquete pidiendo que el dinero nunca falte.

RITUAL DEL BILLETE CAPICÚA

Todos los billetes, sean del banco, de la lotería, de autobús, etc., tienen su correspondiente numeración. Algunos de ellos son capicúas, es decir, el número que contienen se puede leer indistintamente de izquierda a derecha que de derecha a izquierda. Estos billetes traen suerte en cuestiones de dinero. Es una buena costumbre mirar la numeración de todos los que nos toquen porque en caso de recibir uno capicúa, con él se puede hacer el ritual que se explica a continuación.

OBJETOS NECESARIOS

Un billete capicúa – Un recipiente dorado – Un sobre pequeño, color violeta o púrpura – Una vela violeta

El objeto dorado puede ser de tela (una bolsa) o de papel; no es necesario que sea de metal. En cuanto al sobre, si en la papelería no se consigue de ese color, podrá confeccionarlo el mismo oficiante.

Ritual

- Dejar el billete capicúa dentro del objeto dorado (o envuelto por éste).
- Pasado este tiempo, sacarlo y encender una vela violeta a su lado mientras se pronuncia la oración.
- Guardarlo en la billetera y, en caso de que fuera de banco, evitar gastarlo.

Si no quedara más remedio que comprar con él, no utilizarlo para medicinas, alimentos o cualquier otro artículo de primera necesidad. A la hora de gastarlo, adquirir primero un objeto de capricho (aunque no sea más que un caramelo) y, con la vuelta, entonces sí pagar lo que sea necesario.

Oración

Oro tienes y oro quiero;
oro al revés y oro al derecho.
Que la fortuna sonría
a todos bajo este techo.

RITUAL PARA CONSEGUIR UN PRÉSTAMO

Para comprar una casa o iniciar un negocio, por ejemplo, se necesitan grandes sumas de dinero que, por lo general, no se tienen.

En estos casos lo habitual es pedir un préstamo a un banco y comprometerse a ir saldando la deuda mes a mes. Para la mayoría, ésta es la única manera de tener su propia casa.

Sin embargo, los bancos no siempre conceden créditos a todo el que lo pide o, en ocasiones, si lo hacen es bajo unos intereses tan grandes que el valor de la compra se dispara y ya no resulta ventajosa.

La finalidad de este ritual es conseguir un crédito bancario con las mejores condiciones posibles. Es necesario hacerlo en jueves.

OBJETOS NECESARIOS

Un objeto que simbolice al banco – Un tarro de miel – Cinco monedas de curso legal – Una rama de canela – Una vela amarilla – Un incienso de pino
Un cuenco o recipiente vacío, de cristal o barro – Un trozo de tela amarilla, que sea unos 2 cm más grande que la boca del frasco
Una cinta o cordón amarillo

El objeto que represente al banco puede ser una tarjeta de visita de su director, o, mejor aún, el papel que se debe rellenar para retirar dinero. En este caso es conveniente rellenarlo con la cifra que se ha de pedir.

Ritual

- Encender la vela amarilla y el incienso de pino.
- Pasar el objeto que represente al banco por el humo del incienso, visualizando que el crédito se concede.
- Echarlo en el frasco.
- Agregarle las cinco monedas, pasándolas previamente por el humo del incienso.
- Echar sobre estos objetos la miel y enterrar en ella el trozo de canela.
- Tapar el frasco con la tela amarilla y sujetarla con la cinta o cordón amarillo. Atarla con siete nudos.

El frasco se deberá guardar en un lugar oscuro en el que nadie lo toque.

Se podrá hacer hasta tres veces en un año, utilizando objetos de diferentes bancos.

Momentos antes de la entrevista con la persona encargada de tramitar el crédito, visualizar que lo conceden.

Ritual de la hucha

La ceremonia que aquí se describe tiene por objeto favorecer el ahorro y hacer que los ingresos sean mayores, de modo que se pueda guardar parte de ellos.

Deberá realizarse el último día del mes o en el momento anterior a cobrar.

Objetos necesarios

Una hucha de barro – Una nuez – Una almendra – Una avellana – Una hoja de roble – Una vela amarilla – Una moneda del valor más pequeño que se utilice en el país en el que se reside

Ritual

- Encender la vela amarilla.
- Abrir los tres frutos secos.
- Extraer la pulpa de la nuez, la almendra y la avellana y picarlas finamente.
- Echar estos ingredientes por la ranura de la hucha.
- Echar en la hucha la hoja de roble.
- Dejar caer tres gotas de cera en la moneda y luego echarla también en la hucha, imaginando que ésta está llena.

Conviene que la hucha que se utilice no sea demasiado grande. Cuando esté llena, se podrá repetir la ceremonia con una nueva.

Ritual de velas para atraer el dinero

Este ritual proveniente de Brasil, tiene por objeto mejorar la economía de la persona que lo ejecute.

Deberá realizarse en jueves y a la medianoche, siempre y cuando no sea día de luna nueva en cuyo caso será preferible esperar una semana.

Objetos necesarios

Cinco velas amarillas – Siete velas blancas – Un paquete de sal – Siete monedas iguales – Un paño amarillo

Si se realiza en una habitación en la que entre luz de luna, será más efectivo.

Ritual

Los objetos de la ceremonia deben ser colocados en un orden. En un lugar tranquilo, sobre una mesa o bien en el suelo, ponerlos tomando como modelo el dibujo y ejecutando los siguientes pasos:

- Poner en el centro de la superficie una de las monedas.
- Sobre esa moneda, colocar la vela púrpura.
- Disponer las cinco monedas que, en el dibujo, están a su alrededor.
- Colocar las cinco velas amarillas como se muestra en el esquema. Cada una irá entre dos de las monedas.
- Poner a su alrededor las nueve velas blancas.
- Colocar, por último, la moneda restante.
- Encender las velas comenzando por la central, púrpura o violeta. Seguir luego con las amarillas y finalmente encender las blancas.
- Rodear las velas con un círculo de sal gorda (ver dibujo).
- Apagar toda luz artificial.
- Visualizar una situación en la que el dinero no sea problema; verse a sí mismo haciendo compras, regalos a las personas queridas, etc.
- Recitar la oración.

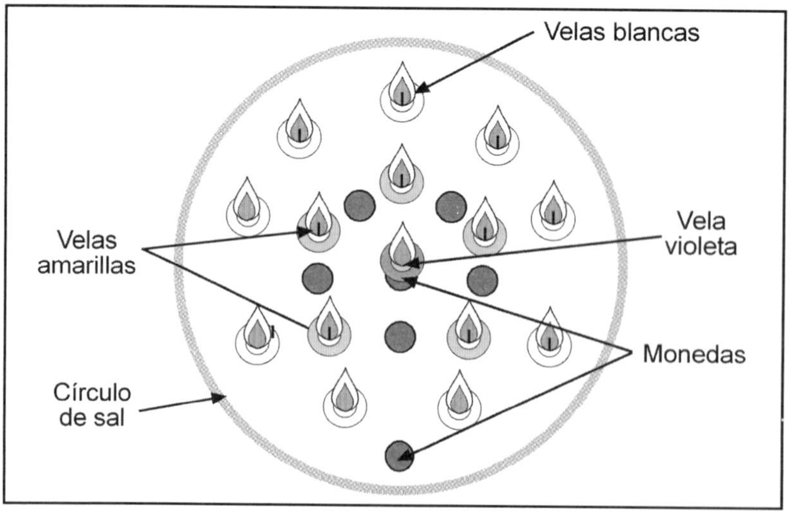

Las monedas deberán ser puestas todas boca arriba.

Oración

No pido ni ruego;
tan sólo busco
que me den lo que merezco.
Todo es orden y armonía;
Júpiter me ilumina.

Dejar consumir las velas, juntar todas las monedas y guardarlas en un paño amarillo hasta el día siguiente en que se utilizarán para comprar el pan. La sal se tirará a una pila dejando correr el agua a continuación.

RITUAL PARA EVITAR QUE OTRO DERROCHE

Hay personas a las cuales el dinero no les dura en el bolsillo; son consumistas compulsivos que se evaden de sus problemas gastando en lo primero que se les ocurre. Cuando estas personas no tienen a otras a su cargo o no tienen que colaborar en la economía familiar, esa afán consumista sólo les crea problemas a sí mismos ya que, mientras gastan, tapan sus conflictos en lugar de resolverlos con lo cual éstos se hacen cada vez más difíciles de solucionar.

Este es un ritual que se puede hacer para uno mismo o para otra persona. Su objetivo es calmar la ansiedad de quien se ve obligado a gastar más de lo que tiene, haciendo que se vuelva más prudente y ahorrativo.

OBJETOS NECESARIOS

Un billete de curso legal – Un paño negro, de 10 x 10 cm – Una hoja de papel o cartulina negra – Cinco hojas de ruda – Un incienso de pachuli – Cinco hojas de tila (o una cucharadita de té de tila) – Una vela negra – Un trozo de carboncillo o un lápiz muy graso, negro – Un trozo de algodón – Aceite de oliva

La ceremonia habrá que hacerla en sábado, día dedicado a Saturno, símbolo de restricción y sabiduría.

Ritual

- Dibujarse un círculo negro con el carboncillo en la mano izquierda (para hacerlo, si no se ha conseguido el carboncillo, también puede servir un lápiz para cejas).
- Encender el incienso de pachuli.
- Encender la vela negra.
- Poner el billete, doblado al medio, sobre el papel negro y doblar éste de modo que el billete quede totalmente oculto.
- Sellar el paquete que se ha hecho con el papel con gotas de cera de la vela negra, mientras se visualiza a la persona gastadora en una actitud prudente y ahorrativa.
- Cuando el paquete esté completamente sellado, ponerlo sobre el paño negro. Agregar las hojas de ruda y la tila.
- Coser los bordes del paño para que su contenido no se pierda.
- Recitar la oración y dejar consumir la vela.
- Mojando el algodón en el aceite, limpiarse perfectamente el círculo que se ha hecho en la palma de la mano izquierda.

El paquete deberá ser colocado debajo del colchón o de la almohada de la persona a la que se quiera ayudar (o de uno mismo si es que se ha hecho para evitar gastar más de lo prudente). Cuanto más cerca esté de la cabeza, mejor.

Oración

Lo que ha venido se ha ido,
lo que venga, quedará.
Saturno guiará tus pasos,
para impedirte gastar.

RITUAL DE LA CRUZ DE CARAVACA

Como la mayoría de los trabajos de magia que se hacen para pedir dinero (tal y como hemos podido comprobar), este ritual de la cruz de Caravaca se debe ejecutar en jueves.

Deberá efectuarse durante nueve días seguidos, al término de los cuales el rito comenzará a hacer su efecto. No se aconseja realizarlo más de una vez al año.

OBJETOS NECESARIOS

Una vela grande – Una cruz de Caravaca – Nueve monedas del mismo valor
Un vaso – Aceite de oliva

Ritual

- Encender la vela.
- Poner el vaso sobre la cruz de Caravaca.
- Echar aceite en el vaso hasta llegar a un centímetro del borde.
- Echar en el vaso, una a una, las monedas al tiempo que se recita la oración.
- Una vez finalizada la oración, apagar la vela.
- Durante ocho días más, encender la vela y rezar la oración.
- Una vez que se haya realizado el rito durante nueve días, dejar el vaso con el aceite y las monedas en un lugar al aire libre, al pie de un árbol.

Guardar la cruz de Caravaca en un lugar seguro, ya que no deberá tocarla nadie excepto la persona que haya ejecutado el ritual.

Oración

En nombre de Jesús, mi Salvador,
invoco a los espíritus bienhechores
para que acudan en mi apoyo.
Que no me falte comida y cobijo;
que me sean dados en abundancia
para que ayude a otros en Su nombre.
Amén.

RITUAL DE LOS DADOS PARA ATRAER LA FORTUNA

Este es otro de los ritos populares en América del Sur cuyo fin es obtener dinero. Deberá realizarse en día jueves, por la noche.

OBJETOS NECESARIOS

Dos dados de seis caras – Dos folios de papel y lápiz – Un plato blanco
Un trozo de lienzo azul, más grande que el plato – Siete monedas doradas
Un espejo

Ritual

- Lanzar los dos dados.
- Apuntar la suma de la tirada. Si el número obtenido es mayor que 9, reducirlo a un dígito (por ejemplo: 6 + 6 = 12; 1 + 2 = 3).
- Apuntar el número obtenido en uno de los folios.
- Sumar los números del día de nacimiento al del mes y éstos, al del año. Reducirlos a un solo dígito (por ejemplo: 6 de mayo de 1955 = 6 + 5 + 1955 = 1966 = 1 + 9 + 6 + 6 = 22 = 2 + 2 = 4). Anotarlo debajo del resultado de la tirada de dados.
- Sumar el resultado de la tirada y el de la suma de la fecha de nacimiento y reducirlos a un solo dígito.
- Colocar el plato blanco frente a un espejo.
- Escribir en la otra hoja de papel, el propio nombre y apellido. Debajo, poner el último número que se ha obtenido.
- Doblar el papel dos veces, visualizando una situación de holgura económica, y ponerlo dentro del plato.
- Tapar el plato con el paño azul.
- Poner encima del paño las cinco monedas, cara arriba, formando con ellas una cruz al tiempo que se recita el conjuro.
- Enterrar el contenido del plato (es decir, el papel y el paño) al pie de un árbol.
- Dar las monedas a alguna persona necesitada o dejarlas en una iglesia.

Conjuro

Monedas, dinero,
Aumentad mi oro, aumentad monedas,
aumentad mi tesoro.

Según el historiador Sófocles, los dados cúbicos que hoy conocemos fueron inventados durante la guerra de Troya por Palamedes con el fin de entretener a los soldados. Herodoto, en cambio, afirmó que su origen había que situarlo en Asia menor.

Sin embargo, los descubrimientos arqueológicos posteriores han demostrado que ya 2.000 años a. C. eran usados por los egipcios y, poco más tarde, también por los chinos. Muchos interpretan que su empleo era el mismo que el que se daba a ciertos huesos de animales (sobre todo al astrágalo): servían para comunicarse con los dioses o bien eran una representación de la influencia de éstos sobre el destino humano.

RITUAL PARA RESOLVER UNA HERENCIA SIN COMPLICACIONES

Hasta en las familias mejor avenidas las herencias suelen traer complicaciones. En ocasiones, llegan a provocar rupturas entre hermanos e incluso viejos rencores que se creían olvidados o perdonados, vuelven a resurgir. Este ritual tiene por objeto allanar la mayoría de las dificultades que presenta una herencia y resolver las tensiones que pudieran surgir de la manera más beneficiosa para el oficiante.

OBJETOS NECESARIOS

Un folio de papel – Una tijera – Un cono o varilla de incienso de pachuli
Una vela amarilla – Un lápiz – Una saquito pequeño, preferiblemente amarillo
Tres hojas de laurel

Ritual

- Encender el incienso de pachuli y la vela amarilla.
- Cortar el folio en tantos trozos como haya que repartir la herencia.
- Poner en cada uno de ellos las iniciales de los herederos.
- Guardar los papeles así cortados en el saquito, junto con el laurel.
- Ocultar el saquito, bien cerrado, hasta que la herencia sea repartida.

EL EKEKO

Este es uno de los rituales destinados a la prosperidad que aún se conserva casi intacto en la zona andina de América del Sur.

El Ekeko es una deidad de los aymaras, descendientes de los incas; es el dios de la fortuna y la prosperidad. Según las creencias, este ídolo traía a los hogares la alegría y los bienes materiales a la vez que ahuyentaba la desgracia.

La imagen del Ekeko está presente en la mayoría de las casas en las poblaciones andinas, no sólo de Bolivia, sino también de Perú y de Argentina. Se trata de un muñeco de piernas y brazos cortos, que tiene una pequeña chepa y una gran boca.

Pero lo singular del Ekeko es que lleva colgando multitud de miniaturas que expresan los deseos que se le piden: casas, bicicletas, sacos de arroz, de maíz, papeles diminutos con dibujos de billetes, rollos de cartulina que representan títulos universitarios, etc. Estos pequeños objetos, se compran, bendecidos por los párrocos, en la llamada Feria de Alasitas. Aunque la figura del Ekeko no es posible de adquirir fuera de las zonas de influencia de esta deidad, dada su simplicidad es posible fabricarla uno mismo para poder cumplir con los rituales de este bondadoso dispensador de bienes materiales.

OBJETOS NECESARIOS

Un kilo de arcilla o cualquier material que sirva para el modelado – Sacos pequeños, como de juguete, con arroz, maíz, garbanzos o el alimento que se quiera – Miniaturas que representen los deseos – Un pantalón sencillo
Un trozo cuadrado de tela con un agujero que le sirva de poncho
Una cinta para hacer la faja

Procedimiento

Hacer un muñeco como el que se muestra en la figura. Para ello, como se verá, no se exige una gran perfección; bastará con hacer el cuerpo, los brazos y las piernas y colocarle la cabeza. Conviene, además, hacerle grandes los pies a fin de que se pueda mantener en posición vertical y, en todo caso, introducir por la cabeza un alambre que la sujete al cuerpo para que así no se rompa cuando la arcilla esté seca. Es importante hacerle una boca grande y sonriente. Los ojos y el pelo podrán pintarse cuando el Ekeko se haya secado. Una vez que esté hecho el muñeco, será conveniente ponerle pantalones, camisa o poncho, gorro y sombrero. Esto no es imprescindible, ya que los Ekekos más antiguos que se conocen van completamente desnudos.

Cuando la imagen de la deidad esté terminada, se le colgarán del cuello y de los brazos aquellos objetos que se deseen poseer, que representen los favores que se le pidan. Si no se consiguiera ninguna miniatura para simbolizar los deseos, se podrá escribir la petición en un papel o hacer un dibujo y colgárselo o sujetarlo con su faja. También se le deben poner pequeños saquitos conteniendo lentejas, arroz, alubias, maíz, etc., para que en la casa nunca falte el alimento.

Ritual

- Todos los días 24 de cada mes, poner en la abertura de la boca un cigarrillo encendido y dejar que se consuma.
- Colgar del Ekeko todo aquello que pueda representar lo que se quiera pedir, sobre todo si se trata de bienes materiales.

PÓCIMA PARA ATRAER EL DINERO

Las pócimas son preparaciones de hierbas, flores y otros elementos que se utilizan de diversas maneras.

Muchas de las que antiguamente se hacían tenían efectos curativos y otras se utilizan para sahumar la casa o las personas. Este ritual se deberá hacer en jueves y podrá repetirse todas las semanas.

OBJETOS NECESARIOS

Una taza de miel de abejas – Dos cucharaditas de manzanilla – Dos litros de agua mineral – Una nuez moscada – Tres hojas de laurel – Un diente de ajo sin pelar

Tres monedas del mismo valor

Ritual

- Poner todos los ingredientes en una olla, al fuego, y hervir lentamente.
- Cuando rompa el hervor, acercar las manos al borde de la olla teniendo el cuidado de no quemarse y recitar la oración.
- A los siete minutos de haber roto el hervor, apagar el fuego y llevar la olla a todos los rincones de la casa para que éstos absorban el vapor de los ingredientes que se han utilizado.
- Una vez que se ha llevado la olla a todos los rincones de la casa, esperar a que la pócima se enfríe, coger las monedas y guardar éstas en el monedero teniendo cuidado de no gastarlas.
- Lo que ha quedado de la pócima, deberá ser vertido en un lugar donde haya agua en movimiento. Es preferible que sea un espacio natural, como el río o el mar, pero si esto no fuese posible, se podrá echar en la pila abriendo previamente el grifo.

Oración

Que el poder del Fuego, del Aire y del Agua
equilibre y potencie tu sustancia
para que las trabas se alejen de esta casa.

RITUAL DEL BILLETE PARA ATRAER EL DINERO

Este rito deberá realizarse en día de cuarto creciente y, si es posible, en jueves.

OBJETOS NECESARIOS

Un billete de curso legal – Una vela amarilla – Una cinta amarilla de 10 cm de longitud – Dos hojas de laurel – Una pizca de tomillo

Ritual

- Encender la vela amarilla.
- Dejar caer una gota de cera en cada una de las esquinas del billete.
- Dejar caer cuatro gotas de cera en el centro del billete.
- Sobre las siete gotas, echar una pizca de tomillo y una de las hojas de laurel.

- Dejar caer tres gotas más sobre la hoja de laurel y poner la otra hoja encima, de modo que quede formada una cruz.
- Enrollar el billete con el laurel hacia adentro.
- Atarlo con la cinta amarilla haciéndole siete nudos.
- Recitar la oración.

Oración

Por siete veces siete
que el dinero venga a mí
como las abejas a la miel.

Este billete se deberá guardar en la billetera, en una caja fuerte o donde se tenga el dinero.

ACTOS POSITIVOS Y NEGATIVOS PARA ATRAER LA FORTUNA

Hay una gran variedad de gestos cotidianos, de pequeños ritos, que se realizan o evitan para favorecer la economía. En su mayoría, han sido creados hace siglos y han llegado hasta nuestros días porque se han transmitido de unas generaciones a otras en el seno de las familias. Al igual que ocurre con los rituales más complejos, en estos pequeños ritos se utilizan o involucran los elementos del entorno geográfico de la cultura en la que nacieron. Así como los esquimales emplean partes del cuerpo de una foca o de una ballena para pedir a sus dioses alimentos todo el año, los habitantes del trópico usan cocos y los pueblos mediterráneos hojas de olivo o ajos a fin de tener buenas cosechas o, sencillamente, dinero. A continuación se mencionarán algunas de las cosas que hay que hacer o que es preciso evitar para favorecer la abundancia.

Gestos positivos que propician la prosperidad

- Poner un elefante con la trompa hacia arriba, mirando hacia la casa.
- Sujetar con la trompa de un elefante un billete enrollado y dejarlo en el lugar más importante de la casa (siempre de espaldas a la entrada).
- Si se encuentra un paraguas roto por la calle, recogerlo porque es señal de que se cobrará un dinero inesperado.

- En una bolsita, colocar unos granos de arroz y una cucharadita de harina y luego ponerla debajo del colchón.
- Llevar un diente de ajo en el monedero.
- A la hora de dirigirse a una importante cita de negocios, salir de la casa con el pie derecho.
- Colocar en el balcón de la casa una palma o rama de olivo bendecida en Domingo de Ramos. Eso expulsa las malas vibraciones, impide que entren las energías negativas y atrae el bienestar.
- La entrada de una mariposa o polilla blanca en la casa es señal de que se va a recibir dinero. Se puede espantar pero nunca matarla.
- Si se sienten picores en la mano derecha, es señal de que se recibirá dinero y para que esto se cumpla, hay que evitar rascársela.
- Poner en la billetera un trébol de cuatro hojas.
- Colocar una herradura de siete agujeros tras la puerta de entrada de la casa.
- Poner una moneda de cobre en cada uno de los rincones de la casa o del negocio.
- Tener una estampa o imagen de san Pancracio que haya sido regalada por otra persona.
- Poner un atado de siete espigas de trigo tras la puerta.

Gestos negativos que inhiben la prosperidad

- Apoyar la cartera o billetera en el suelo. Fomenta los gastos.
- Para los comerciantes: no fiar al primer cliente que se atienda cada día.
- Apoyar las tijera en una billetera o en el bolso.
- Tirar a la basura un trozo de pan sin besarlo antes.
- Mantener los adornos navideños más allá del día 7 de enero.
- Barrer la casa por la noche aleja la buena suerte.
- Es tradición en Rusia no silbar en una casa para no ahuyentar el dinero.
- Barrer un negocio al comienzo del día ahuyenta las ganancias.

Rituales sobre la salud

Debido a que la magia se originó en un estadio muy primitivo en cada una de las diferentes civilizaciones, ha estado siempre ligada a la tierra, a la naturaleza. Los chamanes de cada grupo humano, los brujos y hechiceros eran expertos en el conocimiento de las plantas que había en sus respectivos hábitats y las utilizaban con frecuencia para curar las más diversas enfermedades.

Una gran cantidad de los medicamentos que hoy se encuentran en cualquier farmacia ya eran conocidos hace siglos; las plantas venenosas, las purgantes, las que aceleraban los partos o favorecían el sueño, por citar unos ejemplos, llevan siendo empleadas por el hombre miles de años. Una diferencia entre las que se consumen hoy y las que se administraban hace milenios es que antes se hacían infusiones con las distintas partes de la planta o se ponían sus hojas como emplasto, mientras que actualmente, gracias a los adelantos de la ciencia y la tecnología, es posible extraer sus principios activos, concentrarlos y presentarlos en forma de grajeas, jarabes o inyectables. Y es precisamente su concentración lo que permite restablecer la salud en un tiempo menor.

En el cuerpo se refleja el alma

Desde el siglo pasado una rama de la medicina ha cobrado un importante auge: la medicina psicosomática. Son muchos los facultativos que actualmente admiten que ciertas enfermedades tienen un componente psicológico más importante aún que el fisiológico y muy pocos los que niegan la estrecha relación que existe entre los estados patológicos y la disposición anímica. Como ejemplo claro de ello pueden mencionarse los múltiples síntomas que produce el estrés en el organismo o la repercusión que pueda tener en un enfermo cardíaco algo tan poco fisiológico pero tan anímico como una mala noticia, un disgusto o una discusión.

Está sobradamente comprobado que cualquier paciente con ganas de vivir, con una actitud optimista y asertiva, con fe en su médico y en los fármacos que éste le recomiende, se cura mucho antes que un paciente pesimista. Eso no debe sorprendernos ya que, con el simple uso de la palabra, cualquier cirujano que sepa hipnotizar podrá operar al paciente sin hacer uso de anestesia o con una mínima pérdida de sangre.

Desde la mente se puede controlar el cuerpo, eso está claro; lo que ocurre es que muy pocos saben cómo hacerlo. Los yoghis de India son capaces de acelerar a voluntad el ritmo cardíaco o de invertir el proceso digestivo, cosa que para un occidental es difícil de creer. Sin embargo, hay hospitales en los que funcionan equipos de *biofeed-back*, técnica que logra la mejora de ciertos desarreglos enseñando al paciente a oír y conocer su propio cuerpo. La técnica es relativamente sencilla: se conectan electrodos en la pierna de una persona que ha sufrido parálisis, por ejemplo, y mediante la evocación de imágenes se le hace moverla. La contracción muscular es imperceptible, el paciente no la nota, pero sí es registrada por los electrodos de modo que es el aparato quien le dice al enfermo cuándo ha tenido éxito su intento. De esta manera, logran la recuperación de diferentes dolencias trabajando con la ayuda de equipos electrónicos. Lo importante de esta técnica es que, al igual que la magia, cuenta fundamentalmente con la imaginación y la fe del enfermo como principales instrumentos de cura.

LA MAGIA Y LA SALUD

Los rituales de magia no están reñidos en absoluto con la medicina; son su complemento. Si alguien pretendiera hacer uso de ellos como reemplazo del médico, estaría cometiendo un grave error al mismo tiempo que estaría despreciando el trabajo y la investigación de los magos de la antigüedad, cuyos conocimientos han sido la base de nuestra actual farmacopea.

Ante una dolencia, lo primero que hay que hacer es un diagnóstico y el segundo paso es seguir las indicaciones del especialista. La magia es, en este caso, una forma de hablar con nuestro organismo para ordenarle que ponga en marcha sus mecanismos naturales de curación.

Hay muchos rituales destinados a tener el cuerpo en las mejores condiciones, que están más orientados a prevenir que a curar. Es importante llevarlos a cabo no sólo porque nos preservarán de caer enfermos, sino también porque, en caso de que se presentara alguna dolencia, la curación sería mucho más rápida gracias a la conexión entre el cuerpo y la mente que esos rituales ya habrán establecido.

RITUAL DE CONEXIÓN CON LA MADRE TIERRA

Para que el organismo pueda defenderse de cualquier agresión externa (virus, bacterias), es necesario que disponga de las suficientes fuerzas como para hacerles frente, que las defensas sean poderosas. Si el sistema inmunitario está en perfectas condiciones, podrá combatir más eficazmente cualquier infección.

El objetivo de este ritual es, precisamente, fortalecer las defensas del organismo y puede ser ejecutado por cualquier persona, sana o enferma.

Ritual

- Sentarse o acostarse al aire libre. Puede ser sobre arena, tierra o césped.
- Relajar completamente el cuerpo y la mente.
- Apoyar las palmas de las manos en el suelo. Sentir la tierra.
- Visualizar que la energía y magnetismo terrestres ponen en orden el organismo; que arreglan y regulan los pequeños impulsos eléctricos que parten del cerebro hacia los órganos haciéndoles funcionar adecuadamente.
- Permanecer unos diez minutos en esa posición, percibiendo el interior del cuerpo; los latidos del corazón, la respiración.
- Pasado ese tiempo, dar gracias a la Madre Tierra.

RITUAL PARA ALIVIAR DOLORES ARTICULARES

Cuando se produce una dislocación, el dolor puede ser intenso y afectar huesos, músculos y tendones. Esta ceremonia tiene como objetivo aliviar esas molestias. Como siempre, se recomienda que ante un dolor de este tipo o de cualquier otro, se consulte inmediatamente a un médico.

OBJETOS NECESARIOS

Una cinta verde – Una vela verde – Una prenda de vestir que tenga más de dos botones (por ejemplo, una chaqueta)

La ceremonia podrá realizarse en cualquier momento; debe ser ejecutada por la persona afectada.

Ritual

- Abotonarse mal la prenda de vestir; es decir, en lugar de poner el primer botón en el primer ojal, ponerlo en el segundo y así sucesivamente.
- Encender la vela verde.
- Atarse la cinta verde alrededor de la articulación afectada. Si el lazo hubiera que armarlo con la mano izquierda, se recomienda hacer previamente un nudo corredizo para que esta operación resulte más fácil.
- Decir la oración a medida que se desabotona la prenda y se la vuelve a abotonar, esta vez correctamente.
- Dejar que la vela se consuma por sí misma.
- Llevar la cinta atada a la articulación hasta que el dolor desaparezca.

Oración

Que aquello que está errado
vuelva a su lugar
como vuelven rigurosas
las olas en el mar.
Por obra de Dios Padre, Hijo y Espíritu Santo
¡que esto se arregle ya!

RITUAL PARA AYUDAR A BAJAR LA FIEBRE

Este rito deberá ser realizado cuando se presenten estados febriles de varios días de duración. Como siempre, es imprescindible ir al médico y hacer el diagnóstico de la enfermedad que la provoque. El ritual sólo sirve para ayudar al organismo y acelerar la mejoría.

OBJETOS NECESARIOS

Una cebolla – Agua mineral – Una maceta de barro con tierra nueva
Una estampa de san Blas – Un paño limpio

La maceta de barro deberá ser nueva, sin estrenar, o estar muy limpia por fuera de modo que conviene ponerla en un lugar en el que no se ensucie fácilmente.

Es muy importante recordar que el ritual tiene que realizarse siempre y cuando no haya ninguna indicación médica que impida el poner un paño húmedo en la frente de la persona que esté enferma.

Ritual

- Plantar la cebolla en el tiesto.
- Poner un paño plegado, mojado, alrededor del tiesto y luego ponerlo sobre la frente del enfermo recitando la jaculatoria.

Oración

San Blas bendito,
que la fiebre se vaya
por donde ha venido.

RITUAL PARA CURAR LOS PARÁSITOS

En muchas zonas, sobre todo en las rurales, son comunes los parásitos intestinales, generalmente en forma de lombrices. Éstas afectan, sobre todo, a los más pequeños, ya que son quienes se llevan las manos sucias a la boca ingiriendo, al hacerlo, las esporas.

Hay muchos medicamentos que las erradican, de ahí que sea preciso consultar a un médico; pero si se quiere ayudar en el proceso o hacer éste más rápido, puede ejecutarse este ritual.

OBJETOS NECESARIOS

Nueve ramitas del tamaño del pie del oficiante

Este rito no se puede hacer para uno mismo; siempre se realizará con el fin de curar a otra persona.

Es mejor que las ramas estén secas y sean delgadas ya que, al terminar el ritual, deberán ser quemadas.

Ritual

- Poner una de las ramitas sobre el pie de la persona afectada y decir la primera frase de la oración.
- Reemplazar esa ramita por otra y decir la segunda frase. Así hasta haber pasado por el pie del enfermo las nueve ramitas.
- Terminar la oración.
- Quemar todas las ramitas.

La oración deberá nombrar los diferentes números en orden inverso (nueve, ocho, siete, seis, cinco, etc., hasta uno).

Oración

Las lombrices eran nueve,
de nueve se volvieron ocho,
de ocho se volvieron siete,
(... decir los demás números)
de dos se volvieron una.
Todas las cortó menos la de Villarreal.
A aquella no la cortó ni le hizo mal.

Las cenizas que queden después de haber quemado las ramitas, deberán ser dejadas en un lugar donde corra el agua o en un cruce de caminos o calles.

PARA CURAR LOS DOLORES DE ENTUERTO

Después del parto y con la subida de la leche se libera una hormona llamada occitocina que produce contracciones en el útero; pueden ser tan dolorosas como las del parto y suelen durar de dos a tres días.

No todas las mujeres que han dado a luz las padecen, aunque la mayoría experimentan algunas molestias.

En algunos pueblos del sur de España, se acostumbra a aliviar estos dolores poniendo debajo de la cama de la paciente un cuenco con agua fresca durante 24 horas a partir del alumbramiento rezando, al hacerlo, tres avemarías.

RITUAL DE PROTECCIÓN PARA UN RECIÉN NACIDO ENTRE LOS KURABAKAIRI

Ha llamado la atención de los antropólogos la relación con el cuerpo que tienen los indios bakairi del Amazonas, un grupo del cual hoy quedan menos de mil habitantes en el planeta. Son mayormente vegetarianos y cuidan su cuerpo como vehículo, como portador de algo más importante que es el alma.

Cuando nace un niño, efectúan una ceremonia llamada *Iamudo Itabienly* (*iamudo* se traduce por niño e *itabienly* por bautizo) cuyo fin es preservarlo de todo mal.

Ritual

- Después de preparar la casa para hacer conocer al pequeño al resto de la aldea, que es como decir «al resto de la familia», una de las dos abuelas del niño debe cogerlo en brazos y llevarlo junto con su madre, de mañana, a un lugar al aire libre. Allí, debe elevarlo de cara al sol y recitar la oración.

Oración

¡Alfa! ¡Aufa! Xixi.
¡Awery ega! ¡Awery enamanaga!

La traducción de esta oración es: «¡Tómalo, Sol! ¡Bendigo a tu nieto! ¡Recibe y cría a tu hijo!».

El mismo gesto ritual se repite de cara al Sur, al Norte y a Oeste. Luego la abuela entrega el niño a la madre.

RITUAL PARA ALIVIAR LOS DOLORES MENSTRUALES

Hay mujeres que en ciertos momentos del ciclo menstrual, ya sea pocos días antes de la llegada de la regla, en el transcurso de ésta o cuando se produce la ovulación, tienen muchas molestias.

Los dolores de algunas de ellas obligan, incluso, a guardar cama, y en otras, el cambio hormonal que se produce les altera por completo las emociones generándoles irritabilidad, melancolía, angustia y mucho estrés.

El objetivo de este ritual es equilibrar el organismo de modo que se minimicen estas molestias.

OBJETOS NECESARIOS

Un manojo de flores de lavanda – Medio litro de aceite de oliva

Quince días antes de ejecutarse el ritual, se deberá preparar el aceite. Para ello, echar dentro de la botella las flores de lavanda para que se maceren mezclándose así sus principios activos con los del olivo.

Si se quisiera hacer el ritual de inmediato o no se consiguieran las flores, éstas pueden sustituirse por colonia de lavanda mezclándola a partes iguales con el aceite. En este caso no será necesaria la maceración.

Ritual

- Mojarse la mano con el aceite y frotarse circularmente la zona dolorida, en el sentido de las agujas del reloj, mientras se recita la jaculatoria.

Jaculatoria

La mente controla el cuerpo.
Fuera dolor, fuera lamento.
Menos, menos, menos
por Jesús, el Nazareno.

Para fortalecer el efecto, es conviente poner un saquito con lavanda debajo de la almohada.

RITUAL PARA ALIVIAR LA RETENCIÓN DE LÍQUIDOS

Este es un trastorno bastante común, afecta a muchas personas, especialmente a las mujeres, y se acentúa con la llegada del verano. Para resolverlo, además de consultar al médico para que averigüe las causas que lo provocan, conviene vigilar estrechamente la alimentación.

Es recomendable no comer alimentos muy salados, así como tomar aquellos que sean diuréticos, que favorezcan la eliminación de los líquidos. Entre éstos, pueden citarse: calabaza, calabacín, pera y endibias, alimentos que, además, al tener pocas calorías, no engordan. Otros alimentos diuréticos son el melón y las pipas de girasol.

Una ingesta rica en estos productos reducirá, en gran medida, el problema.

Este ritual es apropiado para deshinchar las piernas, que suele ser la zona del cuerpo donde más se acusa la retención.

OBJETOS NECESARIOS

Medio litro de aceite de girasol – Un ramillete de romero

El aceite deberá prepararse unos 15 días antes echando el romero dentro de la botella y dejándolo macerar.

Ritual

- Encender una vela verde y colocarla junto a la botella de aceite.
- Rezar la jaculatoria.
- Mojarse las manos con el aceite y, con las piernas en posición horizontal o apoyadas en algún lugar de modo que queden más altas que la cabeza, hacer un masaje. Comenzar por los pies, incluyendo la planta, los dedos y el empeine.
- Masajear especialmente la parte posterior del tobillo, utilizando para ello el pulgar y el índice, en la zona en la que se muestra en el dibujo y siempre haciendo el masaje de abajo hacia arriba.
- Terminar masajeando el resto de la pierna, siempre en la dirección indicada.

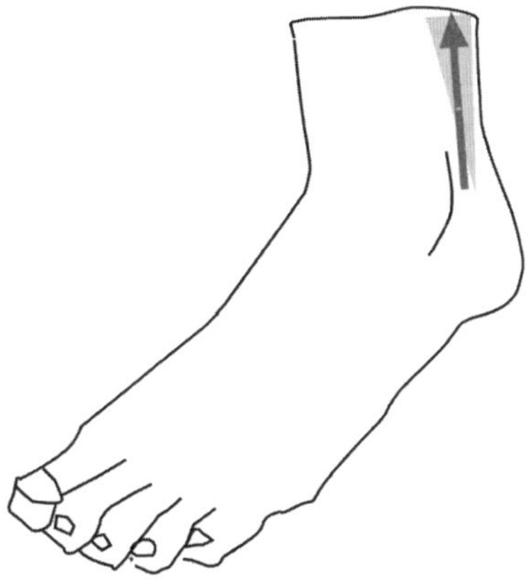

Conviene mantener las piernas bien apoyadas sobre una superficie de modo que queden estiradas.

Jaculatoria

Que el sagrado fuego de este romero
queme y elimine el agua
porque yo así lo deseo.

En este ritual se utiliza el aceite de girasol ya que las semillas de estas plantas son un diurético natural. El humo del romero tiene como finalidad concentrar la voluntad y el deseo de curación.

RITUAL DE SANTA RITA PARA RESTABLECER LA SALUD

Cuando aparezca un problema de salud en el entorno, independientemente de cuál sea el órgano afectado, se puede realizar esta ceremonia, ya que su objetivo es proveer una mejora general en el organismo.

OBJETOS NECESARIOS

Dos rosas – Una vela blanca – Un cuenco con agua – Una imagen de santa Rita

Se recomienda que el día en que se lleve a efecto se haga un ligero ayuno. Éste consistirá en comer menos alimentos o, de ser posible, ingerir sólo algunas verduras crudas y fruta. Esta medida tiene dos fines: por un lado permitir la depuración de todo el organismo y, por otro, tener una mayor disposición de energías mentales para dirigir la curación.

Ritual

- Poner el cuenco con agua al lado de la estampa o imagen de santa Rita.
- Deshojar las rosas, echar los pétalos dentro del agua y recitar la oración.

Dejar que la vela se consuma. Todos los días, mojarse el pulgar de la mano derecha y trazar la señal de la cruz en la frente de la persona enferma recitando la oración. A los siete días se podrá realizar nuevamente el ritual para tener un agua nueva.

Oración

Santa que solucionas casos desesperados,
a ti que estás al lado de Dios padre,
te pido intercedas en mi nombre
para que cure (nombre de la persona) de sus males
sean de cuerpo o sean de alma.

Santa Rita fue una mujer ejemplar. Casada y madre de dos hijos, quedó viuda siendo éstos muy pequeños porque a su marido lo mataron unos asaltantes. Habiendo descubierto que los niños albergaban mucho odio en su corazón, pidió a Dios que se los llevara antes de que se convirtieran en asesinos. Misteriosamente, poco después los pequeños murieron. Desolada, santa Rita entró en un convento y cayó gravemente enferma. Un día, mientras estaba en su cama, le preguntaron qué deseaba y ella contestó: «rosas», pero como todos sabían, en esa región no crecían y, menos aún, en la época del año en que estaban. Así se lo dijeron pero ella respondió con seguridad que en el jardín las encontrarían. Y, en efecto, al salir al jardín vieron que estaba plagado de rosas. Con esta bella historia se explica por qué se utilizan estas flores en el ritual.

RITUAL PARA ALIVIAR LOS DOLORES REUMÁTICOS

En algunas zonas de Cantabria, recomiendan pisar las cenizas de las hogueras encendidas en la noche de san Juan para curar diferentes dolencias, entre las que se encuentra el reuma. También se prepara en este día un aceite que sirve para aliviar los dolores producidos por ese trastorno.

OBJETOS NECESARIOS

Dos cucharadas de cenizas de una hoguera encendida en la noche de san Juan
Medio litro de aceite de oliva – Cinco hojas de verbena
Una vela blanca

El ritual para preparar el aceite deberá realizarse durante el día de san Juan, después de haberse recogido ceniza de la hoguera.

Ritual

- Encender la vela blanca.
- Echar las cenizas dentro del aceite.
- Agregar las hojas de verbena.
- Tapar el frasco y agitar bien.
- Poner el frasco al lado de la vela y recitar la oración.
- Dejar el frasco toda el día al aire libre.

Cuando se sientan dolores reumáticos, ponerse un poco de este aceite en la palma de la mano y frotar la zona afectada.

Oración

Que la energía del sol
y la bondad de san Juan Bautista
den su fuego a este aceite
para quitar el frío de los huesos.

Las hogueras que se encienden en la noche de san Juan se hacen en honor del sol, fuente natural de calor.

La verbena es una planta con simbolismo solar que adquiere mucha importancia para los actos mágicos que se realizan, desde hace siglos, en la noche más corta del año.

RITUAL PARA CURAR VERRUGAS

Entre todos los trastornos de la salud, tal vez sean las verrugas el que más rituales haya generado en diversos pueblos y a través de la historia. En cada lugar se utilizan conjuros y elementos diferentes.

Los rituales pueden dividirse en dos tipos básicos: unos consisten en frotarse las verrugas con algún objeto (tocino, carne de cerdo, sal) que luego será enterrado por otra persona en un lugar que deberá permanecer en sitio ignorado por el afectado; en los otros, se trata de contar las verrugas y luego coger tantos granos de maíz, garbanzos, lentejas, piedras o cualquier otro elemento, como verrugas se tenga, para luego dejarlos caer en diferentes sitios a fin de desembarazarse de ellas o que otro se las lleve. Si se quiere hacer un ritual de este tipo, a medida que se vaya dejando caer las lentejas, granos de sal o lo que se haya escogido por el camino, se debe decir: «Verrugas traigo, verrugas vendo».

Ritual para aliviar dolores de estómago y vómitos

En Asturias, cuando alguien tiene trastornos estomacales se dice que la espinilla o paletilla se ha caído. Con ese nombre llaman a un supuesto hueso que hay en la boca del estómago. Por esta razón, cuando alguien sufre problemas gástricos, tiene inapetencia o vómitos, se le hace la señal de la cruz, tres veces seguidas, en la boca del estómago al tiempo que se recita lo siguiente:

Oración

Ana parió a santa Ana;
santa Ana parió a María;
María parió a Jesús;
como estas tres cousas son pura verdad,
espinilla, paletilla,
volvete a teu lugar
como les ondes del mar.

El hecho de hacer la señal de la cruz tocando ligeramente la boca del estómago con el pulgar, pone en marcha, en el organismo enfermo, sus propios mecanismos de curación. Si la persona que actúa como oficiante tiene fe en lo que está haciendo, su propia intuición hará que toque los puntos necesarios como para que la autocuración se inicie.

Ritual para aliviar el dolor de muelas

Hay una frase que afirma que la salud es el silencio de los órganos, pero esto es cierto sólo parcialmente.

Muchas enfermedades cursan sin síntomas, invaden silenciosamente el cuerpo y sólo se manifiestan después de haber causado graves lesiones en los órganos. Sin embargo, sí se puede asegurar que cuando se experimenta un dolor éste indica que hay algo en el organismo que no está funcionando como es debido. A excepción de las agujetas que se sienten después de hacer un esfuerzo prolongado, que acusan la tensión excesiva a la que ha sido sometido un músculo y no son síntoma de enfermedad alguna, todo dolor merece ser investigado.

Las punzadas dolorosas provocadas por una pieza dentaria pueden deberse a muchos factores y sólo un odontólogo está capacitado para hacer un diagnóstico preciso y poner remedio a ello. Como en ocasiones el dolor de muelas cesa por sí mismo, es frecuente que la gente decida que ya no es necesario visitar al odontólogo, ignorando que un proceso infeccioso no sólo deteriora la cavidad bucal, sino que puede tener repercusiones en riñones, garganta y en cualquier otra zona del cuerpo.

La receta mágica más antigua relacionada con la curación del dolor de dientes data del año 2500 a. C. Es una tablilla asiria cuyo contenido es un conjuro específico para curar «males de cabeza y de corazón, angustias, mal de ojo, fiebre y venenos».

El ritual que se ofrece a continuación, como todos aquellos que se relacionan con la salud, no reemplaza al dentista; así como no hay ningún medicamento que restaure una pieza cariada o rota, tampoco hay procedimiento mágico que lo consiga.

Sí es posible, en cambio, aliviar el dolor por medio de la magia, ya que los rituales a tal fin se hacen para poner en funcionamiento los recursos analgésicos del propio organismo.

OBJETOS NECESARIOS

Un paño azul, de 30 x 30 cm aproximadamente – Una vela azul

Una piedra negra – Una caja de cerillas

Es conveniente que el color de la tela sea lo más vibrante e intenso posible; el más adecuado es el que en muchos países se denomina azul eléctrico.

Ritual

- Poner la vela sobre el paño azul. Se puede apoyar sobre una pequeña superficie de metal u otro material para no mancharlo, siempre y cuando no ocupe demasiado lugar y la superficie de la tela sea bien visible.
- Colocar la piedra entre la vela y el oficiante, también sobre el paño.

- Fijar los ojos en la tela por espacio de unos tres minutos, sintiendo que ese color se absorbe por los ojos e inunda la cabeza.
- Encender la vela.
- Respirar hondo, relajar los hombros, la frente y, sobre todo, las mandíbulas.
- Concentrarse en el dolor y localizar el punto exacto en el que se origina.
- Visualizar que el dolor tiene capas; que el punto central de molestia aguda está rodeado de zonas menos dolorosas.
- Separar mentalmente la zona central de dolor, apartando de la mente el resto del área afectada.
- Visualizar que ese punto, poco a poco, toma el color del paño, que se convierte en un círculo de color azul intenso que se va reduciendo paulatinamente. No debe pretenderse que desaparezca salvo que se tenga una gran experiencia en concentración, relajación y visualización. Mejor es reducirlo al menor tamaño posible, así, aunque moleste un poco, el dolor será perfectamente soportable.
- Permanecer cinco minutos como mínimo visualizando el punto doloroso.
- Ponerse de pie y dar siete vueltas sobre sí mismo delante de la vela mientras se recita la oración.
- Cuando la vela se haya consumido totalmente, coger la piedra y posarla en la mejilla, sobre la zona afectada. Cuando el dolor sea intenso, repetir esta operación recitando nuevamente la oración.

Oración

Estaba santa Polonia
en la puerta de su casa;
la Virgen pasó y le dijo:
¿Qué haces Polonia de mi alma?
Aquí estoy Señora mía,
no duermo sino velo,
que de un dolor de muelas
dormir no puedo.
La Virgen le dijo:
agárrate de este niño reluciente
que tengo en mi vientre y jamás te
dolerán ni muelas ni dientes.

Santa Apolonia, a la que en muchos países llaman Polonia, es la patrona de los odontólogos. De ella se cuenta que sus captores le hicieron pasar por horrorosas torturas para que renegara de su fe y blasfemara contra Cristo; entre otras cosas, con un brutal golpe en la cara le rompieron todos los dientes. Como sus torturadores no consiguieron nada con ello, la amenazaron con lanzarla a una hoguera que habían encendido en su presencia y ante eso, ya desmayada de tanto dolor, ella pidió que la desataran. Todos pensaron que por fin la terca mujer se retractaría de su fe, sin embargo lo que hizo fue saltar a las llamas diciendo que ofrecía su dolor a los demás, que quien sufriera a causa de los dientes la invocara que ella intercedería ante Dios para aliviarles.

Por un milagro divino las llamas ni siquiera la tocaron, de ahí que fuera nuevamente golpeada. Como tampoco con eso consiguieran su muerte, santa Apolonia fue, finalmente, degollada.

En una de las joyas de la literatura española, *Don Quijote de La Mancha*, Cervantes hace una alusión a la invocación a santa Apolonia para aliviar el dolor de dientes: «¿La oración de santa Apolonia dice vuestra merced que rece? Eso fuera si mi amo lo hubiera de las muelas».

RITUAL DEL AJO PARA ALIVIAR EL DOLOR DE MUELAS

Este es otro de los ritos que han llegado hasta nuestros días cuya finalidad es aliviar cualquier odontalgia.

El ritual podrá hacerse para curar el propio dolor o bien el de otra persona. En este caso, esa otra persona deberá estar presente durante toda la operación.

La oración deberá rezarla quien ejerza la ceremonia.

OBJETOS NECESARIOS

Dos dientes de ajo – Una vela verde – Dos tenedores o palillos

Ritual

- Encender la vela.
- Pinchar los dientes de ajo, sin pelar, con los tenedores o los palillos.
- Acercarlos poco a poco a la llama de la vela de modo que vayan calentándose lentamente. No ponerlos sobre ella para que no se quemen.

- Una vez que los dientes de ajo estén calientes, posar uno de ellos sobre la mejilla, en el punto más próximo a la pieza que esté provocando el dolor, y el otro en el pabellón de la oreja de ese mismo lado. Deberá buscarse el punto en el que haga más efecto pero sin introducirlo, bajo ningún concepto, dentro del oído.

Oración

Diente, yo te conjuro en nombre de Dios vivo
que no hagas mal a (nombre de la persona afectada)
como la lanza hizo en el costado de Nuestro Señor.
(Rezar tres padrenuestros y tres avemarías.)

Ritual para curar a un niño herniado

En diversos pueblos de España se realizan ceremonias para curar las hernias de los niños.

El acto central de la ceremonia consiste en pasar al pequeño por entre las ramas de un árbol que en algunas localidades de la zona valenciana es una higuera y en otras, de Andalucía, es un granado.

El rito se lleva a cabo el día de san Juan y el que aquí se reproduce pertenece a la localidad de Jódar. Ha sido documentado por Ildefonso Alcalá Moreno y su nombre es la tradición de los «quebraos» (herniados).

Objetos necesarios

Tres personas cuyos nombres sean Juan, Juana y María – Un granado
Un poco de barro

Ritual

- Partir una rama del granado.
- Las personas que se llamen Juan y Juana, deberán coger al niño «quebrao» y dar vueltas alrededor del tronco del granado.
- La persona cuyo nombre sea María debe amasar un poco de barro, rezar la jaculatoria y pegar con el barro la rama que ha sido cortada.

Jaculatoria

Quebrao me lo das
y sano te lo entrego.

Si la rama queda sujeta con el emplasto de barro y sana, el niño también sanará.

El ritual levantino es ligeramente diferente; así, Juana le entrega el niño herniado a Juan, pasándolo por la horqueta de una higuera al mismo tiempo que recita la jaculatoria.

RITUAL PARA CURAR ORZUELOS

En muchos lugares se cree que los orzuelos se producen porque una mujer embarazada ha mirado mal a la persona afectada por algo que ésta le ha hecho. Es una dolencia bastante común en muchas zonas geográficas, por ello, hay innumerables rituales para curarlos: desde frotar un anillo de oro haciendo con él la señal de la cruz sobre la zona afectada, hasta la utilización de una llave con el mismo fin o la pronunciación de un conjuro.

El que aquí se propone es un ritual común en el norte de España.

OBJETOS NECESARIOS
Un montón de piedras – Un puñado de sal

Ritual

- Situarse junto a un camino lo más transitado posible.
- Reunir un montón de piedras y, encima, echar un puñado de sal.

La persona que derribe ese montón de piedras se llevará el orzuelo consigo.

RITUAL ASTURIANO PARA CURAR LAS AFTAS ORALES

La aftas orales son llagas que salen en la boca y son producidas por la infección de un hongo: *candida albicans*. En la cavidad bucal tenemos constantemente muchos microorganismos, entre ellos, esta levadura. Como suelen estar bajo control, por lo general no presentan molestias. Sin embargo, cuando una persona está baja de defensas por la razón que sea (estrés, uso prolongado de ciertos medicamentos, otras enfermedades en curso, etc.), la población de *candida albicans* crece y se genera el síntoma en forma de llagas. Es más común que ocurra en niños pequeños y en ancianos. Se ha optado por dejar la oración tal cual la pronuncian en Asturias, donde a las aftas se les llama lliras.

OBJETOS NECESARIOS

Nueve trocitos de pan – Un poco de manteca – Un perro que sea conocido

Ritual

- Untar con manteca los nueve trocitos de pan.
- Coger al perro y dirigirse con él a un mojón del camino.
- Simular que se arrancan las aftas con la mano y que se las coloca en el mojón mientras se recita la oración.
- Simular que se dan las aftas al perro en los nueve trocitos de pan.

Oración

Lliras che quito
nel marco las poño;
toma, can
lliras y pan.

RITUALES VARIOS

Rito para curar el hipo

Colocar sobre la frente de la persona que lo padece un trozo de hilo rojo sujetado con saliva.

Rito para curar los granos

Debe llevarse siempre una nuez moscada en el bolsillo derecho. Es importante destacar que esta semilla es un alucinógeno natural, de modo que no deberá usarse este rito con niños pequeños, ya que si se la meten en la boca podrían ahogarse o intoxicarse.

Rito para curar las hemorroides

Consiste en llevar una castaña, de las llamadas pilongas, en el bolsillo. También se puede poner debajo de la almohada a la hora de irse a dormir.

Conjuro para curar el hipo

Tomar tres sorbos de agua sin respirar al tiempo que se recita mentalmente lo siguiente:

Oración

Hipo tengo
a mi novio lo encomiendo.
Si me quiere bien,
que se lo quede con él;
si me quiere mal,
que me lo vuelva a dar.

LIMPIEZA PARA LA SALUD DE TODA LA FAMILIA

La ceremonia que se explica a continuación tiene carácter preventivo, de manera que no hay que esperar a que alguien enferme para llevarla a cabo.

Este ritual puede hacerse, por ejemplo, al comienzo de la primavera que es una época donde abundan los trastornos alérgicos o a principios del invierno, para prevenir los catarros.

La preparación de la pócima que se utilizará en el ritual deberá llevarse a cabo dos días antes de la luna nueva.

OBJETOS NECESARIOS

Dos litros de agua de lluvia o, en su defecto, de agua mineral o agua destilada
Un puñado de hojas o flores de lavanda – Un puñado de romero – Un puñado de tomillo – Un puñado de hojas de limonero – Un paño blanco

Preparación del líquido

Poner el agua las hojas de lavanda, de romero, de tomillo y de limonero y dejarlas macerar dos días, hasta que sea luna nueva.

Ritual

- La noche de luna nueva fregar la puerta con el líquido que se ha preparado y con un trapo blanco.
- Si se quiere también se puede fregar las puertas de todas las habitaciones de la casa.
- Cuando se haya terminado con esta tarea, mojar nuevamente el paño en el agua y, sin escurrirlo, dejarlo secar en la ventana.
- El líquido sobrante deberá ser tirado sobre tierra, ya sea al aire libre o en una maceta.

RITUAL DEL JARRÓN PARA PROCURAR SALUD PARA LA FAMILIA

Hay épocas como el invierno, en las que casi todos los miembros de la familia se ven atacados por gripes, catarros o enfriamientos. No son, por lo general, dolencias graves pero sí molestas.

Este ritual es ideal para estos momentos, ya que no curan algo específico, sino que apuntan a favorecer la salud general aumentando las defensas de todos los que habitan en una casa.

La ceremonia podrá hacerse una vez por mes y siempre en viernes.

OBJETOS NECESARIOS

Un jarrón o florero – Una flor blanca por cada menor que viva en la casa
Una rama verde por cada adulto – Una flor morada por cada persona enferma
Una cinta blanca de un diámetro mayor que el del jarrón – Un lápiz o bolígrafo

Ritual

- Poner el jarrón, con agua, al lado de la puerta de entrada de la casa.
- Colocar en el jarrón las flores y las ramas.
- Escribir en la cinta el nombre de todas las personas que convivan en la casa, comenzando por la de más edad y terminando por la más joven.

- Atar la cinta alrededor del jarrón, con los nombres hacia adentro, haciéndole siete nudos.
- Recitar la oración.

Oración

San Blas, San Blas bendito,
a ti te ruego, a ti te pido
que toda enfermedad
te la lleves contigo.

RITUAL PARA CURAR EL DOLOR DE CABEZA

Las cefaleas pueden producirse por diferentes causas: cambios atmosféricos, cansancio de la vista y estrés son, tal vez, las causas más comunes. Sin embargo, también pueden estar relacionadas con dolencias más importantes que requieran la intervención de un médico. Si los dolores son habituales o si se trata de un dolor muy fuerte, lo que debe hacerse es consultar al experto; pero si se trata de un dolor ocasional, se puede solucionar con este ritual.

OBJETOS NECESARIOS

Una cinta blanca, de unos 3 cm de ancho por 40 cm de largo aproximadamente

Una taza con agua de lluvia – Una patata – Vinagre – Un cuchillo afilado

Ritual

- Pelar la patata y ponerla en agua, dentro del congelador, por espacio de 15 minutos.
- Al cabo de ese tiempo, mojar la cinta en el agua de lluvia.
- Cortar una rodaja de patata de 1 cm de espesor.
- En una de las caras de la rodaja, hacer con el cuchillo una cruz.
- Echar unas gotas de vinagre en el centro de la cinta.
- Apoyar la patata en la zona dolorida y sujetarla con la cinta atando ésta alrededor de la cabeza.
- Tumbarse por espacio de 15 minutos.

RITUAL DE LA RUDA PARA RESTABLECER LA SALUD

Esta ceremonia se puede hacer para uno mismo o para otra persona. Sirve para restablecer la salud general o para épocas de apatía, de baja vitalidad o de mucho trabajo y consiguiente desgaste.

OBJETOS NECESARIOS

Un ramillete de ruda – Un metro de cinta morada – Una vela verde – Un puro
Un bolígrafo negro – Una aguja gruesa

Ritual

- Escribir con el bolígrafo los males que se padecen en la cinta morada. Poner los dolores y los síntomas.
- Atar con la cinta el ramo de ruda, dándole varias vueltas.
- Encender el puro y aplicar su humo al ramo de ruda.
- Limpiar con la ruda el cuerpo, utilizándola a modo de escoba y con movimientos de arriba hacia abajo. Insistir en la zona en la que se sientan dolores o que se sepa que es la más afectada.
- Envolver la ruda en un papel y echarla a la basura.
- Escribir el nombre de la persona enferma en la vela utilizando para ello la aguja.
- Hacer rodar la vela, a modo de rodillo, por todo el cuerpo poniendo también especial atención en la zona más afectada.
- Encender la vela y pedir que se restablezca la salud de la persona enferma.

La ruda es una planta capaz de expulsar las energías negativas, de ahí que se utilice para limpiar el cuerpo o cualquier ambiente. El tener una ramita de ruda colgada de la puerta protege la casa y la familia.

RITUAL PARA CURAR UNA ENFERMEDAD PROVOCADA

Las envidias, los malos sentimientos que puedan dirigirnos o los trabajos de magia negra que puedan hacer para causarnos problemas son capaces de acarrear trastornos en la salud. Son males provocados que actúan a través de la íntima relación que existe entre la mente y el cuerpo. Normalmente, este tipo de enfermedades tiene varias cosas en común: se presentan súbitamente pudiendo desaparecer en muy poco tiempo, los médicos no saben diagnosticarlas y, lo más importante, al mismo tiempo que aparece el problema de salud suelen presentarse en el entorno del enfermo discusiones y disgustos de todo tipo.

Sin embargo, aunque se sospeche que el problema está originado por un maleficio, por envidias o malos deseos, siempre se debe consultar al médico antes de iniciar cualquier rito de magia.

Esta ceremonia tiene como objetivo sanar este tipo de enfermedades o colaborar en su curación. Sirve también para proteger a la persona de agresiones psíquicas y de maleficios.

OBJETOS NECESARIOS

Una cucharada de nueve clases de semillas diferentes – Una cinta morada de 50 cm de longitud – Una vela verde – Una bolsa pequeña, verde – Una piedra roja o negra – Una cucharada de polvo de alcanfor – Una vara o cono de incienso de almizcle – Un lápiz o bolígrafo – Una aguja gruesa

Las semillas pueden ser legumbres (lentejas, alubias, garbanzos), granos de trigo o frutos secos (almendras, avellanas). Lo importante es que en la cucharada haya una mezcla de siete de ellas, diferentes.

Ritual

- Encender el incienso.
- Mezclar el alcanfor con las semillas.
- Escribir en la cinta el nombre de la persona afectada.
- Guardar el alcanfor, las semillas y la piedra dentro de la bolsa verde.
- Hacer con la bolsa tres veces la señal de la cruz sobre el humo del incienso.
- Escribir con la aguja, en la vela, el nombre de la persona afectada.
- Atar la cinta en la base de la vela y encender ésta.
- Pasar la bolsa sobre la vela, de la misma manera que se ha hecho sobre el incienso, haciendo la señal de la cruz tres veces.
- Concentrarse y visualizar que la persona enferma está sana y se siente bien. Pedir a santa Bárbara por su salud.

- Cuando la vela se consuma hasta el punto donde está la cinta, apagarla y guardar ambas en la bolsa.
- Coser los bordes de la bolsa para que sus ingredientes no se pierdan.
- Poner la bolsa debajo del colchón de la persona enferma.

El color morado se relaciona con Neptuno, que es quien provee la intuición, y también con la enfermedad. El verde, por el contrario, se vincula a la salud. Las semillas simbolizan los diferentes mecanismos que puede usar el organismo para curarse y el resto de las especies sirven para ahuyentar a todos los gérmenes que pudieran afectar el buen funcionamiento de los diferentes órganos y sistemas.

RITUAL PARA ALIVIAR LAS AFECCIONES RESPIRATORIAS

Esta ceremonia podrán celebrarla todas aquellas personas que tengan problemas respiratorios (bronquitis, asma, etc.) siempre y cuando no sean alérgicas a la cebolla o a la miel.

Muchos asmáticos no saben qué productos son los que les producen los accesos porque nunca se han hecho pruebas de alergia (y aquí cabe aclarar que lo sensato sería hacérselas); por esta razón es importante que, en estos casos, se observen los síntomas inmediatos ante cada paso del ritual para constatar que los síntomas no se empeoran con los ingredientes que en él se utilizan.

El ritual se debe efectuar en la noche de san Juan, es decir el 24 de junio. Puede hacerse antes, pero siempre y cuando se vuelva a repetir en este día.

OBJETOS NECESARIOS

Una cebolla pelada – Un frasco de miel

Ritual

- El día anterior a efectuar el ritual, colocar una cebolla pelada en el fondo de un recipiente y cubrirla totalmente de miel.
- A las doce de la noche del día 24, recitar la oración delante del recipiente.
- A la mañana siguiente, retirar la cebolla y enterrarla.
- Guardar la miel en un recipiente y tomar una cucharada todas las mañanas hasta que se acabe.

Oración

San Juan te pido que el aire que respiro
circule por mi cuerpo sin trabas ni asfixia.
Libérame de este mal para siempre
y concédeme la curación definitiva.
Amén.

Si se trata de un catarro o de cualquier otra dolencia que haya sido diagnosticada y no esté provocada por una reacción alérgica, podrá tomarse, desde el primer día, la cucharada entera de miel; pero en los casos de asma es recomendable que las primeras tomas se hagan con cuidado, usando poca miel y aumentando diariamente la cantidad que se ingiera hasta alcanzar la cucharada.

Si se notara una reacción alérgica a este producto, suspender el ritual de manera inmediata.

Para que el efecto sea más rápido, todas las noches se puede poner a hervir en una cazuela un puñado de tomillo y, cuando se produzca el primer hervor, aspirarlo.

Es importante advertir, al igual que se ha hecho con respecto a la miel, que en los casos de asma debe constatarse primero que el enfermo no es especialmente sensible al tomillo.

Si empezara a toser o presentara alguna dificultad respiratoria, interrumpir inmediatamente esta práctica.

Conviene también que el acercamiento a los vapores de tomillo sea progresivo y sólo aspirar profundamente cuando se tenga la certeza de que no se produce ningún síntoma de ahogo.

RITUAL PARA UN DESCANSO REPARADOR

A menudo se pasa por períodos en los cuales, por mucho que se duerma, uno se levanta cansado, como si el sueño no hubiera sido suficiente.

Los problemas cotidianos, el estrés e incluso el cansancio físico a menudo impiden que el descanso sea, realmente, reparador.

Este ritual tiene como objetivo lograr un sueño profundo y placentero durante el cual el organismo pueda recuperar fuerzas.

OBJETOS NECESARIOS

Un frasco de aceite de almendras – Un paño violeta, de 30 x 30 cm

Un cono o varilla de incienso de lavanda

Si se utiliza pijama o ropa de dormir color violeta será más efectivo, porque este es el color de Neptuno, deidad relacionada con la vida psíquica que es, en definitiva, la que en estos casos está afectada.

Ritual

- Antes de acostarse, encender el incienso de lavanda.
- Frotar los pies vigorosamente con el aceite de almendras y luego las manos. Mientras se hace esto, repetir tres veces la oración.
- Poner el paño violeta debajo de la almohada.
- Una vez en la cama, cerrar los ojos y visualizar escenas en las que el color predominante sea el violeta.

Oración

Que este maravilloso líquido
me libere de las energías negativas
que no me permiten descansar.
Ángel de la Guarda:
protege y dulcifica mis sueños.

Las manos, los pies y el pelo son puntos por los cuales la energía entra y sale del cuerpo. Por esta razón, conviene lavarse bien pies y manos antes de acostarse ya que, durante el sueño, el organismo se encarga de desechar las energías negativas y cargar las positivas. Neptuno rige la vida psíquica y también los pies, son el punto de contacto natural con la tierra.

RITUAL PARA CURAR LA GOTA

Este ritual es un conjuro maya para curar la gota que data del siglo XVI. Se ha encontrado en 1930 en Yucatán, México, y fue donado posteriormente a la Universidad de Princeton. La traducción, publicada por el Centro de Estudios Mayas y la Universidad Nacional Autónoma de México, es de Ramón Arzápalo Marín.

Esta oración deberá ser leída atentamente antes de iniciar el ritual para tener una idea del lenguaje.

Una vez que se inicie el rito, con el enfermo ya delante, hacer los gestos pertinentes como si se escenificara la oración; ya sea señalando las partes afectadas o representando lo que dicen las palabras.

Me pongo de pie para disgregar a las hormigas rojas,
a las hormigas blancas, a las hormigas negras, a las hormigas amarillas.
Me pongo de pie para deshacer los conflictos rojos,
los conflictos blancos, los conflictos negros, los conflictos amarillos.
Son las frazadas simbólicas del primer hombre de madera,
del primer hombre de piedra.
Habré de retirar a la serpiente hooch' roja, a la serpiente hooch' blanca,
a la serpiente hooch' negra, a la serpiente hooch' amarilla.
Aquí es donde se le introducen las serpientes hooch',
las ix hun pedz kin «lamortal» (señalar la parte afectada).
Habré de retirar las ortigas rojas, las ortigas blancas, las ortigas negras
las ortigas amarillas de la espalda del primer cuerpo de madera,
del primer cuerpo de piedra.
Habré de retirar la ortiga roja de la frazada del Acantun «Piedraparlante»,
de la frazada de la noche, de donde nació.
¿Hace ya cierto tiempo que cambié tus sábanas simbólicas?
¿Qué es eso de cambiarte las sábanas simbólicas?
Son las capas de la cola del pájaro yaxum, las capas de la cola del pájaro ix op.
¿Cuántas han de traerse? Nueve capas.
De trece capas es la cola del pájaro kubul, y la cola del pájaro yaxum.
Ya puse mis sábanas simbólicas al cuerpo de madera, al cuerpo de piedra.
Me retiraré de Hunac Ah Chibal «Eldelasdolorosasmordidas».
¿Qué cosa es Ah Chibal «Eldelasmordidas»?
Lo rojo del hombre cargado de lo blanco.
¿Cómo se manifestó al atacar el palo rojo, el palo blanco,
el palo negro, el palo amarillo?
Aquí es donde le penetra en el miembro, fue atacado.

Me pongo de pie para deshacerle la dolencia de Ah Bolon Paaben
«Elmuydestructor» con el fuego de la tierra, con el humo del cielo.
Partí a Hunac Ah Chibal «Eldelasdolorosasmordidas»
sobre el primer cuerpo de madera, el primer cuerpo de piedra.
Lo partí en la cara del sol, en la cara de la luna.
Perforador rojo del cielo, perforador blanco del cielo,
perforador rojo del fuego, perforador blanco del fuego.
Perforador rojo de la serpiente calam, perforador blanco de la serpiente calam.
Aquí es donde le comenzó la dolencia.
Me pongo de pie para atrapar a Hunac Ah Chibal
«Eldelasdolorosasmordidas».
Me pongo de pie para sacudirle la hamaca.
Me pongo de pie para destruirlo.
¿Cuál es la asociación con la serpiente ix hun pedz kin «lamortal»
que está atada arriba, que fue atrapada, es decir, la hun pedz kin roja?
Fueron cuatro mis destrucciones rojas, mis destrucciones blancas.
¿Cuál fue mi símbolo al ponerme de pie?
El pájaro ek pip rojo «pipnegro» el hun kuk rojo; blanco es mi símbolo.
Soy yo quien llegó, dice el curandero de madera, el curandero de piedra.
Mas ¡Oh, cómo fue eso! Con él llegó Hunuc Huenel «Elúnicoydivino»
sobre el primer cuerpo de madera,
y con él llegó Hunac Tii Balam Caan «Elúnicodelcieloescondido»
sobre el cuerpo de madera, el primer cuerpo de piedra.
¿Qué cosa es Hunac Ah uenel «Eldelsueñoprofundo»?
Eliminé de una vez al que atacaba sobre el primer hombre de piedra,
el primer hombre de madera.
Hace ya rato que puse las otras sábanas simbólicas.
Vente Ix Hay «Laquebosteza», vente Ix Mudz «Ladelosojoscerrados»,
vente Ix Nook «Laqueronca», vente Ix Kam «Laquesedesvanece»,
vente Ix Nath «Laencogida». ¡Yax Hun Can Ahau
«Primerísimocuatroahau»! Fue en el uno ahau que nació
y en que fue creado por su padre, por su madre.
La primera capa de la cola del pájaro yaxum,
la primera capa de la cola del pájaro kubul.
Les di para que pusieran sus huevos las sábanas de su aposento.

Eso es lo que rompí: a Hunac Ah Uenel «Eldelsueñoprofundo»; y desalojó
a Hunac Ah Chibal «Eldelasdolorosasmordidas».
Vente Ix Hay «Laquebosteza», vente Ix Mudz «Ladelosojoscerrados»,
vente Ix Nic «Lamortal», vente Ix Lam «Laquesedesvanece»,
vente Ix Nath «Laencogida», vente Ix Nook «Laqueronca».
¡Hunuc Can Ahau! «Grancuatroahau» ¡Can Ahau! «Cuatroahau».

Rituales para la salud psicológica

Aunque los hombres de la antigüedad o las tribus aborígenes no hayan hablado de psicología, tal y como lo hacemos hoy, han prestado al alma y a los sentimientos una importancia aún mayor de la que actualmente se le da.

En nuestros días no se oye prácticamente decir que alguien haya muerto de tristeza o de amor, como se solía comentar siglos atrás; en todo caso, cuando alguien enferma ante la imposibilidad de superar una ruptura amorosa o por alguna otra razón emocional, se diagnostica una depresión y se le administran medicamentos o psicoterapia para que mejore.

Entre las múltiples funciones de los magos y chamanes también se incluye la de sanador del alma y la de consejero.

Precisamente son estas personas las que tienen a su cargo lo que podría definirse como salud psicológica de la tribu, ya que es a ellos a quienes se consulta cualquier situación que provoque desasosiego interior.

Como en cualquier caso que se relacione con la salud, quien tenga un desajuste psicológico (ya se trate de insomnio, depresión, ansiedad, etc.) lo que debe hacer, ante todo, es consultar a un profesional.

Cualquiera que haya sufrido problemas dentarios sabe que, en ocasiones, se siente dolor un par de días y luego cesa. Sin embargo, si un amigo se queja de esa molestia, no se le recomendará que espere diciéndole que es muy probable que pase en un par de días; se le recomendará visitar al dentista y atajar el problema antes de que sea más grave y doloroso.

Pero frente a muchos trastornos psicológicos como son la depresión, la ansiedad o la timidez, no se toma la misma actitud; se intenta animar a quien los padece pero casi nunca se le recomienda visitar a un experto.

Hay personas deprimidas que pasan meses e incluso años con una calidad de vida muy inferior a la que pueden tener sin que se les ocurra o piensen, siquiera, consultar con un especialista.

Los trabajos de magia pueden ayudar a restablecer la salud psicológica así como el bienestar psíquico, pero al igual que ocurre con los desajustes del cuerpo, ningún trabajo de magia reemplazará al médico o al psicólogo.

En este capítulo se explicarán algunos rituales que pueden hacerse para uno mismo o para quien lo necesite.

RITUAL PARA AYUDAR A VENCER LA TIMIDEZ

Todas las personas cuentan con un arsenal de armas psicológicas cuyo propósito es defender al individuo de los peligros físicos o psíquicos; entre éstos podrían citarse las decepciones, los desengaños, las situaciones confusas, etc.

Si no fuéramos capaces de experimentar miedo, por ejemplo, nuestra vida estaría en constante peligro ya que nos arriesgaríamos a enfrentarnos a retos que no podemos superar. El miedo hace que nos apartemos de posibles daños.

Debido a experiencias que han vivido, normalmente en su primera infancia, hay quienes tienen esta defensa psicológica excesivamente desarrollada; llegan a la conclusión de que son incapaces de superar los más simples retos sociales y, en lugar de actuar asertivamente, se retraen e intentan, por todos los medios, pasar desapercibidos. Tienen un miedo excesivo al mundo exterior.

Por lo general una persona tímida es callada; sin embargo, cuando está en una reunión o presenta una discusión, mentalmente piensa qué respuestas daría, en caso de atreverse.

La mayoría de las veces comprueba, dolorosamente, que si lo hubiera hecho hubiera acertado consiguiendo, con ello, la admiración del grupo. Sin embargo, el miedo la atenaza y es incapaz de mostrarse de manera abierta y confiadamente hacia los demás.

Este ritual está especialmente indicado para quienes sufren este trastorno. Aunque se puede realizar para uno mismo, es más adecuado para hacérselo a otra persona.

OBJETOS NECESARIOS

Un manojo de ramas de romero – Un manojo de ramas de lavanda – Una rosa
Una cucharada de pimienta – Una jofaina con agua – Un cordón o cinta negra
Una vela blanca – Cuatro velas rojas – Un incienso de sándalo – Tres clavos grandes, de unos 10 cm de largo – Una maceta con tierra – Una piedra negra

El trabajo deberá realizarse un sábado por la noche y en caso de que se haga para otra persona, ambas deberán hacer antes un ritual de purificación.

Ritual

- El oficiante deberá echar en la jofaina los pétalos de la rosa y la cucharada de pimienta y revolverlo con la mano.
- Hacer un manojo con el romero y la lavanda.
- Mojar el manojo en el agua y pasarlas por el cuerpo de la persona tímida, sacudiendo hacia abajo como si fuera un cepillo, enérgicamente. Empezar por la cabeza y terminar por los pies. Golpearla suavemente con las ramas. Para hacerlo, conviene imaginar que tiene barro u otra sustancia pegada y que se intenta limpiarlos.
- Situar a la persona en lo que será el centro del altar (marcado en el dibujo con un círculo; ver página siguiente) y entregarle la piedra negra que deberá sostener con la mano derecha.
- Entregarle la vela blanca, que deberá sujetar con la mano izquierda.
- Poner a su alrededor, las cuatro velas rojas.
- Entre cada una de éstas, colocar uno de los clavos, tal como se muestra en la figura.
- Frente a la persona tímida (o frente a sí mismo, en caso de que se haga este ritual para curar la propia timidez), poner la cinta negra, el incienso y, tras éstos, el recipiente con agua, pétalos y pimienta que se utilizó antes para la limpieza.
- Encender las velas rojas, el incienso y, por último, la vela blanca.
- Visualizar que por la mano izquierda entra en el cuerpo luz y energía. Que asciende por el brazo, llega al pecho y se expande por todo el organismo. Imaginar en el centro de la cabeza un punto de luz muy brillante.
- Visualizar que todas las energías negativas, los dolores, los miedos, la ansiedad, se descargan por la mano derecha, en la que está la piedra negra. Ésta es la que absorbe toda esa fuerza contraproducente.
- Recitar la primera oración (deberá decirla la persona tímida, si es que el ritual no se hace para uno mismo).
- Traspasar la cinta negra y poner los dos pies en la jofaina, mojándolos.
- Salir y dejarlos secar al aire libre, sin utilizar toalla.
- Dejar caer la piedra negra al agua para que descargue la energía negativa.

- Juntar los tres clavos con la mano derecha y enterrarlos en la maceta mientras se recita la segunda oración.
- La piedra negra se puede dejar, dentro del agua, toda la noche al sereno. Al día siguiente estará completamente descargada y se podrá llevar consigo toda vez que se deba enfrentar a alguna situación que produzca temor. En este caso, sujetarla en la mano derecha sintiendo que absorbe todo lo negativo que impide actuar. Guardarla, pero teniendo mucho cuidado de no tocarla con la mano izquierda.

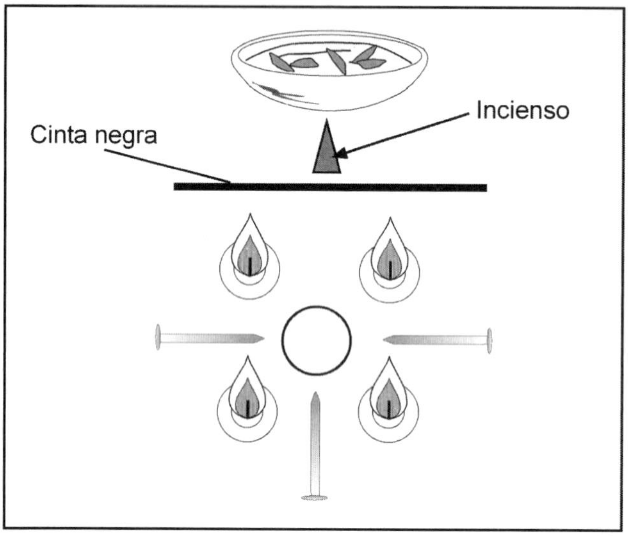

Oración 1

Que la luz del fuego me dé fuerzas,
que la bondad de la tierra reciba mis temores.
Saldré al mundo con una vida nueva
guiada de la mano del Arcángel Rafael.

Oración 2

Soy yo y así me quiere Dios.
Soy una y buena a sus ojos,
soy una y buena a los ojos de los hombres.
Aquí quedan enterrados mis temores.

RITUAL PARA COMBATIR LA IRRITABILIDAD

Hay hombres y mujeres que no saben callar; que viven tan a la defensiva que cualquier cosa les hace saltar y decir palabras de las que luego se arrepienten. Tienen buen corazón, pero está oculto tras su armadura de mal genio para evitar que lo magullen. Y por mucho que sepan que su conducta no les acarrea beneficio alguno, les resulta muy difícil cambiarla porque es una costumbre que vienen arrastrando desde su infancia.

Este ritual está destinado a dulcificar el propio carácter y a tener un mayor dominio sobre las emociones.

Esto no quiere decir que se vaya a aceptar todo de los demás ni que se pasen las ofensas por alto, sino, más bien, que será el cerebro quien trabaje antes que la lengua. De este modo, no habrá de qué arrepentirse.

También es posible utilizarlo en caso de vivir con una persona pendenciera, que tenga la virtud de irritar hasta tal punto que en su presencia se pierdan irremediablemente los nervios.

OBJETOS NECESARIOS

Un candado pequeño, con su llave – Siete cintas rojas de unos 15 cm de largo y unos 2 cm de ancho – Un vaso de vinagre – Un incienso de sándalo – Una tijera

La ceremonia deberá realizarse en miércoles, día correspondiente a Mercurio, que es el regente de la palabra y del sistema nervioso.

Se hará en dos noches seguidas.

Ritual

- La primera noche, coger las siete cintas y atarlas por un extremo con un solo nudo; es decir, anudarlas como si fueran una sola.
- Sumergirlas en un vaso con vinagre.
- La segunda noche, encender el incienso de sándalo.
- Hacer con la tijera un agujero en el extremo libre de cada una de las cintas.
- Pasando el candado por los agujeros que se han hecho, cerrarlo de manera que queden unidas también por el otro extremo.
- Recitar la oración.

Oración

Así como sujetas están las cintas,
sujeta esté mi lengua a mi voluntad.

PARA ENCONTRAR ALIVIO EN UN PROCESO DEPRESIVO

Como se ha dicho al principio del capítulo, la depresión es una enfermedad que debe ser atendida por un especialista. No siempre cursa de la misma manera; no es lo mismo estar con el ánimo caído durante una semana, sobre todo si se ha tenido un problema o un disgusto, que ir perdiendo poco a poco el interés por todo, la vitalidad, la alegría, sea esto a raíz de una prueba que se haya tenido que pasar o sin que se encuentre motivo alguno.

Como norma, cabría decir que si una persona no supera un estado depresivo en un mes, lo aconsejable es consultar a un médico o, mejor aún, a un psicólogo. Esto es importante porque las depresiones pueden hacerse crónicas y, aunque se tenga una ligera mejoría, no se termina de estar realmente bien.

Muchos piensan, equivocadamente, que el salir y el distraerse arregla este trastorno, pero quien lo padece, sabe de sobra que lo que menos le apetece es divertirse, ya que cosas que antes le causaban placer, en el momento de sufrir la depresión ya no le interesan de ningún modo.

Una depresión es una crisis, el aviso interior de que algo está mal en la vida de una persona, quien debe analizar qué es y buscar un cambio.

Lo más probable es que se tarde mucho tiempo en averiguar qué es lo que, en el inconsciente, no está bien encajado y es por esta razón por la que se recomienda el auxilio de un terapeuta.

Este ritual sirve para aliviar los efectos de una depresión y, como tantas veces se ha dicho, no reemplaza en absoluto el trabajo de un psicólogo. Es, digamos, similar a un analgésico: atenúa el dolor, sí, pero no cura.

OBJETOS NECESARIOS

Un cono o varilla de incienso de pachuli – Un folio – Un lápiz o bolígrafo
Una vela violeta – Una cinta de 15 cm aproximadamente, violeta
Un puñado de lentejas

El ritual deberá hacerse un jueves por la noche.

Ritual

- Encender el cono de incienso.
- Hacer unas cuantas respiraciones profundas y relajar hombros, cabeza, brazos y cuello. Dejar por unos instantes la mente en blanco.
- Imaginar que uno ha sido objeto de muchas injusticias por parte de los demás.
- Adoptar, sin miedo, una actitud de resentimiento y recriminación hacia las personas conocidas. Intentar visualizar, hasta en los más mínimos detalles, agravios que se hayan recibido por tontos o triviales que éstos parezcan (por ejemplo: venía cargada del supermercado y el vecino no fue capaz de sujetarme la puerta).
- Decirle a cada una de esas personas, por escrito, que eso ha molestado. Reclamarle su falta y, si es grave, enfadarse por ello.
- Cuando ya no queden más agravios que recordar, se han de contar cuántos han sido en total y coger una lenteja por cada uno, dejándolas separadas del puñado.
- Quemar el papel en la vela y, cuando ésta se consuma, apagarla.
- Atarse la cinta en la muñeca izquierda con cinco nudos, a la vez que se recita la oración.
- Llevar las lentejas que se han separado a un cruce de caminos o de calles y arrojarla por encima del hombro izquierdo, hacia la espalda.
- Alejarse del lugar sin volver la cabeza.
- No pasar por ahí en el resto del día.
- La cinta deberá dejarse en la muñeca hasta que se caiga por sí misma.

Oración

Los dioses me darán fuerza.
La naturaleza curará mi alma.
Me comprometo conmigo mismo
a no dejarme vencer.
No sé qué cosas maravillosas me esperan,
pero ahí estaré para recibirlas.

RITUAL PARA SUPERAR LA ENVIDIA

Hay personas para las cuales el prado del vecino siempre es más verde. Aunque se muestren arrogantes y seguras de sí mismas, en el fondo se sienten muy poco valiosas y les gustaría ser como otras personas a las que admiran.

Como reconocer esta admiración les resulta muy doloroso, prefieren negarla, no aceptar que esa persona tiene muchas cualidades valiosas; tampoco se atreven a imitarla ya que, de hacerlo, sería una manera de reconocer abiertamente las virtudes del otro.

Como no son sinceras consigo mismas, por lo general adquieren una visión de distorsionada de los demás y desarrollan un sentimiento de falsa justicia. Si lo que envidian es la simpatía de una compañera, por ejemplo, prefieren convencerse de que, en realidad, no es simpática sino hipócrita y que se pasa la vida engañando al resto de la gente.

Si oyen que un vecino está dando una fiesta, en vez de adoptar una actitud tolerante o, en todo caso, pedirles de buenas maneras que no hagan tanto ruido, llaman a la policía. En el fondo les molesta que otros se divierten en tanto que ellos no. Con ello consiguen que los demás les rechacen.

Lejos de atenuar con estas tácticas su dolor, se hacen a sí mismas más daño del que pueden causar a la persona a la que envidian ya que por mucho que hagan, no pueden dejar de sufrir intensamente ante los éxitos ajenos.

Es importante recalcar que una persona envidiosa, en el fondo, es alguien que tiene problemas que se pueden curar con una buena terapia.

Ésta haría que se aceptara a sí misma, que pudiera verse agradable y valiosa, que reconociera sus propias virtudes y dejara de envidiar las de los demás.

Hay que tener una gran voluntad de cambio, de evolución, para admitir que estos sentimientos, tan rechazados por la sociedad, pudieran embargarnos; pero si alguien reconoce sinceramente la envidia que otro pueda despertarle, tiene el 90 por ciento del camino hecho y, con este ritual, solucionará su problema.

Cuando la envidia no se cura a tiempo, puede dejar secuelas importantes: ansiedad, trastornos del sueño y del apetito, así como todos los síntomas asociados al estrés, incluidos aquellos que afectan físicamente al cuerpo.

Este ritual está destinado a ayudar a toda persona envidiosa. Lo primero es reconocer el problema y, en lugar de echar las culpas a otros, comprender que si otros obtienen éxitos y les salen bien las cosas, será porque comprenden algo del funcionamiento de la sociedad que uno no puede captar claramente.

OBJETOS NECESARIOS

Una vela negra – Una vela amarilla – Un puñado de hojas de laurel – Una vara o cono de incienso de pachuli – Un espejo de mano – Un puñado de pétalos de rosa
Un paño negro de 20 x 20 cm

El ritual deberá hacerse en sábado, día consagrado a Saturno.

Ritual

- Poner sobre mesa el laurel y los pétalos de rosa y taparlos con el paño negro.
- Encender la vela amarilla y, con ésta, encender la vela negra.
- Encender el incienso.
- Poner el espejo sobre la mesa.
- Cerrar los ojos e intentar visualizarse en situaciones de éxito, en aquellas que se envidian, al tiempo que se repite la frase: «Todo tiene un precio».
- Una vez hecho esto, con la vela negra trazar un signo de la cruz imaginario sobre el paño que cubre el laurel y la lavanda.
- Destapar las plantas, con cuidado.
- Coger las plantas y cubrir con ellas la superficie del espejo.
- Recitar la oración.
- Dejar que se consuman las velas y el incienso y luego guardar las plantas utilizadas en un recipiente, al lado de la cama.

Oración

Lo invisible se hace visible,
lo oculto se hace evidente.
Que el Arcángel Gabriel
aparte a la luna de mí
y traiga paz a mi alma.

El Arcángel Gabriel es dueño y patrono de la Luna a quien los ocultistas han adjudicado la envidia.

RITUAL PARA ALIVIAR ATAQUES DE AGORAFOBIA

El ritmo de vida que se lleva en las ciudades, las múltiples presiones a que diariamente nos vemos sometidos, a veces determinan que algunas personas sufran trastornos psicológicos que les impiden llevar una vida normal, feliz y plena. En esos casos, lo adecuado es visitar a un psicólogo, encontrar el origen de la perturbación y seguir el adecuado tratamiento para superar el trastorno.

Uno de estos problemas psicológicos es la agorafobia: la angustia que sobreviene en lugares de los que resulta imposible salir rápidamente u obtener ayuda.

Es un trastorno más común en mujeres que en hombres y, por lo general, suele presentarse acompañada de diversos síntomas: palpitaciones, sudoración, temblor, sensación de ahogo, náuseas, mareos, miedo a perder el control, miedo a morir, sofocos, etc.

La agorafobia limita mucho la vida de quien la sufre y engendra situaciones muy angustiosas; desde la imposibilidad de llevar los niños al colegio, ir de compras o al cine, hasta la de desarrollar cualquier empleo que implique tener que viajar en metro o en autobús.

Este ritual es adecuado para toda persona que sufra este problema ya que, realizándolo, se minimizarán los síntomas. Sin embargo, esto no quiere decir que el ritual pueda reemplazar una terapia adecuada; sólo ayudará a que la recuperación sea más rápida.

OBJETOS NECESARIOS

Una vela blanca – Una piedra blanca – Un trozo de paño verde, de 10 x 10 cm

Una hoja de laurel – Una figa (ver dibujo) – Hilo – Aguja

Ritual

- Encender la vela blanca.
- Poner en el centro de la tela la piedra, la hoja de laurel y la figa.
- Hacer con el paño un paquete y coser sus bordes.
- Recitar la oración.

Cada vez que se deba salir a la calle, llevar el paquete a modo de protección. Si se siente algún síntoma, coger la bolsita con la mano derecha y repetir la oración.

Oración

Nada hay ajeno a mí,
nada tengo que temer.
Soy parte del todo,
el todo es parte de mí.
La fuerza de los Tres Reinos me protege.

Rito para prevenir los celos de un hermano

La llegada de otro niño a la familia causa no pocos trastornos en los hermanos; son frecuentes los celos y, con ellos, la regresión a fases de desarrollo que ya se habían superado.

Para evitar que esto suceda, lo que debe hacerse es poner al niño una prenda roja cuando esté a punto de nacer su hermano.

Este rito se lleva a cabo en los países mediterráneos.

Ritual para ayudar a una persona alcohólica

El alcoholismo, como toda adicción, es una enfermedad que, desgraciadamente, puede acarrear secuelas que afectan a todo el entorno familiar: pérdida de trabajo, irascibilidad y violencia son sólo algunas de las secuelas derivadas de este trastorno. Este ritual tiene por objeto ayudar a una persona que no pueda dejar la bebida. A la hora de efectuarlo, se deberá concentrar la mente, el deseo y la voluntad en la persona enferma, dirigiéndolos hacia su curación.

OBJETOS NECESARIOS

Una botella llena hasta la mitad de la bebida que acostumbre a tomar la persona a la que se quiere ayudar – Medio litro de vinagre de manzana – Una vela verde Unas gotas de leche

Ritual

- Encender la vela verde.
- Sumar al contenido de la botella de bebida alcohólica medio litro de vinagre de manzana y taparla con un corcho.
- Dejar caer gotas de cera de la vela en el lugar donde el corcho se une a la botella, al tiempo que se recita la primera oración.
- Humedecer la botella con algunas gotas de leche.
- Sacudir la botella siete veces con energía recitando la segunda oración.
- Guardarla en un lugar donde nadie la vea ni la toque.

Oración 1

Que el (nombre de la bebida) se le vuelva
tan agria como el vinagre
y que su estómago no la soporte.

Oración 2

Mientras esta botella permanezca cerrada
(nombre del enfermo)
no volverá a tomar una sola gota de alcohol.

Este ritual podrá repetirse cada tres meses. La botella que se ha utilizado la vez anterior, deberá ser dejada en un río o en un cruce de caminos.

Mal de ojo

El alma es una obra de Dios, mientras que el espíritu es creado por la voluntad humana, y puede influir sobre el prójimo; de allí que el odio, la envidia y los malos deseos pueda provocar dolencias en otro.

TEOFRASTO PARACELSO

Los síntomas y curas del llamado mal de ojo o aojamiento merecen un capítulo aparte ya que es importante desterrar muchos de los mitos y mentiras relacionados con este tema; algunos, generados por una excesiva credulidad y otros, producto del escepticismo.

En zonas rurales de muchos países, anualmente mueren varios niños a causa de lesiones causadas por supuestos sanadores de mal de ojo. Según una investigación llevada a cabo por el periódico *El diario de hoy*, de El Salvador, en los dos primeros meses del año 2003, sólo en ese país su número ascendía a seis decesos, cuando en el año 2002 se habían registrado, por esta causa, 17 fallecimientos de menores.

La razón de estas muertes se debe, sobre todo, a que los padres de los niños menores de dos años suelen adjudicar cualquier síntoma de enfermedad al mal de ojo y, en lugar de llevar sus pequeños al médico, consultan a un sobador que, manipulando el cuerpo del bebé, le produce lesiones que a veces resultan fatales.

En muchos lugares se cree que una persona con mirada fuerte puede provocar, sobre todo en los menores, dolores de estómago, diarreas y vómitos (síntomas típicos de trastornos gastrointestinales a los que son tan vulnerables los niños); en tanto que en otras comarcas, sostienen que los síntomas típicos del aojamiento son fuertes dolores de cabeza.

Independientemente de que se trate o no de mal de ojo, ante cualquier síntoma de enfermedad, sobre todo si se trata de un bebé, lo que hay que hacer es llevarlo a un médico y en lo que respecta a otro tipo de curas, que bien pueden seguirse para acelerar la sanación, lo que no se debe hacer es permitir que nadie manipule al pequeño.

Es la misma madre, en todo caso, quien ante los dolores de estómago o las diarreas del niño puede masajear suavemente su espalda, en el centro y a la altura de los riñones, para hacer que los intestinos y el estómago se normalicen al tiempo que recita cualquiera de las jaculatorias tradicionales para la cura de mal de ojo; por ejemplo:

Jaculatoria

Con un ojo te han mirado
con dos ojos te han ojeado
con tres ojos te han curado.

QUÉ ES EL MAL DE OJO

Como se ha explicado en los primeros capítulos de este libro, el ser humano registra muchas más cosas de las que llegan a su conciencia. A través de los cinco sentidos nos llega información sumamente rica y variada de la que ni siquiera nos damos cuenta: los leves cambios de temperatura, el sonido de la calle, un olor, lo que los ojos captan gracias a la visión periférica, etc., pero sólo somos conscientes de aquello que está en el foco de la conciencia. Si estamos en medio de una discusión apasionante, difícilmente podamos descubrir los violines de un concierto que esté puesto como música de fondo y, a la inversa, si prestamos atención a los violines ni siquiera percibiremos de qué están hablando los demás. Pero nuestro inconsciente se entera de todo y en él siempre quedan huellas de lo que ocurre a nuestro alrededor.

El mal de ojo se ha relacionado casi siempre con la envidia, con el deseo irresistible de tener lo que el otro tiene o, más exacto aún, de ser como el otro es. Las palabras del genial médico y ocultista Paracelso que inician este capítulo, datan del siglo XVI y evidencian que ya entonces se atribuían enfermedades físicas a los malos deseos que alguien pudiera dirigir a otro. La persona envidiosa sufre por los éxitos ajenos y lo terriblemente doloroso para quien sufre este mal es que la envidia no siempre va acompañada por un sentimiento de odio sino, a menudo, por el de admiración.

Cuando una buena persona es envidiada por otro (que es lo que por lo general ocurre), lo primero que experimenta es desconcierto y, en cierta medida, culpa. El hecho de saber que su forma de ser o de actuar provoca dolor en un amigo, en un hermano, no es en absoluto agradable. Si una muchacha comprueba que su hermana le tiene envidia, sufre por ella y se siente mal consigo misma. Al respecto, cabe decir que nunca se envidia a la persona desconocida, a la que está lejos; saber que un desconocido que sale por televisión ha ganado la lotería, no provoca la envidia de nadie. Pero si el vecino gana un televisor en la verbena del pueblo, eso sí despertará la envidia de quienes tiene alrededor, porque siempre se envidia al que está cerca, al que podría ser como uno pero que es un poco mejor o parece tener más suerte.

Muchas personas, cuando de forma consciente o inconsciente perciben que provocan la envidia de otro, se inflingen un castigo a sí mismas enfermando, padeciendo dolores de cabeza o malestares en todo el cuerpo. El trastorno no aparece de forma voluntaria sino que es una respuesta de la mente a través del cuerpo. En cierta manera podría tomarse como una defensa ya que estando enfermas, no son tan buenas ni les va tan bien, por lo tanto no tiene sentido que nadie les tenga envidia.

Aunque parezca lo mismo, una cosa es considerar el mal de ojo como una serie de trastornos enviados por una persona envidiosa y otra, considerar este trastorno como una respuesta personal a la envidia ajena. En el primer caso, el poder de transformar el cuerpo enfermándolo está afuera, en el segundo, en el interior de uno mismo.

Considerando que está en nosotros la capacidad de alterar las funciones de nuestro organismo, es lógico deducir que también está en nosotros la capacidad de curarlo, aunque la forma más conveniente de hacerlo sea a través de la ejecución de ciertos ritos que, manejando el lenguaje simbólico del inconsciente, hacen que nuestra mente regularice todas las funciones fisiológicas.

RITUALES PARA CURAR EL MAL DE OJO

Además de los muchos amuletos que existen para prevenir este problema, hay también muchos rituales, tanto para evitarlo como para curar sus efectos.

RITUAL DEL ACEITE Y LA TIJERA

Para efectuar esta ceremonia es necesario que la persona afectada esté presente. Se podrá hacer en cualquier momento del día o de la noche.

OBJETOS NECESARIOS

Un plato sopero con agua – Aceite – Una tijera

Ritual

- Poner la tijera, abierta, en el fondo del plato con agua.
- Mojar el dedo anular de la mano derecha de la persona enferma con aceite.
- Dejar caer, desde ese dedo, siete gotas de aceite sobre el agua, justo encima de donde está la tijera.
- Mientras caen las gotas, recitar la oración.

Oración

Con un ojo te ha mirado,
con dos ojos te han ojeado,
con aceite te he curado.

Si el aceite se mantiene muy compacto, si las gotas no se disgregan y quedan flotando, es señal de que no hay mal de ojo y de que los trastornos se deben a otras razones; si en cambio se rompen en pequeñas gotitas o se va al fondo del plato, será señal de que sí ha habido mal de ojo y que está en vías de curación.

RITUAL DEL CARBÓN Y LA SAL

Esta ceremonia deberá hacerla la persona que crea padecer mal de ojo y se podrá efectuar en cualquier momento. Su duración es de 21 días.

OBJETOS NECESARIOS

Un plato blanco – Tres trozos de carbón vegetal – Tres cucharadas de sal gorda

Al tenerlo que hacer tres veces, el total de trozos de carbón será nueve al igual que las cucharadas de sal.

Ritual

- Colocar en un plato blanco los tres trozos de carbón y, a su lado, las tres cucharadas de sal gorda.
- Poner el plato debajo de la cama, a la altura de la cabeza, y dejarlo ahí por espacio de una semana.

- Al cabo de las siete noches, por la mañana, echar los carbones y la sal en una bolsa o en un papel, teniendo cuidado para no tocar ninguno de estos elementos con la mano.
- Antes de las 12 del mediodía, ir a un lugar donde discurra el agua (un río) y arrojar en él el carbón y la sal.
- Por la noche, colocar en el plato, debajo de la cama, otros tres trozos de carbón con las tres cucharadas de sal gorda.

Este ritual se deberá realizar tres semanas seguidas; es decir, un total de 21 días.

CURACIÓN DEL MAL DE OJO CON UN MECHÓN DE PELO

Este es un ritual que, por lo general, se lleva a cabo con niños a los que se supone aojados.

Ritual

- Cortar un mechón de pelo de la persona afectada.
- Sujetando el pelo entre el pulgar y el índice de la mano derecha, hacer siete cruces sobre la cabeza del enfermo recitando, al hacer cada una de las cruces, la oración.

Oración

Cordero divino que al mundo viniste
quítale el mal a quien se lo diste.
En el nombre de la Santísima Trinidad
quita el mal a esta criaturica
que está en gran necesidad.
Si ha sido por la mañana
que te lo quite san Juan y santa Ana;
si ha sido al mediodía
que te lo quiten san Juan y la Virgen María;
si ha sido por la tarde,
san Juan y la Virgen del Carmen.

CURACIÓN POR MEDIO DEL ESTAÑO

Este ritual, originario del País Vasco, no sólo cura el mal de ojo, sino que puede permitir conocer su origen, la persona que lo ha ocasionado; es imposible hacerlo para uno mismo; siempre será ejecutado para curar a otra persona.

OBJETOS NECESARIOS

Una sartén u olla pequeña, honda – Un trozo de estaño – Un cubo con agua

La ceremonia se podrá hacer en cualquier momento del día o de la noche

Ritual

- Colocar el estaño en la sartén u olla y ponerlo a fuego muy lento hasta que se derrita; mientras se espera, acostar a la persona afectada y cubrirla por completo con una manta limpia; a ser posible blanca y gruesa.
- Cuando el estaño se haya derretido, coger la olla y hacer con ella tres cruces sobre el enfermo: una en la cabeza, otra en el tronco y otra en los pies.
- Echar rápidamente el estaño derretido en un cubo con agua.

Al entrar en contacto con el frío, el estaño se solidifica y toma formas diversas. juntándose en un solo bloque o en multitud de figuras. Mirando éstas, se pueden obtener respuestas sobre el origen del mal o sobre la vida de la persona que ha curado.

CURACIÓN POR MEDIO DEL AGUA DE LLUVIA

Si bien el agua de lluvia se puede sustituir por agua mineral o destilada, es bueno aprovechar los momentos en que llueve para recogerla e irla guardando en un frasco.

OBJETOS NECESARIOS

Un vaso limpio, que nunca haya sido utilizado – Agua de lluvia
Tres trozos de carbón vegetal

La ceremonia deberá efectuarse un viernes por la noche.

Ritual

- Poner el agua de lluvia en el vaso y agregar los trozos de carbón vegetal.
- Poner el vaso tras la puerta de entrada de la casa y dejarlo ahí hasta que los tres trozos de carbón se diluyan.
- Lavar el vaso y guardarlo.

Este vaso no deberá ser utilizado nunca. Permanecerá guardado a menos que se quiera repetir el ritual, en cuyo caso podrá ser empleado para ese fin.

CURACIÓN POR MEDIO DEL AGUA CON SAL

Si se sospecha que alguien en la familia tiene mal de ojo o si todos son objeto de envidias, se recomienda efectuar este ritual.

OBJETOS NECESARIOS

Una vela blanca, pequeña – Un cuenco con agua – Dos puñados de sal

Deberá hacerse un viernes por la noche.

Ritual

- Echar dos puñados de sal gorda en el agua y removerla bien.
- Colocar en el agua la velita, poner el cuenco tras la puerta y encender la vela.

Se puede poner también en la habitación dc la persona afectada. Deberá dejarse ahí hasta que la vela se consuma. Si se quiere, se pueden encender más; en caso contrario, tirar el agua con sal sobre la tierra o en algún lugar donde haya agua en movimiento y lavar bien el recipiente. También puede encenderse una vela de este modo toda vez que se sepa que alguna persona envidiosa llegará de visita.

OBJETOS O RITOS PARA PREVENIR EL MAL DE OJO

Cada cultura ha utilizado elementos que había en su entorno para prevenir este trastorno. Entre los más importantes se pueden citar:

- *El kohl*. Esta preparación, que en Occidente se utiliza para maquillarse los ojos, tiene para los pueblos árabes un significado diferente: ya los antiguos egipcios lo empleaban para ahuyentar el mal de ojo. Esta sustancia cuyo componente principal es el antimonio, era usada tanto por hombres como por mujeres; a ellos se los preparaba un adivino mediante un ritual, pero las mujeres tenían sus propias fórmulas En países como Marruecos se considera que el *kohl* debe ser preparado por una mujer que haya pasado la menopausia y que no tenga contacto sexual alguno ya que, de no ser así, no surte efecto. Porque no se trata sólo de mezclar los ingredientes, sino, además, de hacer las correspondientes oraciones para que tenga efecto sanador o protector. El uso de esta sustancia puede tener una explicación racional: el pintarse el borde externo del ojo de negro, hace que el color absorba parte de la luz solar y minimice el reflejo de ésta en la pupila, lo cual podría evitar, en ciertos casos, algunos dolores de cabeza. En zonas desérticas quedaría plenamente justificado su uso.
- *El cuerno de coral*. En algunas zonas del mar Mediterráneo, sobre todo en Italia, se cuelga del cuello de los niños un trozo de coral rojo.
- *La higa o figa de azabache*. El uso de la mano de Isis está ampliamente difundido por todo el mundo y se fabrica con diversos materiales: oro, plata, piedra, ámbar, etc. Sin embargo, a las que suele atribuírsele más valor preventivo es a las fabricadas con azabache.
- *La cruz de pan*. Este es otro de los amuletos protectores contra el mal de ojo; consiste en colgar del cuello una bolsita que contenga una cruz hecha con miga de pan. Estos objetos, si son previamente bendecidos, cumplen mejor su cometido.
- *El color rojo*. En algunos lugares, a la hora de sacar a los niños pequeños a la calle, suelen ponerles una prenda de color rojo para que, si alguien les mira mal, no contraigan mal de ojo. En Argentina es común ver en los coches una cinta roja atada al parachoque; esto se hace para que la compra del vehículo no despierte envidias en los vecinos y familiares y, con ellos, la desgracia o el mal de ojo.

Pentáculos

Los pentáculos son figuras mágicas, capaces de transmitir a su entorno energías positivas. Su acción se deriva de una combinación de letras, signos y fórmulas benéficas y representan gráfica y simbólicamente un deseo o una promesa. Actúan directamente sobre la psique de las personas que toman contacto visual con él.

La colección más grande de pentáculos se encuentra en *Las clavículas del rey Salomón*, obra de alta magia atribuida a este rey bíblico. En ella aparecen 36 pentáculos que tienen diversos propósitos. Pero aunque ese sea el documento antiguo más completo que ha llegado hasta nuestros días, el empleo de grafismos que representen palabras, ideas o deseos para lograr una armonía con el universo, es una costumbre más antigua. Hay constancia de su uso por parte de chinos, egipcios y hebreos.

La cruz, adoptada por el cristianismo, es un ejemplo perfecto de pentáculo y, no sólo ha sido empleada como manera de declarar la fe de quien la porta, sino como elemento de protección, al igual que las medallas.

Las virtudes o propósitos de un pentáculo son dos: proteger a la persona que lo lleva o a la casa donde está expuesto, por un lado, y atraer energías positivas, por el otro. Los magos los han utilizado de los más diversos materiales; los más antiguos están tallados en piedra, pero también los hay de metal, de cuero, de madera o, más comunes aún, de pergamino.

Antes de colgarlos en algún lugar de la casa o del trabajo, deberán ser consagrados como se indica más adelante.

El lenguaje de los pentáculos

Los pentáculos más antiguos están escritos con caracteres hebreos o egipcios ya que provienen de esas culturas. Posteriormente, hacia la Edad Media, se empezó a utilizar un nuevo tipo de grafismo en reemplazo de esas letras; es el denominado alfabeto angélico. Muchos pentáculos están escritos con estos signos gráficos, porque, además de las razones místicas que avalaran su utilización por parte de los magos, había una razón mucho más concreta y directa: evitar la comprensión de procedimientos mágicos por parte del vulgo. Como dicho alfabeto deriva del hebreo, tiene sólo 22 letras (se adjunta en la siguiente tabla); en él se pueden ver los grafismos que lo componen, el nombre de cada letra y su equivalencia en nuestro alfabeto.

Quien lo desee, puede utilizarlo para escribir sus pentáculos o cualquier las frases que se requieran en los diversos rituales de magia.

	Nombre	Letra
	Aleph	A
	Beth	B
	Gimel	G
	Daleth	D
	He	H
	Vau	V, U
	Zayin	Z
	Cheth	Ch
	Teth	T
	Yod	I, J, Y
	Kaph	C, K

	Nombre	Letra
	Lamed	L
	Mem	M
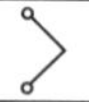	Nun	N
	Samekh	S
	Ayin	O, E, A
	Peh	P
	Tzaddi	Tz
	Cop	Q
	Resh	R
	Shin	Sh
	Tau	Th

CONFECCIÓN DE LOS PENTÁCULOS

Es imprescindible tener una actitud apropiada para que los objetos que se utilizan se impregnen de la voluntad y el deseo del oficiante. Conviene que el dibujo se haga con tinta. Al respecto, cabe decir que si bien hay comercios en los que se vende una supuestamente mágica, siempre será mejor que el oficiante la fabrique o que utilice una tinta común deteniéndose unos minutos posando las manos sobre el frasco y visualizando cómo le transmite su deseo y voluntad. La preparación de tinta mágica no presenta problemas: bastará con que se deje al sereno durante toda la noche un frasco de tinta común, que aún no haya sido abierto, y colocarlo al día siguiente junto a una vela azul, con la intención de que el líquido quede libre de toda impureza. También puede echarse dentro del frasco un par de gotas de agua bendita. Una vez que la vela se consuma, la tinta ya estará lista para ser utilizada. La única salvedad es que la tinta mágica sólamente deberá ser empleada en operaciones mágicas.

CONSAGRACIÓN DE LOS PENTÁCULOS

Aunque para fabricar un pentáculo se utilicen símbolos con gran contenido mágico, el solo hecho de dibujarlos no los convierte en objetos poderosos; para ello hay que consagrarlos, cargarlos de energía positiva.

OBJETOS NECESARIOS

Una vela blanca – Una vela azul – Un cono o varilla de incienso de sándalo
Un cuenco con agua – Un puñado de sal

Ritual

- Encender la vela blanca y luego la vela azul y, por último, el incienso.
- Concentrarse de cargar el pentáculo con el máximo de energía positiva.
- Echar un puñado de sal en el cuenco con agua.
- Mojando el pulgar de la mano derecha en el agua, trazar en cada una de las esquinas del pentáculo la señal de la cruz y recitar la oración.

Oración

Dios eterno, ven a este lugar
y santifícalo con tu presencia y tu majestad.
Que tu bendición descanse sobre este círculo.
Que él convoque a tu Arcángel Miguel
para que nos brinde protección
y nos haga cada día más dignos de ti.
Este círculo será quien represente
tu poder y tu gloria
y a él acudiré en busca de ayuda.
Amén.

PENTÁCULO PARA EL AMOR

Esta figura pentacular se utiliza para atraer el amor, para mejorar las relaciones de pareja, resolver los conflictos, superar desavenencias y potenciar el deseo y la pasión.

Tiene los símbolos de Venus y Marte, que simbolizan la esencia femenina y masculina respectivamente, y la de Júpiter y Saturno, optimismo y sabiduría. Una vez que se confeccione sobre pergamino, se deberá consagrar y colgar en un lugar visible para la persona interesada.

PENTÁCULO NEUTRALIZADOR

Sirve para armonizar los ambientes y conviene utilizarlo en lugares donde sean frecuentes las discusiones o tensiones. También es adecuado para equilibrar cualquier situación que se presente. Está formado por dos símbolos importantes: la estrella de seis puntas y la cruz esvástica. La primera se relaciona con el judaísmo; según algunos historiadores, su uso por parte de los judíos nace de la imitación que hacen de los cristianos: ante la necesidad de un símbolo propio equivalente a la cruz, empiezan a usar esta estrella a la que adjudican la representación de las 12 tribus de Israel.

Sin embargo, la estrella de seis puntas antes había sido utilizada por magos. Según los antropólogos, el triángulo que apunta hacia abajo representa la sexualidad femenina y, con ella, a la mujer en general; el que apunta hacia arriba es un signo netamente masculino; prueba de ello es que a menudo, en diversos trabajos de magia, es utilizado para representar a un hombre. La estrella de David, en sí misma, encierra dos opuestos que se combinan y entrelazan, que se neutralizan y completan.

Por otra parte, en la alquimia estos dos triángulos representan el Agua y el Fuego que, juntos, indican la conciliación de los opuestos. Este símbolo fue popularizado por los cabalistas; ellos aseguraban que la estrella tenía grandes poderes de protección ante cualquier peligro.

El otro símbolo de este pentáculo, la cruz esvástica, es conocido por el uso que de él ha hecho el nazismo, sin embargo, es un símbolo solar muy antiguo y lo curioso es que ha sido encontrado en las más diversas culturas, ya sea bajo la forma en que hoy se conoce o con ligeras variantes. En la pared de la antigua sinagoga de Capernaum, hay una cruz esvástica tallada junto a otros símbolos religiosos judíos. Si se observa este símbolo, se verá que se puede dibujar con un solo trazo; pertenece al tipo de figuras unicursales de las cuales, la más conocida es la estrella de cinco puntas.

Copiando el dibujo que aquí se muestra sobre un trozo de pergamino, se obtendrá protección en la casa y se disiparán las tensiones que surjan en la familia. Antes de colgarlo se deberá consagrar, siguiendo los pasos que se indican al final del capítulo.

PENTÁCULO PARA PROSPERAR

Tiene por finalidad el proporcionar abundancia, el resolver los conflictos relacionados con el trabajo y servir de ayuda a la hora de percibir más claramente todo tipo de oportunidades que pudieran determinar una mayor prosperidad.

El símbolo más importante que contiene este pentáculo es el de Júpiter, el llamado Gran Benéfico en astrología. Tanto el planeta como el dios, están relacionados con la expansión, el optimismo, los vínculos con personas poderosas o influyentes y la capacidad de hacer fortuna.

Los triángulos aluden a la divinidad y son, además, formas geométricas fundamentales tanto para los matemáticos como para los magos. Si se observa la disposición repetida del signo de Júpiter en la parte más externa del círculo, se podrá comprobar que, juntos, componen una estrella de seis puntas.

Como se ha explicado en el caso de los anteriores pentáculos, deberá ser dibujado con la máxima concentración y con la intención de que represente y encarne la voluntad y el deseo. El material más adecuado es un trozo de pergamino.

Una vez terminado, deberá ser colgado en algún lugar que sea visible para la persona a la que esté destinado.

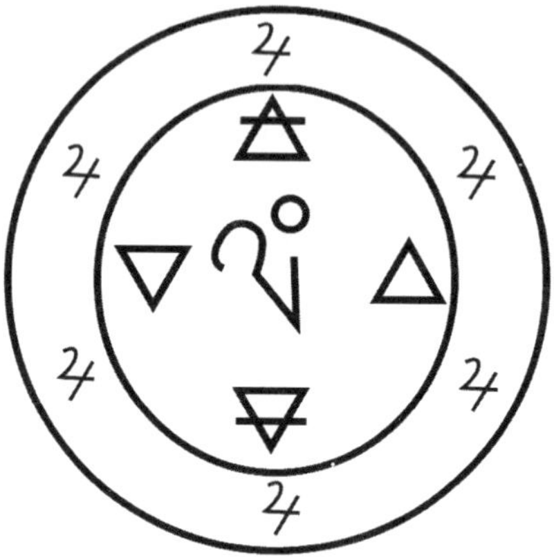

LOS PENTÁCULOS DE PARACELSO

Las indicaciones para fabricar este poderoso pentáculo aparecen en el libro *Filosofía oculta*, de Teofrasto Paracelso, obra publicada entre 1589 y 1591. Este médico suizo, nacido en 1493, es una de las figuras más discutidas del Renacimiento. Sus conocimientos e ideas sobre la medicina hicieron que, en su época, destacara claramente entre sus colegas y lo que resulta sorprendente en sus trabajos sobre filosofía es su erudición acerca de la magia, sus conocimientos de ritos y símbolos y, a la vez, su intensa vinculación al cristianismo. Haciéndose eco de las palabras de la Iglesia en una época tan controvertida, asegura que no hay que desechar todas las ceremonias y los rituales mágicos, sino únicamente «las que estén dirigidas contra los espíritus extravagantes».

Acerca de los pentáculos dice:

«Yo no voy a tratar aquí más que de dos pentáculos que son mucho más poderosos que los demás pentáculos, caracteres y sellos.

El primero se compone de dos triángulos, colocados uno sobre otro, de forma que constituyen siete espacios y presentan seis ángulos exteriores; en estos seis ángulos, se escriben las letras del nombre muy noble del dios Adonai. He aquí el primer pentáculo. El segundo es mucho mejor, posee una virtud mucho más eficaz. Tres ángulos están enlazados de forma que constituyen seis espacios y presentan cinco ángulos exteriores; en estos ángulos se escriben las muy poderosas y nobles sílabas del nombre divino Tetragrámaton, en el orden querido.

Los israelitas y los nigromantes judíos se sirven con frecuencia de estos dos pentáculos tan poderosos que son capaces de combatir a los espíritus, al diablo, los maleficios, las obras mágicas, los hechiceros, mejor que todos los demás pentáculos reunidos; ellos liberan a las personas forzadas por encantamiento, de actuar contra su voluntad y su naturaleza o que sientan dolores durante determinados días y a ciertas horas. Estos dos pentáculos pueden servir contra los espíritus que habitan los cuatro elementos».

Parece evidente que se está refiriendo a la conocida Estrella de David, y a la de cinco puntas, y que los pentáculos a los que se refiere, son los que se muestran a continuación.

PENTÁCULO INTEGRADOR

El número 7, como se puede observar leyendo rituales de magia o libros de ocultismo, es un número al que todas las tradiciones ocultistas de oriente y occidente han dado una gran importancia y al que no pocos han calificado como el «Número del Destino».

En la Biblia aparece mencionado desde el comienzo: «... Y Dios bendijo al día séptimo y lo santificó». También son siete las parejas de animales que Noé debía guardar en el arca para salvarlas del diluvio.

Son siete los pecados capitales, los colores del arco iris, las notas musicales, los sabios de la antigua Grecia y las plagas de Egipto. En los libros hindúes, el número 7 se repite en muchísimas ocasiones, de ahí que el Yogui Kharishnanda afirmara que si este número aparece, «no es por capricho, sino por razones ocultas».

Este pentáculo tiene en su interior una estrella de siete puntas y, alrededor de ésta, los símbolos que se corresponden con los siete planetas que utilizados por la Astrología antigua.

Su propósito es unificar la fuerza, sea propia e interior como la de una familia o cualquier otra agrupación. Sirve para sintonizar cuerpo, mente y espíritu, para ponerse en contacto con uno mismo y acercarse al perfecto equilibrio.

Amuletos y talismanes

Es un error muy común confundir el efecto que producen unos y otros porque hay una gran diferencia entre un amuleto y un talismán. El primero tiene por objeto proteger a la persona de todo tipo de energía negativa; es una especie de escudo que impide que surtan efecto los malos deseos o las maldiciones que pudieran enviarle sus enemigos o que se contamine en caso de encontrarse en un ambiente muy cargado negativamente. El talismán, por el contrario, no defiende a quien lo lleva, sino que potencia sus cualidades de manera que pueda conseguir los objetivos que se proponga.

Son muchos los objetos que pueden ser utilizados a modo de amuleto o talismán; de hecho, cada vez que se viste una determinada prenda para ir a una reunión importante porque trae suerte, se está adjudicando a la misma propiedades mágicas o, como poco, cierta fuerza; se la convierte en talismán o en amuleto.

Hay objetos que, por su simbología transmitida a través de generaciones, tienen fuertes cualidades protectoras. Muchos de ellos, como la cruz, son símbolos ampliamente difundidos en occidente, pero otros son menos conocidos y tienen una influencia básicamente local.

Entre los más comunes, se pueden citar:

- *Escarabajo.* Estos insectos fueron adorados por los egipcios, quienes tenían un dios, Jepri, encarnado en este animal. Son símbolo de renacimiento y renovación. Los amuletos con figuras de escarabajo se fabricaban en piedra, en cerámica o en madera.

  En la parte inferior de los mismos, siempre se leen inscripciones en caracteres árabes dirigidas a Jepri. Son adecuados para períodos en los que se necesite o se busque un cambio, ya que su energía propicia dejar lo viejo, lo inservible, para iniciar o rodearse de cosas nuevas.
- *Ank egipcio.* Es una cruz que tiene un asa en su parte superior (ver figura). Se le atribuye el poder de dar la vida y está relacionada con lo ilimitado. Los

sacerdotes egipcios solían llevar un ank colgado del pecho. Este talismán propicia la buena salud y la armonía interior.

- *Cruz de Tau*. Está formada por un palo vertical y otro horizontal. Es otro de los símbolos del antiguo Egipto que, posteriormente, se popularizó en Medio Oriente y en las zonas más orientales de Europa. Representa el poder y la sabiduría y se utiliza como amuleto protector

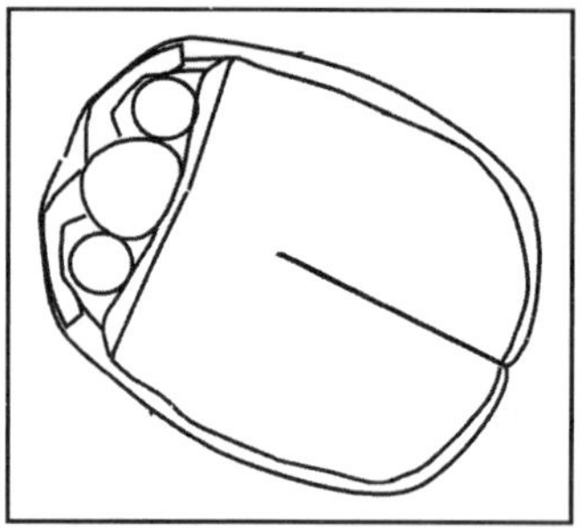

- *Cruz etíope*. Fue utilizada por los antiguos cristianos de Etiopía y en los últimos años ha adquirido popularidad en Occidente. Es una cruz muy adornada, hecha artesanalmente. Algunas de ellas tienen dibujos y entramados de una increíble belleza. Los etíopes la utilizan como amuleto para protegerse de todos los males.
- *Martillo de Thor.* Fue ampliamente utilizado como amuleto religioso durante la era vikinga, ya que representaba al temible y poderoso dios del Trueno. Generalmente se fabricaba en plata y se usaba colgando del cuello. No obstante, en las diversas excavaciones que realizaron los arqueólogos escandinavos, encontraron este amuleto realizado sobre los más diversos materiales: hierro, oro e, incluso, ámbar. En cuanto a su forma, los hay tanto muy elaborados, llenos de adornos, como muy simples.

  La creencia es que, con su poderoso martillo, Thor aparta las fuerzas del mal que pudieran rodear a quien porte este amuleto. Se usa para protegerse de las energías negativas, de las envidias y de todo mal que otra persona pudiera desearnos.
- *Mano de Fátima*. Se cuenta que la hija del profeta Mahoma, una mujer virtuosa y sumisa, estaba cierto día cocinando cuando llegó su marido Alí tra-

yendo de la mano a una concubina joven y hermosa. Sin decir una palabra, Fátima siguió con su tarea, pero estaba tan conmocionada que, sin darse cuenta, metió su mano en la olla donde hervía un dulce. Tal era su estado mental que sólo se dio cuenta de que se estaba quemando cuando su marido, horrorizado, corrió a quitarle la mano de dentro de la olla.

Desde entonces la mano de Fátima se considera un talismán que propicia la paciencia y la virtud, a la vez que acarrea buena suerte. También se puede encontrar fabricada en diversos materiales. Algunas de ellas son auténticas obras de arte, adornadas con piedras preciosas y leyendas coránicas.

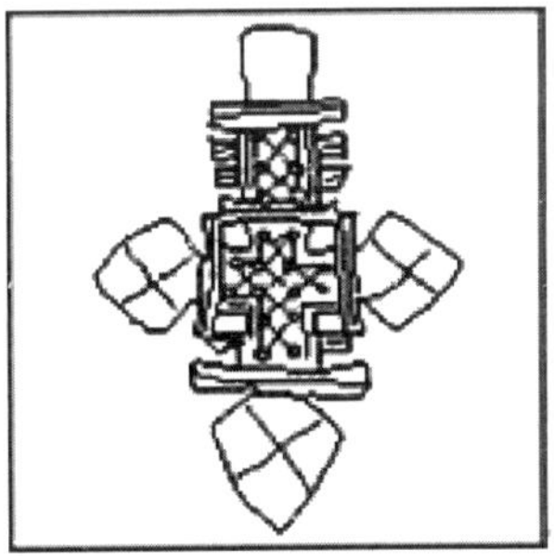

– *Elefante*. El uso de las figuras de estos animales como amuletos protectores tiene origen hindú y se relacionan con el dios Ganesha. Éste era hijo del dios Siva y la diosa Parvati, a quien profesaba un especial cariño. A la diosa le gustaba quedarse sola en su palacio para no ser molestada por nadie y, para ello, ponía a Ganesha en la puerta haciendo el papel de centinela. Cierto día en que su madre se estaba bañando y él guardaba la entrada al palacio, llegó Siva, su padre. Cuando quiso entrar, Ganesha se lo impidió, tal y como le había ordenado Parvati. Furioso, Siva desenvainó su espada y sin dudarlo cortó limpiamente la cabeza del muchacho. Ésta salió rodando por una pendiente hasta desaparecer al fondo del empinado barranco. Cuando Parvati salió del palacio para ver qué era lo que producía tal alboroto, encontró a su hijo muerto por haber obedecido sus órdenes. Siva era irascible y de mal carácter, pero en el fondo poseía buen corazón; de modo que, habiéndose dado cuenta de que había cometido un terrible error, ordenó a uno de sus criados que le trajera la primera cabeza que encontrara. Lo primero que vio el siervo fue un elefante, de modo que le dio muerte y llevó a Siva la cabeza del animal y éste la puso sobre los hombros de Ganesha devolviéndole la vida. Desde entonces, esta deidad tiene cabeza de elefante y las figuras que le representan sirven, sobre todo, para proteger el hogar, ya que éste había sido el cometido de Ganesha.

Para que su presencia en una casa surta efecto, debe tenerse la precaución de ponerlo siempre con la trompa mirando hacia la puerta.

– *Amonites*. En muchos países se utilizan estos fósiles como amuleto protector de todo tipo de enfermedades, costumbre que se remonta a la Inglaterra del siglo XVII. Se cuenta que una abadesa, santa Hilda, quería construir una iglesia en un lugar totalmente infectado de serpientes. Decidida, dio muerte a los ofidios que se convirtieron en piedra. A partir de entonces, en ese país, a los amonites se les suele llamar «serpientes enrolladas», ya que se cree que son las que la santa petrificó. Pero aunque se sabe que un amonite no es una serpiente sino un fósil, estas piedras tienen propiedades mágicas. Durante muchos siglos los fósiles molidos se han administrado como medicamentos a los enfermos, no sólo en Europa sino también en Asia. Si una persona adjudica a un amonite propiedades como amuleto o talismán, no cabe duda de que podrá utilizarlo como tal, ya que tiene la fuerza de haber pertenecido a un ser vivo, de tener características pertenecientes al reino animal y al reino mineral.

– *Amuleto del Nazar*. La idea de que los malos sentimientos que todos tenemos pueden salir al exterior a través de los ojos dañando a otras personas, es muy antigua. Se sabe que hititas, egipcios, sumerios y babilonios compartían la creencia en el mal de ojo y que esta idea se extendió a Europa, sobre todo a la zona mediterránea. Los pueblos del oeste de Turquía fabrican unos pequeños ojos azules de cristal, cuyo cometido es impedir las nefastas consecuencias del mal de ojo. Estos amuletos son muy populares en todo el país; los hay pequeños, apropiados para colgárselos al cuello, sobre todo a los niños, y más grandes que se hacen para ser colocados en las casas, en los coches, en los lugares de trabajo. Si una persona se compra un objeto caro como una casa o un coche, cuelga en él uno de estos abalorios para que ningún vecino, por envidia, le produzca daño.

• *Ámbar*. Esta resina fosilizada, con notables propiedades eléctricas cuando se la frota, ha servido como amuleto a los pueblos en los cuales se puede encontrar con mayor facilidad. Suele llevarse colgada al cuello y, en ocasiones, es tallada para darle la forma de objeto religioso o, simplemente, de adorno. Su cometido es apartar las fuerzas negativas y su influencia positiva sobre el cuerpo y la mente puede deberse a sus propiedades eléctricas.

- *Pluma de caburé*. Para los indios chahuancos y guaraníes, la séptima pluma del ala de una lechuza es un poderoso amuleto, sobre todo de especie llamada caburé. Su poseedor está protegido de todo mal, sea físico o espiritual.
- *Ajos*. En su libro *Botánica oculta*, Paracelso cita un remedio para protegerse de todo maleficio. Consiste en coger siete ajos a la hora de Saturno (sábado a la 1 de la madrugada), ensartarlos en un cordel de cáñamo y llevarlos suspendidos del cuello durante siete sábados. Con este ritual se quedará libre de hechizos para toda la vida.

Amuletos y talismanes hay muchísimos; cada pueblo, con sus creencias religiosas y místicas, ha adjudicado poderes mágicos a los elementos más diversos: ranas, búhos, serpientes, tortugas, dientes de oso, etc. Lo importante, en todo caso, es que cada quien encuentre aquellos objetos por los cuales se siente protegido o de los cuales recibe energía, ya que la mayor fuerza no está en el objeto en sí, sino en la relación que su poseedor establezca con el mismo. Es precisamente el vínculo que se tiene con el elemento lo que modifica positivamente la mente, de modo que quien lo posee actúa de una manera mucho más acertada y, por lo tanto, beneficiosa para sí mismo. De la misma manera, hay objetos de los cuales se sospecha que dan mala suerte; ya sea porque se siente un instintivo rechazo hacia ellos como por haber sido recibido de manos de una persona que posteriormente ha tenido actitudes censurables. En estos casos, lo más conveniente es deshacerse de ellos en un cruce de caminos y, si por cualquier razón esto no fuera posible, guardarlos en un lugar bien apartado de la casa sin que tengan contacto con el resto de las pertenencias; ahora bien, antes deberán ser envueltos en un papel o tela negros para que así se absorba su carga negativa.

CONSAGRACIÓN DE TALISMANES

Para que un objeto pueda ser utilizado a modo de talismán, la primera condición que debe cumplir es que esté hecho de un material noble, es decir, madera, piedra, metal. El plástico o los materiales sintéticos deberán ser desechados. Para que se cargue de energía y propicie las situaciones que se desean, deberá hacerse un ritual de consagración; de este modo el talismán adquiere el máximo de potencia.

Objetos necesarios

El talismán que se va a consagrar – Una vela blanca

Si se trata de una medalla religiosa o de una cruz, se puede hacer bendecir en una parroquia.

Ritual

- Dejar el talismán durante todo un día a la luz del sol.
- Una vez que haya anochecido, ponerlo sobre una mesa o en un rincón y encender una vela blanca a su lado.
- Recitar el conjuro.

Conjuro

Poderoso Arcángel Ratziel,
jefe de los Erelines,
tú que desde el monte Horeb
entregas los secretos cada día,
bendice este talismán
y llénalo de tu energía
como signo de bendición.

Consagración de amuletos

Hay objetos que, como se ha dicho, cumplen la función de amuleto; sin embargo, para que un elemento pueda ser considerado como tal, debe haber sido hecho con un material noble (madera, piedra, metal) y tras la consagración no deberá ser tocado por nadie que no sea su dueño.

Es importante aclarar que si un amuleto no se consagra puede, asimismo, brindar protección; lo que ocurre es que tendrá mucha más fuerza y será más efectivo si la ceremonia tiene efecto. El ritual de consagración deberá hacerlo el dueño final del amuleto ya que por medio de ésta el objeto se vinculará y protegerá a su poseedor.

El ritual de consagración que se explica a continuación deberá realizarse en día sábado.

OBJETOS NECESARIOS

El amuleto que se quiera consagrar – Cinco hojas de ruda – Una vela negra
Un espejo de mano – Un paquete de sal – Un objeto que represente al oficiante

El objeto que represente al oficiante puede ser una prenda de vestir que le pertenezca, una foto o un papel que tenga escrito su nombre completo. Las hojas de ruda se pueden conseguir en cualquier herbolario.

Ritual

- Poner el espejo boca arriba en el centro del lugar donde se vaya a hacer la ceremonia (ver dibujo).
- En el centro del espejo colocar la vela negra.
- A la izquierda de la vela, también sobre el espejo, colocar el objeto que represente al oficiante y a la derecha, el amuleto que se quiera consagrar.
- Disponer las cinco hojas de ruda como se muestra en el dibujo; es decir, colocándolas en las puntas de una estrella imaginaria.
- Rodear estos objetos con un círculo de sal gorda.
- Encender la vela.
- Recitar la oración.

Como se ha dicho, una vez que el amuleto haya sido consagrado, no deberá ser tocado por ninguna otra persona. Si eso ocurriera, lo más aconsejable es volver a consagrarlo.

Oración

Camael, jefe del Coro Sexto,
tú que conoces el bien y el mal,
protégeme por medio de este amuleto
enviando a tu poderoso
ejército contra mis enemigos.

En esta invocación se alude a Camael, uno de los primeros ángeles creados por Dios. Es el jefe del orden y su nombre significa «el que ve a Dios». Es el ángel que se presentó a Jesús en el huerto de Getsemaní. Para los druidas, Camael es su dios de la guerra y capitanea 144.000 ángeles. Es, sin duda, uno de los mejores protectores que se pueden invocar.

Rituales para días especiales

Antes de la utilización del calendario que todos conocemos, e incluso actualmente en tribus que no se sirven de él, se han celebrado rituales mágicos en momentos especiales del año en los que el Sol, Venus u otros planetas ocupan un lugar especial en el cielo. Entre los más importantes figuran los que se corresponden con los solsticios. Los cambios de estación, para los pueblos agrícolas, han sido de una importancia fundamental, ya que éstas marcan el inicio y fin de los períodos de abundancia y escasez.

Comienzo del verano – Día de san Juan

El verdadero protagonista de las fiestas de san Juan, sin duda, es el fuego, ya que éste es el símbolo más claro del Sol. Alrededor del 22 de junio se aprecia en el hemisferio norte el máximo acercamiento del Sol a la Tierra. Sus rayos están más cerca que en cualquier otro momento del año por ello, durante el verano, los días son más largos y las noches más cortas. Con el inicio de esa estación empieza la maduración y cosecha de los frutos plantados en otoño y, para los pueblos primitivos que no contaban con las modernas técnicas de cultivos en invernadero, ello merecía una celebración especial en honor al sol, que era quien hacía posible el milagro.

Los antiguos celtas llamaban a esas fiestas Alban Heruin y en ellas se encendían hogueras que simbolizaban la fuerza y poder del astro rey a la vez que servían para agradecerle y atraer así sus bendiciones sobre la tierra y los hombres.

Cuando la cultura cristiana se impuso, en vez de prohibir las festividades al Sol, las asimiló dedicando el día 24 de junio a san Juan y conservando muchas de las tradiciones. En el hemisferio sur, el 24 de junio comienza el invierno y también allí se encienden hogueras que tienen un sentido distinto que las que se utilizan en el norte. Ejemplo de ello es la que hacían los incas, para quienes el Sol estaba moribundo y debían encender fuego para animarle y darle calor a la vez que para calentar a la Tierra.

DÍA DE BRUJAS

A partir de las confesiones aportadas por los brujos ante los tribunales de la Inquisición, se supo que el día de san Juan era para ellos una fecha muy importante.

Hoy se sabe que la mayoría de las acusaciones o denuncias de brujería fueron más motivadas por riñas vecinales y por un fenómeno de histeria colectiva que por prácticas maléficas; muchos de los detenidos eran mujeres que conocían a la perfección las propiedades de distintas hierbas o partes de animales. Prueba de ello es que se habló en los tribunales inquisitoriales de la importancia que tenían los sapos para las brujas, pero sólo mucho tiempo después se ha descubierto que la piel de estos anfibios contiene un potente tóxico, la bufotonina, que puede producir alucinaciones.

La máxima proximidad del Sol a la Tierra es un fenómeno natural y especial que se da un día al año, del mismo modo que el máximo alejamiento, que se produce en el hemisferio norte alrededor del 24 de diciembre, y estos fenómenos no han pasado desapercibidos para los magos y brujos de la Edad Media: en esos días se reunían, contaban sus secretos y preparaban ungüentos y pócimas para utilizar todo el año. Esta costumbre sigue vigente entre los magos de diferentes orientaciones.

La preparación de los elementos de magia

Toda persona que quiera dedicarse a la magia debe aprovechar el día de san Juan y la Nochebuena para bendecir y consagrar sus herramientas, plantas o cualquier otro objeto que use en sus rituales, ya que de esta forma aprovecha la circulación de la energía que se produce al haber muchas mentes, en diferentes partes del mundo, ocupadas en el mismo quehacer.

Entre las cosas que debieran prepararse este día, se pueden citar: aceites; una botella de agua mineral con dos cucharadas de sal; cintas de colores; un cuchillo que sólo se utilice en rituales; una tijera que sólo se utilice en rituales; hilo y aguja para coser amuletos; tinta mágica; velas; alfileres; algunos trozos de estaño; un lápiz; algunos folios de papel; un perfume; esencia de rosas y de jazmín; dos o tres nueces moscadas; un paquetito de clavos de olor; una rosa seca; laurel; olivo; una piedra blanca, una roja y otra negra; inciensos de diversos tipos...

Estos son los objetos que, con mayor probabilidad, utilizará en sus rituales. Para consagrarlos o bendecirlos, exponerlos en la madrugada del día 24 (es decir, cuando ese día comienza, desde las cero a las seis horas) a la luz de la luna.

Además, salpicarlos con agua con sal y concentrarse en que la voluntad y el poder los impregnan. Sentirse uno con el universo e invocar la fuerza de todos los magos para que den su ayuda a fin de que las herramientas y objetos se carguen de energía positiva. Tener en cuenta que, en las primeras horas de ese día, en diferentes lugares habrá otras personas, muchas con un elevado grado de sabiduría y poder, que estarán haciendo lo mismo. Sentirse en comunión con ellas.

Si se quiere transmitir alguna fórmula mágica personal a alguien que quiera iniciarse, convendrá hacerlo a las cero horas y en una habitación totalmente a oscuras.

RITUALES PARA LA CELEBRACIÓN DE SAN JUAN

Diversas tradiciones del día de san Juan que se relacionan con la magia:

- En Marruecos se cree que una pareja sin hijos que salten juntos sobre una hoguera, engendrarán ese año.
- En Irlanda, las muchachas saltan tres veces las llamas para casarse pronto y tener muchos hijos.
- En Flandes, saltan tres veces la hoguera para que sus partos sean fáciles.
- La costumbre de dar nueve vueltas alrededor de una hoguera es común en varias ciudades francesas, con el fin de casarse en los próximos doce meses.
- Quienes viven en zonas agrícolas aseguran que el trigo alcanzará la misma altura que la hoguera.
- Las ramas que quedan a medio quemar en las fogatas, son llevadas a las casas porque se dice que ellas impiden los incendios.
- En muchos pueblos, los enfermos caminan con los pies desnudos sobre el rocío caído en la noche de san Juan para buscar alivio a sus dolencias.
- Para evitar el herpes, se cortan algunas ramas de la hierba de san Juan y se guardan en la casa hasta el próximo año.
- En San Juan de Puerto Rico, los habitantes entran y salen tres veces al mar, recordando al santo, para tener suerte todo el año.
- Los tréboles de cuatro hojas y la verbena recogida en la noche de san Juan, son protectores de la familia y traen, además, buena suerte.
- En algunas ciudades de los Andes, donde tuvo su asentamiento el imperio incaico, para en la fiesta, llamada Inti Raymi, los pobladores estrenan alguna prenda nueva de ropa con objeto de que el año sea bueno.

Pero también en la noche de San Juan se hacen rituales más elaborados:

GUIRNALDA DE LA NOCHE DE SAN JUAN

Este ritual consiste en juntar flores de verbena durante el día y, por la noche, arrojársela a la persona que se ama. Si ella la recoge en el aire evitando que caiga en el fuego, significará que la pareja será feliz e, incluso, que podrá casarse durante ese año. Si cae al fuego, la relación presentará problemas en los siguientes doce meses.

RITUAL INCAICO DE LA SALUTACIÓN AL SOL

En el imperio incaico, el 24 de junio se celebraba la fiesta de Inti Raymi o fiesta del Sol, costumbre que los descendientes de ese pueblo aún siguen practicando.

El ritual consiste en vestirse con las mejores ropas y, al aire libre y en el lugar más alto de la casa, justo en el momento en que el sol está saliendo, decir:

«¡Oh, mi sol, oh, mi sol!
Envía tu calor y que este frío desaparezca.
Confío en tu protección».

Con esta ceremonia se asegura la buena marcha de los asuntos económicos y amorosos, así como la protección contra todo tipo de maleficio o energías negativas.

RITUAL PARA OBTENER AGUA BENDITA

La tradición dice que en la noche de san Juan todas las aguas están bendecidas por el Bautista. Como en diferentes rituales se utiliza esta agua y no siempre es fácil de conseguir, se aconseja el siguiente ritual que deberá hacerse entre las seis primeras horas del 24 de junio:

- Poner una cucharada de sal en un litro de agua mineral.
- Dejar la botella al sereno.

RITUAL PARA CONOCER AL FUTURO MARIDO

Si una muchacha quiere conocer la cara de su futuro marido, deberá encender una vela roja antes de ponerse el camisón. Luego vestirse, meterse en la cama y apagar la vela mentalizándose para soñar con el que será su esposo.

RITUAL DE LA HORTENSIA PARA LA NOCHE DE SAN JUAN

Este ritual, que aún se practica en muchos pueblos, consiste en plantar una hortensia la víspera de san Juan. Una vez puesta en un tarro con tierra, se la riega y se le pide un deseo que será, sin duda, concedido.

RITUAL PARA SABER CÓMO IRÁN LOS ASUNTOS ECONÓMICOS

Este rito debe hacerse en la noche de san Juan, antes de irse a dormir.

- Llenar las dos terceras partes de un vaso con agua.
- Romper en el borde del vaso un huevo dejando caer en él la clara pero teniendo mucho cuidado de que no caiga la yema.
- Dejar el vaso toda la noche al sereno.

A la mañana siguiente, se observará que la clara ha hecho diversas figuras, que el vaso tiene burbujas y filamentos. Cuantas más burbujas tenga y más largos sean los hilos, mejor irán durante el año los asuntos económicos.

RITUAL PARA PEDIR TRES DESEOS

Otro rito que se realiza en algunos lugares de España durante la festividad de san Juan, consiste en escribir en un papel tres deseos durante la mañana y luego dejar el papel al sol, todo el día. Por la noche, preferentemente a las cero horas, deberá hacerse una bolita con él y arrojarla a las llamas de una de las hogueras.

RITUAL PARA PRESERVAR LA CASA DE TODO MAL

En su *Botánica oculta*, Paracelso cita este ritual cuyo objetivo es proteger a la familia de todo tipo de mal, durante un año. El 24 de junio, antes de salir el sol, arrodillarse ante una planta de achicoria y arrancarla pausadamente, pronunciando por tres veces la sagrada palabra «Tetragrámmaton». La planta deberá ser llevada a la casa guardándosela envuelta en paños blancos y limpios.

COMIENZO DEL INVIERNO – NAVIDAD

Una de las fiestas más importantes del catolicismo es la Navidad. El 25 de diciembre (fecha quedó instituida en el año 345) se celebra el nacimiento de Jesús en Belén.

Antiguamente, el 19 de diciembre se celebraban en el Imperio romano unas fiestas paganas dedicadas al Saturno, dios de la agricultura. Se llamaban fiestas Saturnales y duraban siete días. También en el norte de Europa se festejaba la llegada del invierno con otra fiesta llamada Yule. En ella pedían a los dioses que diera fuerza al Sol para que creciera y brillara con toda su fuerza. La Iglesia católica asimiló esas fiestas declarando que en esas fechas había nacido Jesucristo y, a partir de ahí, muchas de las tradiciones seguidas hasta ese momento, fueron sustituidas por las que hoy todos conocemos: el árbol de navidad, la decoración del pesebre, los regalos, etc. Sin embargo, en cada país, se siguen este día diferentes actos rituales:

- En los barrios de algunas ciudades argentinas, se queman grandes muñecos se en una hoguera junto con las cosas viejas para propiciar la prosperidad.
- En Panamá, esa noche se escriben peticiones a Dios en tiras de papel. Luego, a lo largo del año, se queman a medida que se van cumpliendo.
- En República Dominicana, se tiran los trastos viejos e, incluso, se pintan ese día las casas para dar suerte todo el año.

DÍA DE DIFUNTOS

Esta es una festividad en la que se recuerda y se honra a los seres queridos que han fallecido. Pero a la vez que se visitan los cementerios y se les lleva flores a los difuntos, también se realizan algunos rituales que tienen como cometido honrarles, por un lado, y atraer la suerte por el otro.

RITUAL PARA ATRAER A LA SUERTE

Este ritual se celebra el día de Difuntos a las doce de la noche.

OBJETOS NECESARIOS

Un círculo de corcho de unos 2 cm de diámetro – Un naipe – Un trozo de hilo de algodón – Una mezcla de dos partes de aceite y una de agua, llenando un vaso hasta sus dos terceras partes

Con el listado de elementos que se mencionan se han de preparar previamente unas lamparillas de las llamadas mariposa, cuyo dibujo se adjunta.

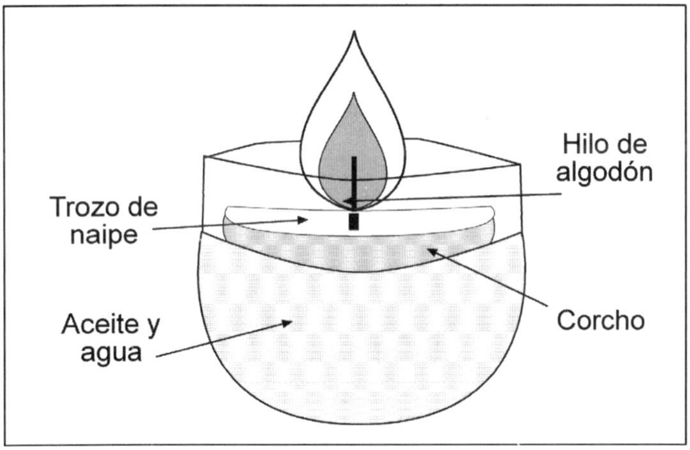

Confección de la lamparilla

- Cortar un círculo de corcho de unos 2 cm de diámetro.
- Cortar un círculo de igual tamaño en un naipe.
- Atravesar ambos, en su punto medio, por un trozo de hilo de algodón, a modo de mecha.
- Poner los círculos con la mecha en un vaso con la mezcla de aceite y agua, con el corcho hacia abajo.

Ritual

- Se confeccionarán tantas lamparillas como difuntos a los cuales se quiera honrar.
- Hacer tres o cuatro más para aquellas ánimas que lo necesiten, encomendando a ellas la protección de su hogar.

Se dice que los difuntos van ese día a visitar sus casas para comprobar si sus familiares les recuerdan.

RITUAL DE LAS GACHAS PARA EL DÍA DE DIFUNTOS

Este rito aún se sigue en el pueblo de Jódar, en Granada. Tiene por objeto proteger los hogares. Según comenta Ildefonso Alcalá Moreno, no existe documentación escrita sobre esta ceremonia, pero la costumbre aún se sigue llevando a cabo.

Es creencia en muchos lugares que, en el día de Difuntos, a partir de las doce de la noche, los espíritus de los muertos vagan en procesión, encabezada por la muerte, sobre la tierra. En Jódar en particular, creen que ésta derrama un líquido sobre las casas que, si entra, señalaría el lugar donde habrá un fallecimiento próximo. Para evitar estos males, se efectúa el siguiente rito:

OBJETOS NECESARIOS

Restos de la cena (gachas, frutos secos) – Una tijera

Ritual

- Se tapan todos los cerrojos externos que hay en la casa para que la protección sea máxima.
- Si hay una chimenea, debe ponerse en ella una tijera abierta en forma de cruz.

Según Ildefonso Alcalá Moreno, esta tradición se basaría en el Antiguo Testamento, concretamente en el pasaje que cuenta cómo los israelitas marcaron todas las puertas de sus casas con sangre de cordero con el fin de que el ángel exterminador conociese la fe en el verdadero Dios de las gentes que en ellas había y de esa manera no los matase.

RITUAL DE LA MESA PARA LAS ALMAS DEL DÍA DE DIFUNTOS

En los pueblos del desierto de Atacama se sigue un interesante ritual que tiene por objeto honrar a los muertos a la vez que solicitar su protección.

OBJETOS NECESARIOS

Una buena cantidad de alimentos preparados – Vajilla para servirlos
Mantel y sillas – Bebidas – Un frasco con agua bendita – Una pluma
– Varias velas e imágenes de santos

Es creencia en esa región que el día 1 de noviembre los muertos se acercan a los vivos para compartir sus platos favoritos. Por este motivo se celebra un banquete en su honor.

Ritual

- Durante el día, en un lugar recogido de la casa, preparar una mesa con mantel y sillas.
- Poner en uno de sus lados estampas de santos y velas encendidas.
- Colocar los platos y los cubiertos.
- Llevar a lo largo del día diferentes fuentes de alimentos que deberán ser bendecidos. Para ello, mojar la pluma de ave en el agua bendita y trazar la señal de la cruz sobre la comida. Los alimentos, de ser posible, que sean los que más gusten a las personas que hayan fallecido.
- Pedirle a las ánimas salud durante todo el año así como que no falte comida a la familia.
- Dejar sobre la mesa las ofrendas hasta el día siguiente (2 de noviembre), concretamente hasta las dos de la tarde. A partir de este momento, hay que separar un poco de cada plato en un recipiente y dar el resto a los pobres.
- Lo que se ha separado, deberá ser enterrado al aire libre.

De este modo se recibe la protección de los familiares difuntos.

En estos pueblos también existe la costumbre de hacer coronas con flores de papel que luego, el día 2, son llevadas al cementerio y depositadas en las tumbas de los seres queridos.

DÍA DE SAN SILVESTRE

La festividad de san Silvestre se celebra el 31 de diciembre, y si hay un momento en el cual es más habitual que alguien se plantee cambios de vida y se haga propósitos nuevos es este día, que coincide con el final de año. En casi todos los países hay festejos y rituales para que los próximos 365 días sean prósperos y estén llenos de felicidad, como se suele desear a los demás en las tarjetas.

Entre los rituales más comunes se pueden citar:

- Tomar una uva con cada campanada que anuncie el nuevo año para tener suerte.
- Dejar en la puerta de la casa una maleta preparada y, al dar las doce, salir a caminar con ella, lo más lejos posible. Se hace para que en el nuevo año los viajes sean abundantes.
- En algunos lugares se ponen en la entrada de la casa tres piedras que simbolizan la salud, el dinero y el amor que tendrán en el próximo año.
- Se acostumbra barrer la casa de adentro hacia afuera al comienzo del nuevo año a fin de expulsar con ello todas las energías negativas.
- Para que los augurios de amor se cumplan, es necesario comenzar el año con una prenda íntima de color rojo.
- El uso de una prenda amarilla este día augura dinero.
- Algunos pueblos acostumbran a cenar lentejas esa noche. Dice la tradición que, para llamar a la suerte, hay que comer al menos una cucharada cuando empiecen a sonar las campanadas.

Amuletos para cada pareja

Las personas que han pasado mucho tiempo sin pareja o que jamás la han tenido, suelen guardar muchísimas reservas hacia los desconocidos; conscientes de su vulnerabilidad, son particularmente desconfiadas y temen toparse con personas sin escrúpulos que les engañen o se aprovechen de ellas. Algunas de ellas, por haber vivido situaciones muy dolorosas en relaciones anteriores; otras, por simple miedo a lo desconocido.

Por otra parte, quienes llevan mucho tiempo con una persona y ven que la relación se ha deteriorado, a menudo no llegan a comprender qué es lo que sucede, cómo es posible que cada uno haya tomado caminos tan diferentes o que no se puedan establecer acuerdos.

Teniendo esto en cuenta, es oportuno adjuntar a este capítulo una herramienta que permita conocer, o al menos bosquejar, las dificultades que se presentan a la hora de estar con otra persona y de esta manera prever o entender cuáles son los puntos de conflicto que pueden estropear la relación. La herramienta que se menciona es la astrología, un saber antiguo que siempre ha formado parte del conocimiento de todo mago.

Conociendo la fecha de ambos nacimientos, puede analizarse el grado de compatibilidad entre ambos.

Para favorecer los aspectos más positivos de la relación, se indica, además, el amuleto que ambos deban llevar así como la manera de confeccionarlo.

Amuleto

Deberán hacerse dos, uno para cada integrante de la pareja. El ritual es común a todos; lo único que varía son las plantas utilizadas, el metal o la piedra, el color de las velas y la oración, ya que éstos serán los que correspondan a los signos implicados.

OBJETOS NECESARIOS

Dos velas, una de cada signo – Dos trozos de mineral, uno de cada signo – Dos trozos de planta, una de cada signo – Dos trozos de tela roja de 12 x 12 cm, preferiblemente de seda – Aguja – Hilo – Un cono o varilla de incienso de rosa
Un folio – Un lápiz o bolígrafo

Ritual

- Escribir en el papel la oración, reemplazando las frases indicadas con las que figuran en la explicación de los signos (páginas 304 a 319).
- Extender los dos paños sobre la mesa.
- Poner delante del paño de la izquierda la vela que corresponda al signo propio y delante del de la derecha, el que corresponda al signo del otro miembro de la pareja. Encender ambas velas.
- En medio de ambos trozos de tela, poner el incienso y encenderlo.
- Colocar en el centro de cada trozo de tela la piedra (o metal) y la flor correspondiente a ese signo.
- Cerrar los trozos de tela con su contenido a modo de paquete y coserlos para que su contenido no se pierda.
- Recitar la oración.
- Llevar consigo uno de los saquitos.

Oración

Con recogimiento y humildad
hago esta ofrenda y pido a los dioses (...)
(reemplazar [...] por los dioses que figuren en la explicación de signos)
tengan la gracia de concedernos (...)
(reemplazar [...] por los atributos que figuren en la explicación de los signos)
para que esta relación perdure.
Que podamos aprender el uno del otro
y que el contacto mutuo
nos ayude a evolucionar.

Como estos elementos servirán para hacer un amuleto, conviene que la planta esté seca en el momento de utilizarla, así como que el trozo de metal o la piedra sean pequeños. En el caso de los metales, se pueden usar objetos siempre y cuando estén confeccionados sólo con el metal propio del signo (por ejemplo, para Aries, puede servir un clavo de hierro). En los signos cuyo metal sea plata u oro, bastará con utilizar el eslabón de una cadena o un trozo de hilo de estos metales.

En cuanto a la planta, se pueden emplear hojas, flores, rama, corteza o raíz.

EL SIGNO

En la siguiente tabla se podrán averiguar los signos zodiacales de los dos miembros de la pareja. Como las fechas de comienzo y fin de cada signo no son exactas sino que pueden variar en algunas horas, cuando se busque el signo de un día límite (por ejemplo 20 de abril: Aries) habrá que tener en cuenta también al signo siguiente (Tauro en este caso).

Aries:	21 de marzo al 20 de abril.
Tauro:	21 de abril al 19 de mayo.
Géminis:	20 de mayo al 21 de junio.
Cáncer:	22 de junio al 22 de julio.
Leo:	23 de julio al 22 de agosto.
Virgo:	23 de agosto al 21 de septiembre.
Libra:	22 de septiembre al 22 de octubre.
Escorpio:	23 de octubre al 21 de noviembre.
Sagitario:	22 de noviembre al 20 de diciembre.
Capricornio:	21 de diciembre al 19 de enero.
Acuario:	20 de enero al 18 de febrero.
Piscis:	19 de febrero al 20 de marzo.

COMPATIBILIDADES

En esta sección se dan las claves para ver hasta qué punto la relación puede ser compatible o, al menos, para anticipar cuáles podrían ser los problemas que se presentaran. También se indican los colores, minerales, vegetales, dioses y atributos. El primero que se menciona en cada par, corresponde al primer signo.

Aries-Aries: Mientras cada uno mantenga una actitud independiente e intente resolver los conflictos por la vía del humor, la pareja se mantendrá estable y feliz.

COLOR: ROJO – **MINERAL:** HIERRO – **VEGETAL:** CLAVEL – **DIOSES:** MARTE
ATRIBUTO: VALOR

Aries-Tauro: Son signos que se complementan mutuamente; cada uno tiene mucho que aprender del otro y si desde los comienzos optan por la sinceridad, no cabe duda de que la relación será muy positiva.

COLORES: ROJO Y VERDE – **MINERALES:** HIERRO Y COBRE – **VEGETALES:** CLAVEL Y MARGARITA – **DIOSES:** MARTE Y VENUS – **ATRIBUTOS:** VALOR Y ATRACTIVO

Aries-Géminis: Amantes de las discusiones, encontrarán en ellas más motivo de diversión que de enfado. Si Aries no intenta ahogar a Géminis con exigencias, si respeta su ir y venir, su evitación del compromiso, es una relación que puede durar toda la vida. Géminis, por su parte, deberá hacer sentir importante al egocéntrico Aries.

COLORES: ROJO Y NARANJA – **MINERALES:** HIERRO Y ÁGATA – **VEGETALES:** CLAVEL Y JAZMÍN – **DIOSES:** MARTE Y MERCURIO – **ATRIBUTOS:** VALOR E INTELIGENCIA

Aries-Cáncer: Aunque esta no es la mejor combinación del zodíaco, ambos pueden estar unidos por una gran ternura, por una comunicación afectiva intensa y saludable.

COLORES: ROJO Y BLANCO – **MINERALES:** HIERRO Y PLATA – **VEGETALES:** CLAVEL Y EUCALIPTO – **DIOSES:** MARTE Y LUNA – **ATRIBUTOS:** VALOR Y SENSIBILIDAD

Aries-Leo: Será, sin duda, una relación difícil pero son estos vínculos los que, cuando se superan las dificultades, resultan los más enriquecedores para ambas partes.

COLORES: ROJO Y AMARILLO – **MINERALES:** HIERRO Y ORO – **VEGETALES:** CLAVEL Y MANZANILLA – **DIOSES:** MARTE Y SOL – **ATRIBUTOS:** VALOR Y NOBLEZA

Aries-Virgo: En esta pareja la solución pasa por conseguir que Aries proponga y Virgo disponga.

COLORES: ROJO Y VIOLETA – **MINERALES:** HIERRO Y ÁGATA – **VEGETALES:** CLAVEL Y VIOLETA – **DIOSES:** MARTE Y MERCURIO – **ATRIBUTOS:** VALOR Y PRECAUCIÓN

Aries-Libra: Estos dos signos están físicamente opuestos en la rueda del zodíaco. El primero ama el bullicio, el segundo la armonía, la paz, la tranquilidad. Esto no significa que se lleven necesariamente mal; ambos son grandes conversadores que no desechan la polémica, tienen un excelente sentido del humor y son emprendedores.

COLORES: ROJO Y CELESTE – **MINERALES:** HIERRO Y COBRE – **VEGETALES:** CLAVEL Y PINO – **DIOSES:** MARTE Y VENUS – **ATRIBUTOS:** VALOR Y DIPLOMACIA

Aries-Escorpio: Estas dos personas deberán evitar discutir sobre problemas en los que estén totalmente enfrentados porque la lucha produciría un desgaste excesivo. Como ambos son apasionados, el terreno sexual será siempre un lugar para la reconciliación.

COLORES: ROJO PARA AMBOS – **MINERALES:** HIERRO E IMÁN – **VEGETALES:** CLAVEL Y ROBLE – **DIOSES:** MARTE Y PLUTÓN – **ATRIBUTOS:** VALOR Y SENTIMIENTOS PROFUNDOS

Aries-Sagitario: Aventureros, divertidos, siempre dispuestos a seguir cualquier ideal, pueden pasar una eternidad sin aburrirse el uno del otro. Los problemas pueden surgir porque Sagitario ama la independencia y Aries suele ser muy posesivo.

COLORES: ROJO Y PÚRPURA – **MINERALES:** HIERRO Y ESTAÑO – **VEGETALES:** CLAVEL Y HORTENSIA – **DIOSES:** MARTE Y JÚPITER – **ATRIBUTOS:** VALOR Y OPTIMISMO

Aries-Capricornio: El emocional Aries necesita un punto de fijación a tierra para poder volar libremente, y no hay nada más sólido en todo el zodíaco que Capricornio. Si Aries aprende un poco de la paciencia de Capricornio, podrá llegar hasta el tierno corazón de su pareja. Por su parte, su presencia animará a su compañero a que rompa la rígida coraza que, en ocasiones, le impide disfrutar de la vida.

COLORES: ROJO Y NEGRO – **MINERALES:** HIERRO Y PLOMO – **VEGETALES:** CLAVEL Y CACTUS – **DIOSES:** MARTE Y SATURNO – **ATRIBUTOS:** VALOR Y SABIDURÍA

Aries-Acuario: Estos dos signos pasan gran parte del tiempo construyendo mentalmente un mundo imaginario e, incluso, utópico. Ambos son idealistas al extremo y luchan por todo lo que consideran justo y bueno. A los dos les gusta jugar, tomarse su tiempo de ocio y divertirse; y ambos suelen ser responsables con sus deberes.

COLORES: ROJO Y AZUL INTENSO – **MINERALES:** HIERRO Y PLOMO – **VEGETALES:** CLAVEL Y NARDO – **DIOSES:** MARTE Y URANO – **ATRIBUTOS:** VALOR E INGENIO

Aries-Piscis: Son dos signos muy diferentes pero que pueden ser grandes compañeros; eso siempre y cuando Aries se acuerde de reconocer a Piscis sus méritos.

COLORES: ROJO Y VIOLETA – **MINERALES:** HIERRO Y ESTAÑO – **VEGETALES:** CLAVEL Y TOMILLO – **DIOSES:** MARTE Y NEPTUNO – **ATRIBUTOS:** VALOR Y ESPIRITUALIDAD

Tauro-Tauro: La relación entre estos dos signos puede funcionar muy bien a menos que se presenten aspectos en los cuales tengan ideas opuestas; como ambos son muy obcecados, ninguno de los dos querrá dar su brazo a torcer.

COLOR: VERDE – **MINERAL**: COBRE – **VEGETAL:** MARGARITA – **DIOSA:** VENUS
ATRIBUTO: ATRACTIVO

Tauro-Géminis: Es una relación difícil, lo que no significa que sea imposible o que augure sufrimientos; si se trabaja adecuadamente, si cada uno intenta comprender los puntos de vista y la forma de ser del otro, puede ser enriquecedora para ambos.

COLORES: VERDE Y NARANJA – **MINERALES:** COBRE Y ÁGATA – **VEGETALES:** MARGARITA Y JAZMÍN – **DIOSES:** VENUS Y MERCURIO – **ATRIBUTOS:** ATRACTIVO E INTELIGENCIA

Tauro-Cáncer: Ambos signos buscan la seguridad, la estabilidad, y esa lucha en común, sin duda afianzará el vínculo. Aunque son muy diferentes, tienen en común puntos importantes: tienen un especial apego por el pasado y son muy hogareños.

COLORES: VERDE Y BLANCO – **MINERALES:** COBRE Y PLATA – **VEGETALES:** MARGARITA Y EUCALIPTO – **DIOSES:** VENUS Y LUNA – **ATRIBUTOS:** ATRACTIVO Y SENSIBILIDAD

Tauro-Leo: Esta relación no es la más afortunada, pero, como en todos los casos, son justamente las parejas más dispares las que proporcionan las mejores oportunidades para aprender y evolucionar.

COLORES: VERDE Y AMARILLO – **MINERALES:** COBRE Y ORO – **VEGETALES:** MARGARITA Y MANZANILLA – **DIOSES:** VENUS Y SOL – **ATRIBUTOS:** ATRACTIVO Y NOBLEZA

Tauro-Virgo: Si Virgo atenúa su constante afán perfeccionista y no persigue con él a Tauro obligándole a hacer cosas que no desea, puede ser pareja para toda la vida.

COLORES: VERDE Y VIOLETA – **MINERALES:** COBRE Y ÁGATA – **VEGETALES:** MARGARITA Y VIOLETA – **DIOSES:** VENUS Y MERCURIO– **ATRIBUTOS:** ATRACTIVO Y PRECAUCIÓN

Tauro-Libra: Estetas por naturaleza, se rodearán de objetos bellos e intentarán constantemente crear un clima de armonía a su alrededor. Los problemas pueden surgir a raíz de que Tauro es naturalmente posesivo y a Libra le gusta en exceso coquetear.

Colores: Verde y celeste – **Minerales:** Cobre para ambos – **Vegetales:** Margarita y pino – **Dioses:** Venus para ambos – **Atributos:** Atractivo y diplomacia

Tauro-Escorpio: Si aprenden a valorar más la relación que su orgullo, las dificultades serán solventadas; de lo contrario, la pareja se deteriorará rápidamente.

Colores: Verde y rojo – **Minerales:** Cobre e imán – **Vegetales:** Margarita y roble – **Dioses:** Venus y Plutón – **Atributos:** Atractivo y sentimientos profundos

Tauro-Sagitario: No será una pareja conflictiva; lo que puede suceder es que no logren encender un fuego común.

Colores: Verde y púrpura – **Minerales:** Cobre y estaño – **Vegetales:** Margarita y hortensia – **Dioses:** Venus y Júpiter – **Atributos:** Atractivo y optimismo

Tauro-Capricornio: Son signos directos, acostumbrados a hablar poco pero muy claro, y esto servirá para que rápidamente puedan limar sus diferencias antes de que el rencor se acumule. Es una pareja con las mayores garantías de supervivencia.

Colores: Verde y negro – **Minerales:** Cobre y plomo – **Vegetales:** Margarita y cactus – **Dioses:** Venus y Saturno – **Atributos:** Atractivo y sabiduría

Tauro-Acuario: Si bien estos signos son muy diferentes entre sí, pueden llegar a establecer firmes acuerdos con la confianza en que ambos sabrán respetarlos a fin de mantener la relación.

Colores: Verde y azul intenso – **Minerales:** Cobre y plomo – **Vegetales:** Margarita y nardo – **Dioses:** Venus y Urano – **Atributos:** Atractivo e ingenio

Tauro-Piscis: Las agudezas de Piscis no podrán hacer mella en la sólida coraza de Tauro, cuya natural ternura, sin duda conquistará el corazón pisciano y su simplicidad, unida a su gran inteligencia práctica, enseñarán a Piscis los caminos más cortos para abordar cada problema. Esta es una pareja que tiene un gran porvenir.

Colores: Verde y violeta – **Minerales:** Cobre y estaño – **Vegetales:** Margarita y tomillo – **Dioses:** Venus y Neptuno – **Atributos:** Atractivo y espiritualidad

Géminis-Géminis: Como son grandes conversadores y les apasiona discutir sin que en ello pongan de por medio su orgullo, pasarán sin duda momentos muy gratos. El peligro que corren es que la relación se torne demasiado fría, que entre ellos adquiera mayor importancia el plano mental e intelectual que el afectivo. Aun así, es una pareja productiva.

COLOR: NARANJA – **MINERAL:** ÁGATA – **VEGETAL:** JAZMÍN – **DIOS:** MERCURIO
ATRIBUTO: INTELIGENCIA

Géminis-Cáncer: La frialdad del primero y la alta tensión emocional del segundo, pueden acarrear no pocos conflictos. Si ambos saben abrir su corazón y su mente aceptando lo que el otro puede darles, podrán tener una relación constructiva.

COLORES: NARANJA Y BLANCO – **MINERALES:** ÁGATA Y PLATA – **VEGETALES:** JAZMÍN Y EUCALIPTO – **DIOSES:** MERCURIO Y LUNA – **ATRIBUTOS:** INTELIGENCIA Y SENSIBILIDAD

Géminis-Leo: En una relación entre estos dos signos tienen cabida muchas cosas pero entre ellas no está el aburrimiento. Los problemas pueden surgir ante la tendencia posesiva de Leo y la necesidad de movimiento de Géminis.

COLORES: NARANJA Y AMARILLO – **MINERALES:** ÁGATA Y ORO – **VEGETALES:** JAZMÍN Y MANZANILLA – **DIOSES:** MERCURIO Y SOL – **ATRIBUTOS:** INTELIGENCIA Y NOBLEZA

Géminis-Virgo: Lo que puede salvar a esta pareja es su afición a hablar los problemas, a decir las cosas claramente y la inteligencia que ambos pueden demostrar a la hora de entender los puntos de vista del otro.

COLORES: NARANJA Y VIOLETA – **MINERALES:** ÁGATA PARA AMBOS – **VEGETALES:** JAZMÍN Y VIOLETA – **DIOSES:** MERCURIO PARA AMBOS – **ATRIBUTOS:** INTELIGENCIA Y PRECAUCIÓN

Géminis-Libra: Ambos signos son de Aire y dominan, por tanto, el mundo mental. Los problemas pueden surgir ante la típica indecisión de Libra o ante los constantes cambios de humor de Géminis. Será, sin embargo, una relación de mutuo apoyo.

COLORES: NARANJA Y CELESTE – **MINERALES:** ÁGATA Y COBRE – **VEGETALES:** JAZMÍN Y PINO – **DIOSES:** MERCURIO Y VENUS – **ATRIBUTOS:** INTELIGENCIA Y DIPLOMACIA

Géminis-Escorpio: El halo de misterio con el que todo Escorpio se envuelve, excitará la insaciable curiosidad de Géminis sin llegar a satisfacerla jamás. Este puede ser uno de los puntos que anclen la relación, suscitando en ambos un especial interés en que continúe.

COLORES: NARANJA Y ROJO – **MINERALES:** ÁGATA E IMÁN – **VEGETALES:** JAZMÍN Y ROBLE
DIOSES: MERCURIO Y PLUTÓN – **ATRIBUTOS:** INTELIGENCIA Y SENTIMIENTOS PROFUNDOS

Géminis-Sagitario: Son signos que en la rueda zodiacal están opuestos físicamente, por lo tanto tienen muchas cosas en común. Esta pareja podrá llevarse bien y, si se lo proponen, evolucionar juntos y tener una vida plena y feliz.

COLORES: NARANJA Y PÚRPURA – **MINERALES:** ÁGATA Y ESTAÑO – **VEGETALES:** JAZMÍN Y HORTENSIA – **DIOSES:** MERCURIO Y JÚPITER – **ATRIBUTOS:** INTELIGENCIA Y OPTIMISMO

Géminis-Capricornio: La aparente frivolidad geminiana no es del gusto de Capricornio y la constante observancia de las reglas por parte de éste, no siempre es comprendida por su compañero. Sin embargo, estos dos signos pueden complementarse bien ya que el primero aporta agilidad e ingenio y, el segundo, reposada sabiduría.

COLORES: NARANJA Y NEGRO – **MINERALES:** ÁGATA Y PLOMO – **VEGETALES:** JAZMÍN Y CACTUS – **DIOSES:** MERCURIO Y SATURNO – **ATRIBUTOS:** INTELIGENCIA Y SABIDURÍA

Géminis-Acuario: Estos dos signos de Aire pueden tener la seguridad de que jamás se cansarán el uno del otro. Ninguno de los dos intentará dominar o mostrarse posesivo con el otro y por esa razón, pueden tener una relación de intensa camaradería.

COLORES: NARANJA Y AZUL INTENSO – **MINERALES:** ÁGATA Y PLOMO – **VEGETALES:** JAZMÍN Y NARDO – **DIOSES:** MERCURIO Y URANO – **ATRIBUTOS:** INTELIGENCIA E INGENIO

Géminis-Piscis: La unión de estos signos es, tal vez, una de las más complementarias del zodíaco. Se establecerá entre ellos una unión muy estrecha y productiva: cada uno tiene desarrollada la cualidad en la que el otro falla.

COLORES: NARANJA Y VIOLETA – **MINERALES:** ÁGATA Y ESTAÑO – **VEGETALES:** JAZMÍN Y TOMILLO – **DIOSES:** MERCURIO Y NEPTUNO – **ATRIBUTOS:** INTELIGENCIA Y ESPIRITUALIDAD

Cáncer-Cáncer: Una unión entre dos personas de Cáncer, será muy rica en emociones, en expresiones de afecto y también de rechazo. Pero este signo no sabe ocultar lo que siente y eso puede crear en la pareja situaciones embarazosas y despertar la susceptibilidad. Aun así, ambos hablan el mismo lenguaje.

COLOR: BLANCO – **MINERAL:** PLATA – **VEGETAL:** EUCALIPTO – **DIOSA:** LUNA
ATRIBUTO: SENSIBILIDAD

Cáncer-Leo: Son signos antagónicos; todo lo que Leo tiene de expansivo y activo, Cáncer lo tiene de pasivo y receptivo. Si bien no es fácil que se formalice una unión así, lo cierto es que una vez que ésta se realice, será difícil de romper.

COLORES: BLANCO Y AMARILLO – **MINERALES:** PLATA Y ORO – **VEGETALES:** EUCALIPTO Y MANZANILLA – **DIOSES:** LUNA Y SOL – **ATRIBUTOS:** SENSIBILIDAD Y NOBLEZA

Cáncer-Virgo: Los dos miembros de la pareja requerirán constante atención emocional por parte del compañero; pero como ambos siempre están dispuestos a hacer algo por quien sufre, la relación puede ser fructífera si no coinciden en sus períodos.

COLORES: BLANCO Y VIOLETA – **MINERALES:** PLATA Y ÁGATA – **VEGETALES:** EUCALIPTO Y VIOLETA – **DIOSES:** LUNA Y MERCURIO – **ATRIBUTOS:** SENSIBILIDAD Y PRECAUCIÓN

Cáncer-Libra: A pesar de que a ambos les gusta llevar la voz cantante pueden llegar a formar una pareja casi perfecta. El ambiente armonioso que Libra sabe crear a su alrededor, brindará a Cáncer el entorno sosegado y seguro que necesita para poder salir confiadamente al mundo. Por su parte, éste le ofrecerá a Libra la delicadeza de sus sentimientos, su fino humor y el sabio consuelo en los momentos difíciles.

COLORES: BLANCO Y CELESTE – **MINERALES:** PLATA Y COBRE – **VEGETALES:** EUCALIPTO Y PINO – **DIOSES:** LUNA Y VENUS – **ATRIBUTOS:** SENSIBILIDAD Y DIPLOMACIA

Cáncer-Escorpio: El mundo de la sensibilidad no tiene secretos para estos dos signos; además, ambos son altamente pasionales. Lamentablemente también pueden mostrarse sumamente posesivos, lo cual tiende a crear entre ellos recelos, suspicacias y conflictos.

COLORES: BLANCO Y ROJO – **MINERALES:** PLATA E IMÁN – **VEGETALES:** EUCALIPTO Y ROBLE – **DIOSES:** LUNA Y PLUTÓN – **ATRIBUTOS:** SENSIBILIDAD Y SENTIMIENTOS PROFUNDOS

Cáncer-Sagitario: Se trata de una pareja que tiene mucho que enseñarse mutuamente y que si pueden superar los primeros encontronazos, la unión que se establezca será sólida y positiva para ambos.

COLORES: BLANCO Y PÚRPURA – **MINERALES:** PLATA Y ESTAÑO – **VEGETALES:** EUCALIPTO Y HORTENSIA – **DIOSES:** LUNA Y JÚPITER – **ATRIBUTOS:** SENSIBILIDAD Y OPTIMISMO

Cáncer-Capricornio: Esta unión, tradicionalmente ha sido calificada de poco afortunada ya que son signos que en la rueda zodiacal están opuestos. Tienen un manejo completamente diferente de sus sentimientos, si bien a ambos les preocupa mucho la seguridad material y son capaces de hacer grandes esfuerzos por tener una situación mejor cada día.

COLORES: BLANCO Y NEGRO – **MINERALES:** PLATA Y PLOMO – **VEGETALES:** EUCALIPTO Y CACTUS – **DIOSES:** LUNA Y SATURNO – **ATRIBUTOS:** SENSIBILIDAD Y SABIDURÍA

Cáncer-Acuario: Esta pareja se caracterizará por los altibajos: cuando ambos estén de buen humor, la felicidad será total porque el espíritu lúdico de Acuario encontrará en Cáncer un compañero perfecto para todo tipo de juegos. Si recurren a la paciencia y al humor, la relación puede llegar a buen puerto.

COLORES: BLANCO Y AZUL INTENSO – **MINERALES:** PLATA Y PLOMO – **VEGETALES:** EUCALIPTO Y NARDO – **DIOSES:** LUNA Y URANO – **ATRIBUTOS:** SENSIBILIDAD E INGENIO

Cáncer-Piscis: La comunicación entre ambos va mucho más allá de las palabras; profundos conocedores del alma humana, sabrán comprenderse y apoyarse en cada momento. Indudablemente, una unión de este tipo tiene las mejores posibilidades para alcanzar la felicidad.

COLORES: BLANCO Y VIOLETA – **MINERALES:** PLATA Y ESTAÑO – **VEGETALES:** EUCALIPTO Y TOMILLO – **DIOSES:** LUNA Y NEPTUNO – **ATRIBUTOS:** SENSIBILIDAD Y ESPIRITUALIDAD

Leo-Leo: A pesar de que este signo se caracterice por su tendencia a dominar, la relación entre dos Leo no suele ser conflictiva. A ambos les gusta el lujo y son generosos con su dinero y con su tiempo. Y a pesar de que un Leo siempre se considera el mejor, valorará a su compañero en la misma medida.

COLOR: AMARILLO – **MINERAL:** ORO – **VEGETAL:** MANZANILLA – **DIOS:** SOL
ATRIBUTO: NOBLEZA

Leo-Virgo: Esta pareja tendrá muchas asperezas que limar antes de disfrutar de la vida en común; ahora bien, cada uno deberá comprender qué significan para el otro las posesiones materiales y procurar no disparar las alarmas en su compañero.

COLORES: AMARILLO Y VIOLETA – **MINERALES:** ORO Y ÁGATA – **VEGETALES:** MANZANILLA Y VIOLETA – **DIOSES:** SOL Y MERCURIO – **ATRIBUTOS:** NOBLEZA Y PRECAUCIÓN

Leo-Libra: Uno de los pocos signos que pueden dominar al signo del Sol es Libra; con sus buenos modales, su exquisito gusto y su natural diplomacia, sabrá sacar a relucir las mejores cualidades de su compañero.

COLORES: AMARILLO Y CELESTE – **MINERALES:** ORO Y COBRE – **VEGETALES:** MANZANILLA Y PINO – **DIOSES:** SOL Y VENUS – **ATRIBUTOS:** NOBLEZA Y DIPLOMACIA

Leo-Escorpio: Lo que caracteriza a estos dos signos es la intensidad: Leo la tiene puesta en la voluntad en tanto que Escorpio, en los sentimientos. Ambos son especialmente posesivos y tienen una marcada tendencia a ser protagonistas; no les gusta que nadie les haga sombra. Esto puede crear dificultades, pero serán solventadas si se marcan los terrenos en los que cada uno tendrá una actuación preponderante.

COLORES: AMARILLO Y ROJO – **MINERALES:** ORO E IMÁN – **VEGETALES:** MANZANILLA Y ROBLE – **DIOSES:** SOL Y PLUTÓN – **ATRIBUTOS:** NOBLEZA Y SENTIMIENTOS PROFUNDOS

Leo-Sagitario: Estos dos signos de fuego pasarán horas muy divertidas negociando acuerdos, desafiándose alegremente y jugando como niños. Ambos son directos a la hora de decirse las verdades y, aunque Leo pueda mostrarse reacio a aceptar cualquier crítica, si se le deja el tiempo suficiente sabrá reconocer sus errores y rectificar.

COLORES: AMARILLO Y PÚRPURA – **MINERALES:** ORO Y ESTAÑO – **VEGETALES:** MANZANILLA Y HORTENSIA – **DIOSES:** SOL Y JÚPITER – **ATRIBUTOS:** NOBLEZA Y OPTIMISMO

Leo-Capricornio: Esta pareja tendrá algunas dificultades antes de consolidarse porque ninguno de los dos soporta ser dominado y ambos tienen un carácter fuerte. Ahora bien, tienen en común una brillante inteligencia y, utilizándola, podrán negociar sus diferencias.

COLORES: AMARILLO Y NEGRO – **MINERALES:** ORO Y PLOMO – **VEGETALES:** EUCALIPTO Y CACTUS – **DIOSES:** SOL Y SATURNO – **ATRIBUTOS:** NOBLEZA Y SABIDURÍA

Leo-Acuario: La pasión por la exactitud que muestra Acuario, pondrá sin duda muy nervioso a Leo, acostumbrado a utilizar la vaguedad como herramienta de negociación. Sólo el amor y la sinceridad puede hacer que estos dos signos tengan una feliz convivencia.

COLORES: AMARILLO Y AZUL – **MINERALES:** ORO Y PLOMO – **VEGETALES:** MANZANILLA Y NARDO – **DIOSES:** SOL Y URANO – **ATRIBUTOS:** NOBLEZA E INGENIO

Leo-Piscis: Relación sumamente armoniosa. A Leo le encanta conocerse a sí mismo, que le hablen de sus buenas cualidades y, si no son muchas, también de las malas; Piscis, por el contrario, no busca estar en primer plano sino hurgar en el alma humana con la precisión y delicadeza de un cirujano. Una relación de este tipo vale la pena.

COLORES: AMARILLO Y VIOLETA – **MINERALES:** ORO Y ESTAÑO – **VEGETALES:** EUCALIPTO Y TOMILLO – **DIOSES:** SOL Y NEPTUNO – **ATRIBUTOS:** NOBLEZA Y ESPIRITUALIDAD

Virgo-Virgo: La principal característica de este signo es la obsesión. Perfeccionista al máximo, vive atormentado por lo que no ha podido hacer, por lo que tendrá que hacer mañana y hasta por lo que está haciendo. Como los dos serán muy críticos, se empeñarán en mejorarse mutuamente de manera que si coinciden en los objetivos será fantástico pero si tienen ideas diferentes, la relación pronto se tornará en agobiante intercambio de reproches.

COLOR: VIOLETA – **MINERAL:** ÁGATA – **VEGETAL:** VIOLETA – **DIOS:** MERCURIO
ATRIBUTO: PRECAUCIÓN

Virgo-Libra: Entre estos signos puede construirse una hermosa relación. Ambos son tranquilos y enemigos de las emociones fuertes, de manera que podrán pasar gratos momentos charlando, haciendo alguna actividad en común o, sencillamente, mirándose a los ojos.

COLORES: VIOLETA Y CELESTE – **MINERALES:** ORO Y COBRE – **VEGETALES:** VIOLETA Y PINO – **DIOSES:** MERCURIO Y VENUS – **ATRIBUTOS:** PRECAUCIÓN Y DIPLOMACIA

Virgo-Escorpio: Conocer profundamente a una persona nacida bajo el signo de Escorpio es sumamente difícil; suelen refugiarse en una capa de misterio que oculta cuidadosamente sus más íntimos sentimientos. Pero a Virgo le encanta actuar como detective, buscar claves, sacar deducciones y dar una explicación a lo incomprensible. Una pareja compuesta por estos dos signos jamás llegará a aburrirse. Por otra parte, para Escorpio, Virgo no es una amenaza; su humildad y su sencillez le protegen de su peligroso aguijón. Como Escorpio actúa en el plano emocional y Virgo en el plano mental, tienen mucho que enseñarse mutuamente, de modo que esta relación siempre será enriquecedora.

COLORES: VIOLETA Y ROJO – **MINERALES:** ORO E IMÁN – **VEGETALES:** VIOLETA Y ROBLE
DIOSES: MERCURIO Y MARTE – **ATRIBUTOS:** PRECAUCIÓN Y SENTIMIENTOS PROFUNDOS

Virgo-Sagitario: Para un signo previsor como Virgo, compartir la vida con el imprevisible Sagitario puede llegar a ser una auténtica tortura y para éste, la responsabilidad que exige su compañero puede resultar abrumadora. No tienen muchas cosas en común y, tal vez, ahí resida el atractivo: descubrir cada día el mundo desconocido que su pareja le ofrece.

COLORES: VIOLETA Y PÚRPURA – **MINERALES:** ÁGATA Y ESTAÑO – **VEGETALES:** VIOLETA Y HORTENSIA – **DIOSES:** MERCURIO Y JÚPITER – **ATRIBUTOS:** PRECAUCIÓN Y OPTIMISMO

Virgo-Capricornio: La ventaja que presenta esta relación es que ambos signos son de tierra, por lo tanto tienden a ver la realidad bajo un sentido totalmente práctico. Uniendo ambas visiones, pueden obtener una idea más cabal de los problemas que se les presenten, lo cual les permitirá buscar las soluciones más acertadas. La sabiduría innata de Capricornio enseñará a Virgo a confiar más en sí mismo.

COLORES: VIOLETA Y NEGRO – **MINERALES:** ORO Y PLOMO – **VEGETALES:** VIOLETA Y CACTUS – **DIOSES:** MERCURIO Y SATURNO – **ATRIBUTOS:** PRECAUCIÓN Y SABIDURÍA

Virgo-Acuario: Tal vez tarden en encontrarse y compenetrarse mutuamente, pero cuando lo hagan, será para toda la vida. A Acuario le cuesta mucho comprometerse porque suele ser tan fiel a las decisiones que toma que siempre teme sentirse preso de ellas. Virgo, en cambio, asume los compromisos con mayor facilidad, pero también los rompe sin tanto remordimiento.

COLORES: VIOLETA Y AZUL INTENSO – **MINERALES:** ORO Y PLOMO – **VEGETALES:** VIOLETA Y NARDO – **DIOSES:** MERCURIO Y URANO – **ATRIBUTOS:** PRECAUCIÓN E INGENIO

Virgo-Piscis: Ambos son complementarios porque uno domina claramente el mundo material en tanto que el otro, puede comprender y manejar la sensibilidad propia y ajena con total maestría. Esta es una pareja en la que ambos pueden aprender y que resulta interesante, ya que éstos son signos interesados en crecer y evolucionar.

COLORES: VIOLETA Y AZUL – **MINERALES:** ORO Y ESTAÑO – **VEGETALES:** VIOLETA Y TOMILLO – **DIOSES:** MERCURIO Y NEPTUNO – **ATRIBUTOS:** PRECAUCIÓN Y ESPIRITUALIDAD

Libra-Libra: Esta pareja tiene los mejores augurios. Como se comprenden mutuamente saben que los coqueteos y actitudes seductoras propias de su signo son totalmente inofensivas, de modo que no exigirán a su compañero que las abandone. Disfrutan halagando a los demás y, entre ellos, serán mucho más abundantes las frases de elogio, las motivaciones, que los reproches. Como son grandes conversadores, nunca se aburrirán el uno del otro. Es una relación que augura mucha felicidad.

COLOR: CELESTE – **MINERAL:** COBRE – **VEGETAL:** PINO – **DIOSA:** VENUS
ATRIBUTOS: DIPLOMACIA

Libra-Escorpio: El orgulloso Escorpio siempre se sentirá halagado por el diplomático Libra; nadie mejor que él sabrá hacerle olvidar los agravios, los malos momentos o las ofensas que tan a menudo cree recibir. Por su parte, Escorpio ayudará a Libra a conectarse con sus sentimientos más íntimos y le hará conocer las delicias de la pasión.

COLORES: CELESTE Y ROJO – **MINERALES:** COBRE E IMÁN – **VEGETALES:** PINO Y ROBLE
DIOSES: VENUS Y PLUTÓN – **ATRIBUTOS:** DIPLOMACIA Y PROFUNDIDAD DE SENTIMIENTOS

Libra-Sagitario: Esta es una pareja, ante todo, divertida. Ambos saben disfrutar de la vida y son bastante tolerantes con los defectos ajenos. Tal vez no tengan los mismos gustos a la hora de realizar viajes o hacer planes para salir, ya que Libra tiene gustos refinados y Sagitario prefiere la sencillez, pero esas son cosas que, con amor y buena voluntad se pueden subsanar.

COLORES: CELESTE Y PÚRPURA – **MINERALES:** COBRE Y ESTAÑO – **VEGETALES:** PINO Y HORTENSIA – **DIOSES:** VENUS Y JÚPITER – **ATRIBUTOS:** DIPLOMACIA Y OPTIMISMO

Libra-Capricornio: Es probable que en la intimidad ambos se muestren exigentes en diversos terrenos, pero la relación podrá llevarse adelante y sin dificultades siempre que éstos queden claramente establecidos.

COLORES: CELESTE Y NEGRO – **MINERALES:** COBRE Y PLOMO – **VEGETALES:** PINO Y CACTUS – **DIOSES:** VENUS Y SATURNO – **ATRIBUTOS:** DIPLOMACIA Y SABIDURÍA

Libra-Acuario: Estos dos signos de aire son cómplices por naturaleza. Su idealismo, su amor por las novedades y la intensa vida social que necesitan para sentirse a gusto serán puntos de unión. Es probable que quien domine en la relación sea Acuario, ya que es más firme y toma decisiones con mayor rapidez. Es una pareja por la que merece la pena luchar.

COLORES: CELESTE Y AZUL INTENSO – **MINERALES:** COBRE Y PLOMO – **VEGETALES:** PINO Y NARDO – **DIOSES:** VENUS Y URANO – **ATRIBUTOS:** DIPLOMACIA E INGENIO

Libra-Piscis: La relación entre estos dos signos puede convertirse en algo parecido a un cuento de hadas, donde ambos se deleiten inventando o escenificando personajes. Ninguno de los dos tiene un gran sentido práctico, pero son seductores y, seguramente, no tardarán en encontrar a alguien de fuera de la relación para que pueda echarles una mano en el momento que lo necesiten. Esta es una pareja extraña, que está atada por sólidos lazos de comprensión, afecto y creatividad.

COLORES: CELESTE Y VIOLETA – **MINERALES:** COBRE Y ESTAÑO – **VEGETALES:** PINO Y TOMILLO – **DIOSES:** VENUS Y NEPTUNO – **ATRIBUTOS:** DIPLOMACIA Y ESPIRITUALIDAD

Escorpio-Escorpio: Si en los comienzos esta relación avanza sin tropiezos, lo más probable es que rápidamente se fundan uno en el otro y estén juntos toda la vida; pero en el caso de que los inicios sean difíciles o que dejen cuentas pendientes, eso hará que en cualquier momento surjan reproches y rencores.

COLOR: ROJO – **MINERAL:** IMÁN – **VEGETAL:** ROBLE – **DIOS:** PLUTÓN

ATRIBUTO: SENTIMIENTOS PROFUNDOS

Escorpio-Sagitario: La actitud dominante de Escorpio se nota en cuanto se le conoce, pero la preocupación por el control de lo que sucede en el entorno, propia de Sagitario, es algo difícil de sospechar porque sabe disimularlo muy bien. La unión entre ambos signos puede convertirse en una sutil lucha por el poder y, al mismo tiempo, en un divertido campo de juegos. Es, sin duda, una combinación interesante en la que ambos tienen mucho que aprender.

COLORES: ROJO Y PÚRPURA – **MINERALES:** IMÁN Y ESTAÑO – **VEGETALES:** ROBLE Y HORTENSIA

DIOSES: PLUTÓN Y JÚPITER – **ATRIBUTOS:** SENTIMIENTOS PROFUNDOS Y OPTIMISMO

Escorpio-Capricornio: Ambos signos son serios, reconcentrados, de pocas palabras y, sobre todo, muy profundos. Mientras dentro de la pareja se eviten las batallas por el control, la relación crecerá sana y podrá ser positiva para ambos. El orgullo, puede ser otro punto de conflicto, de modo que tendrán que aprender a aceptar mejor las críticas. Si esta pareja supera al principio estos puntos de fricción, podrá ser siempre.

COLORES: ROJO Y NEGRO – **MINERALES:** COBRE Y PLOMO – **VEGETALES:** PINO Y CACTUS

DIOSES: VENUS Y SATURNO – **ATRIBUTOS:** SENTIMIENTOS PROFUNDOS Y SABIDURÍA

Escorpio-Acuario: Acuario tiene una especial afición por las discusiones que impliquen lógica e inteligencia, pero Escorpio no siempre puede actuar fríamente y eso provoca tensiones. Desde su vehemencia, éste puede pensar que Acuario es insensible, pero nada más lejos de la realidad; la distancia que muestra es una coraza para protegerse. Si ambos aceptan que tienen diferentes maneras de enfocar los problemas y que las dos son válidas, podrán crecer emocional, mental y espiritualmente.

COLORES: ROJO Y AZUL – **MINERALES:** IMÁN Y PLOMO – **VEGETALES:** ROBLE Y NARDO

DIOSES: PLUTÓN Y URANO – **ATRIBUTOS:** PROFUNDIDAD DE SENTIMIENTOS E INGENIO

Escorpio-Piscis: Escorpio encuentra su complemento ideal en el romanticismo de Piscis; ambos son signos de Agua y se entienden a la perfección en el terreno sentimental. Pueden cometer muchos errores de apreciación ya que sus emociones les ciegan haciéndoles perder objetividad; ahora bien, si se liman las asperezas iniciales, esta pareja puede resultar enriquecedora para ambos.

COLORES: ROJO Y VIOLETA – **MINERALES:** IMÁN Y ESTAÑO – **VEGETALES:** ROBLE Y TOMILLO

DIOSES: PLUTÓN Y NEPTUNO – **ATRIBUTOS:** SENTIMIENTOS PROFUNDOS Y ESPIRITUALIDAD

Sagitario-Sagitario: Si cada uno tiene, además de los amigos comunes, su propio círculo de amistades, su entorno en el cual pueda hacer actividades diversas sin necesidad de compartirlas con su pareja, sin duda podrán tener una relación libre, completa y hermosa.

COLOR: PÚRPURA – **MINERAL:** ESTAÑO – **VEGETAL:** HORTENSIA – **DIOS:** JÚPITER

ATRIBUTO: OPTIMISMO

Sagitario-Capricornio: En esta pareja puede darse un intercambio interesante, ya que Capricornio aprenderá a desprenderse de las barreras que le paralizan y Sagitario podrá evolucionar y desarrollar su sentido del deber.

COLORES: NEGRO Y PÚRPURA – **MINERALES:** ESTAÑO Y PLOMO – **VEGETALES:** HORTENSIA Y CACTUS – **DIOSES:** JÚPITER Y SATURNO – **ATRIBUTOS:** OPTIMISMO Y SABIDURÍA

Sagitario-Acuario: Es una pareja que se puede complementar como pocas: a ambos signos les atrae mucho la aventura, el juego y las diversiones. Son muy independientes, de modo que no hay riesgo de que ninguno de los dos se sienta ahogado.

COLORES: PÚRPURA Y AZUL – **MINERALES:** ESTAÑO Y PLOMO – **VEGETALES:** HORTENSIA Y NARDO – **DIOSES:** JÚPITER Y URANO – **ATRIBUTOS:** OPTIMISMO E INGENIO

Sagitario-Piscis: Estos dos signos tendrán apasionados encuentros y, en la intimidad, la relación será estupenda. Sin embargo, en la vida cotidiana se pueden presentar no pocos problemas ya que Piscis es excesivamente pasivo y pesimista en tanto que Sagitario es activo y resuelve rápidamente los problemas. Ambos si usan su intuición podrán tener un vínculo feliz y duradero.

COLORES: PÚRPURA Y VIOLETA – **MINERALES:** ESTAÑO PARA AMBOS– **VEGETALES:** HORTENSIA Y TOMILLO – **DIOSES:** JÚPITER Y NEPTUNO – **ATRIBUTOS:** OPTIMISMO Y ESPIRITUALIDAD

Capricornio-Capricornio: La atracción física entre dos personas de este signo es muy marcada, al igual que el entendimiento mental y espiritual. Ambos son responsables, trabajadores y tienen grandes ansias de superación. Lo más probable es que no se presenten en la relación grandes problemas. El riesgo que corren es que, al ser los dos tan rígidos y no tener modelos para aprender a desbloquear sus sentimientos, se vuelvan excesivamente autoexigentes y no disfruten demasiado del ocio y los placeres de la vida. Si son conscientes de que la seriedad en exceso es tan contraproducente como la falta de responsabilidad, podrán crecer juntos y formar una familia.

COLOR: NEGRO – **MINERAL:** PLOMO – **VEGETAL:** CACTUS – **DIOS:** SATURNO
ATRIBUTO: SABIDURÍA

Capricornio-Acuario: El peligro de esta relación es que Capricornio ahogue a Acuario con su constante apelación a las normas y al deber. Este último es de por sí responsable pero no admite mandatos de ningún tipo y la mejor manera de que cumpla con sus obligaciones es permitirle que las desarrolle a su modo y cuando quiera. Capricornio deberá entender que no hay una sola manera de hacer las cosas, que la realidad se puede ver desde múltiples puntos de vista y no sólo del aceptado por una mayoría. Si consigue entender eso, ambos podrán beneficiarse de esta relación.

COLORES: NEGRO Y AZUL INTENSO – **MINERALES:** PLOMO PARA AMBOS – **VEGETALES:** CACTUS Y NARDO – **DIOSES:** SATURNO Y URANO – **ATRIBUTOS:** SABIDURÍA E INGENIO

Capricornio-Piscis: Estos dos signos dominan esferas diferentes de la realidad, de modo que es mucho lo que cada uno tiene que aprender del otro. Capricornio siempre teme ponerse en contacto con sus sentimientos porque piensa que eso le acarreará sufrimientos. Por lo general, se conoce poco a sí mismo y a sus emociones. Piscis, es un experto en indagar el alma ajena, de modo que ayudará a su compañero a expresar lo que siente y a tomar conciencia de sus emociones. Por su parte, Capricornio domina el terreno material, mundo en el que Piscis tiene más problemas.

COLORES: VIOLETA Y NEGRO – **MINERALES:** PLOMO Y ESTAÑO – **VEGETALES:** CACTUS Y TOMILLO – **DIOSES:** SATURNO Y NEPTUNO – **ATRIBUTOS:** SABIDURÍA Y ESPIRITUALIDAD

Acuario-Acuario: Como ambos son excesivamente individualistas y creen que sus opiniones son las lógicas y universalmente aceptadas, en esta pareja no faltarán los enfrentamientos. Son muy poco aficionados a hablar de sí mismos, a explicar claramente qué les ocurre o qué sienten, de manera que la incomunicación puede ser otro punto en contra para que el vínculo perdure. Si se respetan sus respectivos espacios y libertades, tan importantes para un Acuario, podrán disfrutar de encuentros íntimos y románticos. Si ambos hacen el esfuerzo de abrirse a su compañero, todas las dificultades que se planteen podrán ser resueltas.

COLOR: AZUL INTENSO – **MINERAL:** PLOMO – **VEGETAL:** NARDO – **DIOS:** URANO

ATRIBUTO: INGENIO

Acuario-Piscis: El carácter romántico de Acuario encaja a la perfección con la fina sensibilidad de Piscis, pero ahí acaban las afinidades porque estos signos hablan lenguajes completamente diferentes. Mientras Acuario vive en el mundo mental, tratando de mejorar el presente con las más utópicas ideas, Piscis navega en las aguas de los sentimientos y, a la hora de explicar las verdades que descubre, no tiene palabras que sean comprensibles para su compañero. Sólo el amor, la paciencia y la voluntad de respeto y conocimiento del otro hará que esta pareja se consolide.

COLORES: AZUL INTENSO Y VIOLETA – **MINERALES:** PLOMO Y ESTAÑO – **VEGETALES:** NARDO Y VIOLETA – **DIOSES:** URANO Y NEPTUNO – **ATRIBUTOS:** INGENIO Y ESPIRITUALIDAD

Piscis-Piscis: Son personas que se entenderán sin necesidad de abrir la boca. Profundamente intuitivas, con una sensibilidad a flor de piel y una gran capacidad para mimetizarse con las emociones del entorno, probablemente no se puedan ayudar en los momentos difíciles porque cuando uno se deprima, el otro se contagiará inmediatamente. También las alegrías serán compartidas de la misma manera. Su falta de practicidad para los asuntos mundanos puede acarrearles más de un problema. Sin embargo, se sentirán muy bien uno al lado del otro.

COLOR: VIOLETA – **MINERAL:** ESTAÑO – **VEGETAL:** TOMILLO – **DIOS:** NEPTUNO

ATRIBUTO: ESPIRITUALIDAD